高等院校**电子商务类**
"十三五"新形态规划教材 | 电子商务系列

浙江省普通高校
"十三五"新形态教材

电子商务
案例分析与创新应用

微课版

陈晓鸣 葛青龙 李温乐 柳文龙 / 著

人民邮电出版社
北京

图书在版编目（ＣＩＰ）数据

电子商务案例分析与创新应用：微课版 / 陈晓鸣等著. -- 北京 ：人民邮电出版社，2020.3（2023.7重印）
高等院校电子商务类"十三五"新形态规划教材. 电子商务系列
ISBN 978-7-115-53075-2

Ⅰ. ①电… Ⅱ. ①陈… Ⅲ. ①电子商务－案例－高等学校－教材 Ⅳ. ①F713.36

中国版本图书馆CIP数据核字(2019)第285461号

内 容 提 要

近年来，我国电子商务行业高速增长、电子商务企业持续创新，而电子商务专业人才的培养却明显滞后。在电子商务渗透率不断提高的数字经济时代，研究、学习并分析电子商务案例已经成为大量电子商务学习者、从业者、创业者、研究者和教育者的共同刚需。

本书精选了大量国内外电子商务经典案例并进行了系统阐述，分析其实践应用、介绍电子商务理论、启发读者的数字经济思想、开拓项目策划思维，指导电子商务运营思路。本书兼顾理论高度与实践深度，力求既有教材的理论体系、又有实践的指导意义。

全书通过案例分析的方式介绍了电子商务的国外起步与国内发展、常见模式与模式创新，探讨了电子商务的产品研发与企业定位、市场细分与领域深耕、业务运营与营销推广、品牌创建与衍生服务，并外延至物流快递与交通出行、金融服务与风险投资。本书结构合理，内容全面，呈现方式多样。此外，读者还可以通过扫描二维码观看作者的授课视频，满足读者碎片化学习的需要。
本书既可以作为各类院校、培训机构进行电子商务培训与案例教学的教材，也可以作为广大电子商务从业人员的学习用书。

- ◆ 著　　　　　陈晓鸣　葛青龙　李温乐　柳文龙
  责任编辑　侯潇雨
  责任印制　王　郁　马振武
- ◆ 人民邮电出版社出版发行　　北京市丰台区成寿寺路 11 号
  邮编 100164　电子邮件 315@ptpress.com.cn
  网址 https://www.ptpress.com.cn
  大厂回族自治县聚鑫印刷有限责任公司印刷
- ◆ 开本：787×1092　1/16
  印张：13　　　　　　　　　2020 年 3 月第 1 版
  字数：245 千字　　　　　　2023 年 7 月河北第 7 次印刷

定价：42.00 元

读者服务热线：(010)81055256　印装质量热线：(010)81055316
反盗版热线：(010)81055315
广告经营许可证：京东市监广登字 20170147 号

序 1

陈德人
浙江大学教授

这几年，在喜马拉雅、优酷等多媒体平台上有一个叫"电商陈教授"的人，名气越来越大。那不是我，是温州科技职业学院的陈晓鸣老师。我和他有过多次交流，知道他在电子商务案例方面颇有研究，在电子商务教育方面也颇有建树。2009 年，他在浙江大学获得了首届全国大学生电子商务"创新、创意及创业"挑战赛的优秀指导教师称号，此后多次指导学生参加各种赛事，并屡屡获奖。据我所知，陈晓鸣老师从事电子商务案例研究、分析与教学已经十多年了。2016 年，他在丽水获得了"中国（浙江）首届农村电子商务讲师大赛"的银奖（十强）；2017 年，他又在北京获得了"第二届中国电商讲师大赛"三等奖（二十强），已经是名副其实的实力讲师了。

几十年来，我一直在浙江大学从事计算机应用技术方面的教育科研工作。2000 年，我在 IBM 华生研究中心做高级访问学者。回国后，我开始积极投身电子商务这一新兴领域，鼓励大学生参与到电子商务的网络创新创业潮流中。2011 年，我出版了一本全面反映大学生网络创业现状与动态的案例型创业教材——《大学生网络创业：理论、案例、平台》。随着时间的推移与技术的进步，大学生网络创业的形式与内容发生了很大的变化，需要重新进行梳理、总结和更新。

近些年来，国内外电子商务行业发展迅猛、应用领域日益广泛，电子商务的成功企业与经典案例不断涌现。但与此同时，大量的电子商务案例也使得电子商务学习者无所适从、不知从何学起。继 2016 年陈晓鸣老师出版《电商创业：基础、案例与方法（O2O 创新版）》之后，2019 年他联合多位经验丰富的电子商务业内人士出版本书，可谓再出佳作！

我推荐本书的理由有 4 点。

一是系统性。本书在介绍电子商务国外起步与国内发展、常见模式与模式创新的基础上，精选国内外 60 多个电子商务案例并进行系统分析，力求总结出运营规律、给出操作方法。在理论学习中介绍案例，在案例分析中讲解方法，理论联系实践、实践丰富理论，可谓自成体系。

二是新颖性。大部分电子商务案例分析类图书是以理论学习或电子商务实操为核心的，而本书是以运营分析为核心的。立足宏观看电商、落到微观谈运营，兼顾战略与战术，可谓形式新颖。

三是时效性。本书的创作基于作者团队对于大量最新电子商务案例的观察与思考。案例选取范围囊括母婴、生鲜、家居、医药、旅游、理财、网红、社群等热门电子商务细分领域的最新案例，可谓与时俱进。

四是观赏性。扫描本书二维码可以观看作者团队关于部分内容的授课视频，可以说是图书 O2O（线下到线上）的全新尝试。语句之间观图片，段落之外赏视频，"一图胜千文、一频抵千图"，图文并茂、可观可赏。

在此，希望读者可以通过此书学习电子商务、分析案例、获得启发、指导运营，在电子商务发展的道路上允许试错、小步快跑、砥砺前行！

2019 年 8 月

序2

游五洋

阿里巴巴集团新零售研究中心负责人

曾任阿里研究院副院长、资深专家

电子商务是高速增长、持续进化的产业。在过去二十多年中，随着互联网的快速发展，我国出现了 B2B、C2C、B2C、C2B、C2M 等多样化的电子商务业务模式。时至今日，互联网平台与传统产业的交集日益深入，线上的商业和线下的商业日益融合，新零售应运而生。展望未来，数字经济与实体经济的结合将日益紧密，新零售在国民经济中的影响力将会进一步扩大。

伴随着电子商务行业的发展，对电子商务相关企业和实践案例的研究也在与时俱进。陈晓鸣、葛青龙、李温乐、柳文龙几位作者作为电子商务教育工作者、从业者和投资者，从不同角度对大量的电子商务案例进行了深入研究，并将他们的研究成果著成本书。

作为电子商务行业的从业者，我在阿里巴巴集团工作了多年，先后担任阿里研究院副院长、资深专家、阿里巴巴集团新零售研究中心负责人，亲历了电子商务行业多年来快速发展的过程，对于业界出版了汇集大量精品案例的研究成果深感欣慰，也衷心希望有更多优秀团队跨界协作，出版更优秀的著作！

本书的编写成员，由获得过多个国家级奖项的教育界和行业界人士组成，为本书良好的学术性、严谨性、全面性和实用性奠定了坚实的基础。陈晓鸣同志、葛青龙同志是高校教师，具有丰富的电子商务培训、咨询、项目策划经验，接触了众多企业，掌握了丰富的案例。李温乐同志是计算机高级工程师，既有多年的淘宝电子商务实操经验，又是培训机构的优秀讲师。柳文龙同志有多年的互联网产业经验，曾获得中央网信办授奖，并获得"浙江省电子商务行业贡献奖"，主持和指导过大量电子商务创业创新项目。

本书案例选取全面、合理，收录了具有代表性的国内外电子商务运营的典型案例。全书内容涉及电子商务发展、模式创新、产品研发、企业定位、市场细分、领域深耕、业务运营、营销推广、品牌创建、衍生服务、物流快递、交通出行、金融服务与风险投资等领域。

"专业团队、跨界协作、知识全面、案例实用"是我推荐本书的理由。本书的出版将有助于电子商务专业实践案例的更新、企业电子商务的转型升级和互联网行业新生力量的培养。

最后，祝愿读者通过对本书的学习更懂电子商务、更会经营运作，获得更好的发展！

游五洋

2019 年 8 月

序 3

鲍志林
商派教育科技有限公司总裁助理

我认识陈晓鸣老师是在 2015 年广州"商派电商大会"上，当时他作为职业院校的教师，全程认真学习、记录大会上各位嘉宾的发言，给我留下了深刻的印象。此后，我与他在社交网络上互相关注，了解到他是国内职业院校中在电子商务案例研究、教学方面比较突出的教师。陈晓鸣老师从事电子商务案例的研究、分析与教学已经十多年了。2016 年，他获得了"中国（浙江）首届农村电子商务讲师大赛"十强；2017 年，又获得了"第二届中国电商讲师大赛"二十强，目前已经是职教界的"网红"电子商务讲师了。2019 年，我们在安徽合肥举办的一次论坛上再次见面，陈老师作了题为"数字经济时代的'人、货、场'"的演讲。这次演讲让我对陈老师这几年在电商案例方面的研究与教学水平深感钦佩，他可以称得上是目前国内职教界讲授电子商务案例方面很有心得的教师了。本书作者陈晓鸣老师、葛青龙老师都是来自高校的一线教师，李温乐老师是来自培训机构的优秀讲师，柳文龙老师则是来自风投机构的颇有经验的投资人，这样的作者团队一定可以写出精彩的篇章！

"电子商务"一直是过去十年中国商业发展的关键词。从阿里巴巴的第一个"双十一"交易额的 5000 万元开始，不断突破、刷新纪录，到了 2019 年，第十个"双十一"已经攀升到了 2135 亿元。从第一次在易贝网怀着忐忑的心情下单，到现在手机支付无处不在，电子商务已经融入我们生活的方方面面。传统零售也因为有了互联网的助力，在运营理念上日渐革新，在经营模式上不断创新。再看学校，十年间，电子商务专业几乎覆盖了每一所大中专院校，一批又一批的电子商务专业人才不断填补着行业和企业一线岗位的人才空缺。

但是，近年来随着"新零售"概念的提出，业务中台和数据中台也随之而来，电商企业在进行相关人员的招募时，慢慢地倾向于能全面了解行业模式、具备一定宏观视野和独立商业思考能力的电子商务高级运营人才。正是因为看到了企业的这一核心需求，本书通过精选中外 60 多个极具代表性的企业案例，展开深入的研究和分析，分别从起步与发展、模式与创新、研发与定位、细分与深耕、运营与推广、品牌与服务、物流与出行、金融与风投等多个维度详细、全面地阐述了电子商务。

作为一名电子商务相关从业人员，我觉得是幸福的，因为在这个领域，我们一开始就和其他国家站在了同一起跑线上。2015 年国家提出"互联网+"的概念后，中国的互联网企业逐渐从模仿走向创新。未来"创新"的十年，中国需要更多更高素质、更高质量、更全面地理解电子商务和具备更宏观视野的电子商务人才。相信本书一定能对我国未来电子商务人才的培养贡献自己的一份力量！

鲍志林

2019 年 8 月

前言

党的二十大报告指出："加快发展数字经济，促进数字经济和实体经济深度融合，打造具有国际竞争力的数字产业集群。"表明未来经济中数字经济、电子商务、网络经济、新媒体等新业态的重要地位和作用。

在电子商务行业高速发展的背景下，全国高校普遍开设了电子商务专业，同时全国各地的电子商务企业与从业人员的数量也越来越多。学习电子商务专业的学生与从事电子商务行业的人员急需系统地学习并研究电子商务案例，从而进一步启发数字经济思维、开拓运营思路。然而，目前市场上的电子商务案例分析的相关图书大多围绕"行业分类""模式分析""平台实操"等内容进行理论介绍与实操指导，缺乏思维方式与运营思路的指引。为填补该领域的空白，本书对电子商务运营案例进行了系统性分析，以期达到介绍理论、开阔视野、启迪思维、拓展思路的目的。

本书内容来源于作者团队长期以来对数百个电子商务企业的连续观察与思考，精选国内外 60 多个电子商务案例进行深入分析，努力给读者提供一个"一站式"学习电子商务案例分析的平台，使读者逐渐培养"电子商务案例分析"的能力。本书以案例为载体，介绍理论、分析实操方法、启发运营思路。全书以电子商务国外起步与国内发展开篇，以常见模式与模式创新作为铺垫，引出大量电子商务应用案例；核心部分包括产品研发与企业定位、市场细分与领域深耕、业务运营与营销推广、品牌创建与衍生服务 4 个部分典型案例的深入分析；最后以物流快递与交通出行、金融服务与风险投资的阐述结尾。每章均包含概述、学习目标、引例、讨论、正文、本章小结、思考等组成部分，思考均设计成可操作的填表题。本书作者团队来自高校一线教师、培训机构教师和风投机构高管，使内容呈现出多角度、全覆盖的特点。本书入选"浙江省普通高校'十三五'新形态首批教材"，部分章节可扫码观看作者团队对于相应案例的授课视频，兼顾了可读性与可视性。各章内容与作者分工如下表所示。

各章内容与作者分工表

章序	内容	作者
第1章	电子商务国外起步与国内发展案例分析	葛青龙
第2章	电子商务常见模式与模式创新案例分析	葛青龙
第3章	电子商务产品研发与企业定位案例分析	陈晓鸣
第4章	电子商务市场细分与领域深耕案例分析	陈晓鸣
第5章	电子商务业务运营与营销推广案例分析	陈晓鸣
第6章	电子商务品牌创建与衍生服务案例分析	陈晓鸣
第7章	电子商务物流快递与交通出行案例分析	李温乐
第8章	电子商务金融服务与风险投资案例分析	柳文龙

本书适合电商学习者、从业者、创业者、研究者和教育者等使用。如果选用本书作为教学用书，建议学时为 34～36 学时，可以采用教师讲授与小组讨论相结合的案例教学模式，鼓励采用头脑风暴法进行开放式的思考与学习。各章学时建议如下表所示。

各章学时建议表

章序	学时	章序	学时
第1章	4	第6章	4
第2章	4	第7章	4
第3章	4	第8章	4
第4章	4	复习或机动	2～4
第5章	4	学时总计	34～36

　　本书由温州科技职业学院陈晓鸣、台州职业技术学院葛青龙、温州市继续教育院李温乐、格局企业管理（台州）有限公司柳文龙合作完成。在本书的创作过程中，得到了浙江大学教授陈德人先生、阿里巴巴集团新零售研究中心负责人游五洋先生、商派教育科技有限公司总裁助理鲍志林先生的大力支持与热情帮助，在此对他们深表感谢。

　　由于作者水平和经验有限，加之电商行业的发展日新月异，书中难免有欠妥之处，恳请广大读者批评指正。

作者

2023 年 6 月

目录
CONTENTS

Chapter 03
第3章　电子商务产品研发与企业定位案例分析

Chapter 04
第4章　电子商务市场细分与领域深耕案例分析

Chapter 05
第5章　电子商务业务运营与营销推广案例分析

Chapter

06 第 6 章　电子商务品牌创建与衍生服务案例分析

Chapter

07 第 7 章　电子商务物流快递与交通出行案例分析

08 Chapter

第 8 章　电子商务金融服务与风险投资案例分析

参考文献

01 Chapter

第1章
电子商务国外起步与国内发展案例分析

概述

    电子商务起源于欧美,但兴盛于亚洲,了解电子商务的国内外发展历程及每个阶段具有代表性的企业,有助于学生更好地学习电子商务。本章主要介绍国外电子商务起步较早的代表性企业:Amazon、eBay、Facebook、Groupon,以及国内电子商务发展过程中的早期代表性企业:当当、易趣、新浪微博、美团。

学习目标

知识目标:

1. 了解国内外电子商务的发展历程
2. 理解 Amazon 与 eBay 的不同运营模式
3. 了解 Facebook 和新浪微博的异同点
4. 理解美团发展优于 Groupon 的原因

技能目标：

1. 能够在至少一个电子商务平台上完成账户注册
2. 能够参与至少一个电子商务平台的交易服务

引例

72 小时网络生存测试

72 小时网络生存测试是 1999 年 9 月由 10 多家媒体、梦想中文网联合主办的，8848 网赞助的网络生存测试。12 名参与者在独立的房间内，通过网络来满足自身的需求。72 小时网络生存测试是监测当时电子商务发展的一次活动，同时大大助推了 8848 电子商务网站的发展。

通过网上报名、网友投票、媒体推选三步产生的北京、上海、广州三地各 4 人共 12 名自愿参与测试的人，被异地"发配"到这三个城市 12 个完全陌生的房间里。

他们的生存空间为酒店标准房，有基本的生活工具，包括起居设备、沐浴设备，但没有生活饮水，没有电话、电视等电器，有一个"没有内存"的冰箱，卫生间只有厕纸，只能通过一台可以上网的电脑与外界的沟通。

在这 72 小时中，测试者不能携带任何物品进入房间，主办方提供 1500 元现金以及限额 1500 元的信用卡，还有上网账号和密码。直至测试结束，测试者不能离开房间，必须通过网络获取食物、水来维生。

测试现场装有摄像机，详细记录测试者每天的活动内容及上网记录。主办单位将依测试者的网络购物能力、网络社交能力、网络应用能力及网络学习能力等并进行评判，优胜者将获得最高 5000 元的奖励。

8848 无疑是 72 小时生存测验的最大赢家。这里有个插曲，当时活动主办方找到 8848 的市场总监毛一丁要求赞助。毛一丁非常痛快，当即拍板赞助了参赛者每人 1500 元现金和 1500 元电子货币。头脑灵光的毛一丁意识到其中可能会有大动作，并给了当时值守人员足够的暗示。

当时 8848 的值守人员得到的暗示是，这两天如果有购物的请求一定要满足，无论多远都要尽快送到。就这样，在其他网站不当回事的时候，8848 抢占先机。一位测试者要的巧克力在网上超市上没有，毛一丁硬是派人到公司旁边的商场买了送过去。

讨论

针对上述"72 小时网络生存测试"的案例，分析当时的电子商务环境，并分析在现在电子商务环境下，完成"72 小时网络生存测试"的可行性。

1995 年，Amazon 和 eBay 相继在美国创立。此后，这种以互联网为依托进行商品和服务交易的新兴经济活动，迅速普及全球。新一轮科技革命和产业变革交汇孕育的电子商务，极大地提高了经济运行的质量和效率，改变了人类的生活生产方式。当前，全球电子商务呈现以下几个特点。

一是市场规模不断扩大。随着全球智能手机保有量不断提升、互联网使用率持续提高、新兴市场快速崛起，全球网络零售仍将保持快速增长。预计到 2020 年，全球网络零售交易额将超过 4 万亿美元。

二是地区差距逐渐缩小。欧美地区电子商务起步早、应用广；亚洲地区电子商务体量大、发展快，电子商务起源于欧美，但兴盛于亚洲；南美洲、中东及北非地区电子商务规模小、潜力大。但今后地区差距将逐渐缩小。

三是企业并购趋于频繁。互联网经济具有天然的规模效应，随着竞争加剧以及投资人的撮合，竞争对手有动力、有条件进行合并，市场集中度不断提高。

四是共享经济异军突起。共享经济伴随着移动互联网的发展而迅速崛起，共享领域不断拓展。从最初的汽车、房屋共享，发展到金融、餐饮、旅游、物流、教育、医疗、基础设施等多个领域，并向农业、能源、生产甚至城市建设扩张。

// 1.1　电子商务国外起步

电子商务起步于国外，尤其是以美国的 Amazon（亚马逊）、eBay（易贝）、Facebook（脸谱）和 Groupon（团宝）为各自领域的早期代表性企业。

1.1.1　B2C 电子商务先驱：Amazon

Amazon 是全球电子商务的先驱企业，从图书起步、以技术见长，业已成长为全球第二大互联网企业。

1. 简介

Amazon 是美国的一家电子商务公司，总部位于华盛顿州的西雅图，是网络上最早开始经营电子商务的公司之一，创立于 1995 年。Amazon 一开始只经营网络图书销售业务，现已成为销售全球商品品种最多的网上零售商。Amazon 网站首页如图 1-1 所示。

2. 案例分析

Amazon 是企业对消费者（Business to Consumer，B2C）电子商务模式的典型代表，已经成为全球用户数量最大的零售网站，大大超过了沃尔玛、苹果、eBay 以及中国的电子商务巨头阿里巴巴。数据显示，2019 年 6 月，全球约有 20% 的独立用户使用 Amazon 的零售和拍卖网站，其全球独立用户数量也达到了 2.822 亿，位居全球第一。

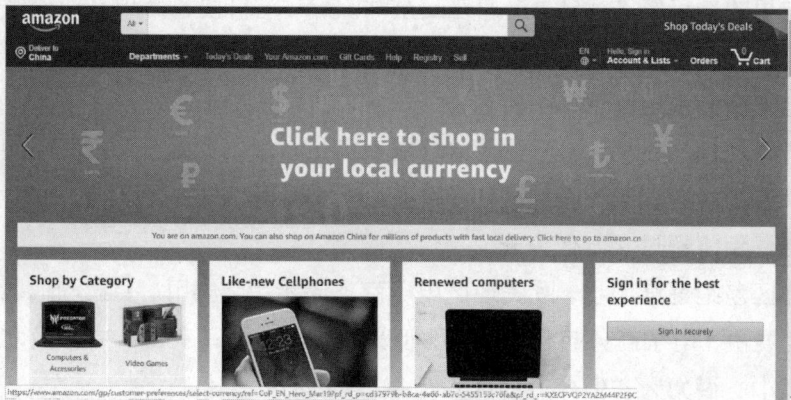

图 1-1　Amazon 网站首页

（1）以人为本，顾客至上

传统企业经营的精髓是"顾客总是对的"，Amazon 仍然把它作为自己企业的准则，具体做法为：设计以顾客为中心的选书系统，帮助读者在几秒内从大量的图书库中找到自己感兴趣的图书；建立了客户电子邮箱数据库，公司可以通过跟踪顾客的选择，记录下他们关注的图书，新书出版时，就可以立刻通知他们；建立客户服务部，从 2000 年开始，Amazon 雇佣了数以百计的全职客户服务代表，处理大量的客户电话和电子邮件，包括投诉抱怨、订单修改等。正是这些看似不起眼的服务工作，使得 Amazon 网站在历次零售网站顾客满意度评比中名列前茅。

Amazon 研究顾客购书习惯，发现顾客无论是否购买图书，都喜欢翻阅图书内容。因此，为了满足顾客浏览某些图书内容的需求，Amazon 网上书店独创了"浏览部分图书内容（Look Inside the Book）"服务项目，进而吸引了大量顾客上网阅读。

（2）控制库存，加快周转

Amazon 的成功还在于避免大量的图书库存，公司不必支付巨额的保险费，也不需要承担大量的运输和保管费用。通过配送系统的快速周转，Amazon 可以获取到额外收益，美国国内标准运输是在 3～7 个工作日运输到指定地址或邮局，顾客也可以要求快递，不过运费不同。比如，同样一本书，标准收费是 0.99 美元，如果顾客要求在两个工作日内运到，那么运费为 7.49 美元；如果顾客要求在一个工作日内运到，那么运费为 12.49 美元。通过一系列的改进，Amazon 每年的库存周转率是 19 次，这个业绩在所有线上和线下的零售商中名列前茅。

（3）横向联合，纵向挖潜

2001 年曾经有许多投资机构建议 Amazon 与其他巨头企业合并，当时美国在线与时代华纳的合并引起了市场的轰动，Amazon 并没有接受这些合并建议，而是选择了横向联合。比如，Amazon 搭建交易平台为玩具商和电器经销商服务，同时还接手了美国第二大图书销售商（Borders）的网站运营，巩固了自己在网络图书销售市场上的地位。与此同时，Amazon 开办了 6 个全球网站，分别设在美国、加拿大、英国、德国、法国和日本。这样，通过当地语言网站，可以更好地为不同语种的顾客服务。

Amazon 积极推行"商家项目"，即与各种商家合作，不断开拓产品与服务的空间。目前，Amazon 早已不限于销售图书，它销售的商品包括服装、服饰、电子产品、计算机、软件、厨房用品、家居器皿、DVD、录像带、照相机和相片、办公用品、儿童用品、玩具、旅游服务和户外用品等。另外，企业和个人可以通过 Amazon 网站销售全新或者二手商品，以及自己的收藏品，Amazon 收取固定费用、销售佣金并对特别商品按件收费。

（4）不断创新，技术领先

经营实体店最重要的是选址，网络经营最重要的则是技术。只有掌握先进的技术，才能保证经营成本比竞争对手低，商品才有竞争优势。技术的不断创新需要技术人才的支持，而 Amazon 最自豪的就在于拥有大批优秀的网络技术人员。

比如，网上快速选择技术，在一键订购和强大的技术支撑下，在 Amazon，客户对图书的选择速度提高了 15%，对电子用品的选择速度超过了 40%。当然，与 Amazon 合作的商家也获益匪浅，服装和服饰类产品最具代表性，因为服装产品有非常强的时间要求。Amazon 曾在 2 个月内就销售了 153000 件衬衫、106000 件裤子和 31000 件内衣。Amazon 快速强大的销售能力，是大量商家选择与其合作的重要原因之一。

1.1.2　C2C 电子商务先驱：eBay

eBay 起源于网络拍卖，通过开放性的合作，经过多年的发展，已经成为全球著名 C2C 交易平台之一。

1. 简介

eBay 是全球最大的网络交易平台之一，创立于 1995 年，是一个基于互联网的社区。eBay 交易平台完全自动化，按照类别提供拍卖服务，让卖家罗列出售的商品，让买家搜索感兴趣的商品并报价。eBay 网站首页如图 1-2 所示。

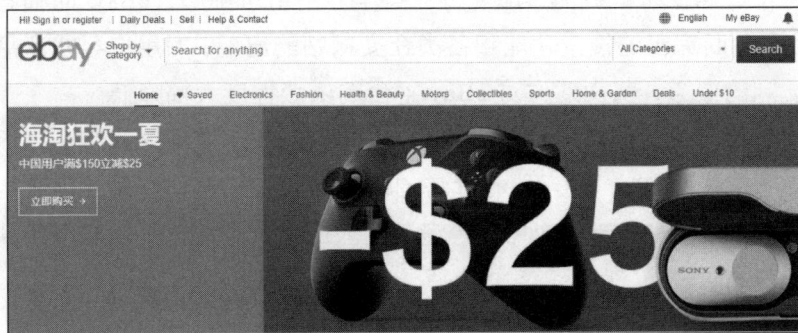

图 1-2　eBay 网站首页

2. 案例分析

（1）飞速成长，成就巅峰

1995—2000 年，eBay 开创消费者对消费者（Consumer to Consumer，C2C）交易模式，利用互联网技术为买卖双方提供安全便利的电子商务交易平台，通过品类和业务拓展积累了庞大的客户群，飞速成长为行业巨头。传统的交易方式存在信息不对称、效率较低等问题，eBay 利用互联网技术提高了市场效率，成为"世界的网络交易平台"，为买卖双方提供安全、无障碍的电子商务平台服务。凭借特有的商业模式，eBay 自上线起就深受美国国民追捧。2000 年，eBay 实现 4.3 亿美元营业收入，注册用户超过 2200 万，平台拍卖商品数量超过 2600 亿。

eBay 在初创期实现飞速成长的主要原因有：顺应了美国社会背景下的国民消费习惯，把大众热衷的旧货买卖搬到线上，解决了信息不对称和效率较低的问题；eBay 是网上虚拟市场，无库存且交易成本低，以佣金为盈利模式，收入随交易量上升而增加；基于"网络效应"，可扩张性极强。

由于具备先发优势，eBay 通过品类扩张（从收藏品扩张到生活必需品）以及业务类型拓展（引入定价模式、为企业客户服务的 eBay 店铺等），积累了数量庞大的活跃买家和卖家，依托网络效应提升市场份额，持续巩固竞争地位。

（2）由强减弱，走向衰落

2001—2010 年，eBay 在高速增长后开始故步自封，在网拍市场日渐饱和、自身过度扩张、亚马逊等竞争对手崛起以及搜索和社交网站兴起的背景下，eBay 的先发优势逐渐减弱。

经历高速成长之后，电子商务红利耗尽，eBay 漠视市场环境变化和竞争带来的挑战，逐渐步入衰落期。eBay 衰落的原因有：用户偏好和行为发生变化——由于拍卖耗时较长，用户纷纷转向定价式网购，网拍的新鲜感消失，拍卖市场进入饱和期；过度扩张及业务架构不明确——2005 年 eBay 斥巨资收购网络视频通话服务公司 Skype（Skype 是 eBay 收购支出最高的一家公司），却面临着业务整合失败的困局，最终在 2011 年将 Skype 转售给微软公司；2000 年亚马逊平台业务启动——亚马逊平台收费固定化、购物体验更优，加之行业竞争对手纷纷崛起，eBay 面临着更大的竞争压力；谷歌不断完善的搜索功能和各类社交网站的出现，为用户寻找商品提供了更加精准和便利的渠道，买卖双方对 eBay 平台的依赖程度大幅降低。

先发优势和网络红利带来的规模效应曾支撑着 eBay 实现快速增长，而随着电子商务行业竞争加剧，eBay 缺乏核心优势的商业模式开始显现弊端，平台持续被边缘化，无法形成有效壁垒。随着亚马逊等竞争企业的发展和崛起，以及电子商务行业服务标准持续提高，eBay 逐渐没落。

（3）战略转型，颇见成效

2011 年起，eBay 进行了四大战略转型，具体如下。

一是大力推进移动平台业务发展。随着移动端设备增加，eBay 管理层认为移动商务时代已经到来，并在此契机下展开深度转型，开发移动支付平台产品。eBay 移动端交易额从 2009 年的 6.2 亿美元提升至 2013 年的 220 亿美元，移动端转型战略成效显著。

二是发力 PayPal 支付业务。为顺应手机支付的大趋势，eBay 收购移动支付公司 Zong，将 PayPal 业务从线上延伸至线下，在传统零售门店推出 PayPalHere 支付方式。2014 年，支付业务在 eBay 的业务构成中的占比达 48%，已经超过交易平台业务（占比 46%）。2011—2014 年，支付业务的复合年均增长率（CAGR）达 21%，超过交易平台业务（复合年均增长率为 9%）。

三是 eBay 由线上向线下渗透。eBay 收购了本地购物搜索公司 Milo，帮助商户上传店内库存情况至 eBay 平台，并通过 eBayNow 当日达服务与线下零售商户合作，将业务向线下用户进行渗透。

四是收购 GSICommerce（电子商务代运营鼻祖），完成商业模式转型。GSICommerce 已与阿迪达斯、Calvin Klein 和玩具反斗城等美国知名零售品牌及企业达成合作，提供电子商务技术平台、订单管理和物流等电子商务综合服务。2011 年收购完成后，eBay 从拍卖零售市场转型为兼具渠道和服务的综合互联网技术型企业。

（4）走向迷茫，未来堪忧

2014 年，支付业务拆分后的 eBay 营收遭遇腰斩，强劲增长的引擎消失，业务架构经历了多次的剥离和调整。管理层执行"back to basics"（回到基础）计划，业务重心回归到线上交易平台。交易平台营收增速趋于稳定，但增长动力不足，eBay 由此走向迷茫。

电子商务产业链日益完善，物流配送体系、IT 系统等基础设施的重要性日益凸显，eBay 在这些设施上的欠缺难以满足用户需求、优化购物体验，在与亚马逊等友商的竞争中逐渐落伍并被赶超。2019 年 8 月，eBay 市值仅为 300 多亿美元，低于当初其支付业务拆分后独立上市的 PayPal（市值 1200 多亿美元），更是被 Amazon（市值 8900 多亿美元）甩开了差距。

1.1.3　社交网站先驱：Facebook

根据马斯洛需求层次理论，社交是人类的刚需之一。Facebook 运用互联网技术满足了这一刚需，通过经营社交网站，逐步成长为世界级企业。

1. 简介

Facebook（脸书）是美国的一个社交网络服务网站，创立于 2004 年 2 月 4 日，总部位于美国加利福尼亚州帕拉阿图。

2. 案例分析

（1）网络社交，迅速风靡

2004 年 2 月，还在哈佛大学主修计算机和心理学的二年级学生扎克伯格突发奇想，要建立一个网站作为哈佛大学学生交流的平台。只用了大概一个星期的时间，扎克伯格就建立起了这个名为 Facebook 的网站。令人意想不到的是，网站刚一开通就大为轰动。几个星期内，哈佛大学的许多学生都登记成为会员，主动提供他们最私密的个人数据，如姓名、住址、兴趣爱好和相片等。学生们利用这个免费平台掌握朋友动态、与朋友聊天、搜寻新朋友。很快，该网站就扩展到美国主要的大学校园，包括加拿大在内的整个北美地区的年轻人都对这个网站饶有兴趣。此后，该网站在英国、澳大利亚等国的大学校园同样风靡。

网站的名字 Facebook 来自传统的纸质"点名册"，即"花名册"。通常美国的大学和预科学校把这种印有学校所有成员的"点名册"发放给新来的学生和教职员工，帮助大家认识学校的其他成员。

（2）合纵连横，逢机布局

Facebook 于 2012 年 5 月在纳斯达克上市，当时市值约为 1047 亿美元，超过亚马逊、惠普、戴尔等行业龙头。作为当时全球最大互联网公司首次公开募股，公司融资额高达 160 亿美元。此后，Facebook 通过一系列大手笔并购，使公司的全产品社交网络初具规模。

2012 年公司以 7.15 亿美元收购 Instagram（照片墙），既使得用户分享形式趋于多元化，同时也标志着公司从文字时代拓展到了图片时代。

2013 年公司以 190 亿美元收购 WhatsApp（瓦次艾普）以扩大其在通信领域的规模化竞争优势，公司借助 WhatsApp 完善即时通信功能。WhatsApp 主攻打电话和发信息功能，走通信工具路线，以简洁的特点深受用户欢迎。

2014 年公司以 20 亿美元收购 Oculus，成为最早布局 VR（虚拟现实）产业的社交公司，形成文字、图片、视频及 VR 的全媒体形式布局，完善用户体验。

（3）把握需求，转变战略

2017 年，公司向"社交网络+产品"战略转变，以社交网络为核心、贴合用户实际需求、进一步提高用户黏性，主要包含以下几个方面。

社交网络+AR（增强现实）：2017 年 Facebook 发布基于手机摄像头的 AR 特效平台 Camera Effects Platform，可绘制图像作为滤镜添加至 Facebook 相机，并根据相机的取景画面添加动态效果。而用户只需一部智能手机即可制作 AR 滤镜及分享 AR 体验。

社交网络+VR：Facebook 推出基于虚拟现实的社交应用 Facebook Spaces，该应用基于社交链，在虚拟现实情景中将真人拟为卡通形象进行交流，借助 Oculus 推出的配套硬件，用户可以快速变换使用场景、实现空中涂鸦等功能。

社交网络+原创剧集：Facebook 在 2017 年 6 月上线 24 档原创节目，类型分为两种，一种是类似于美剧的原创剧集，另一种是 5～30 分钟的短视频。Facebook 希望借助这些内容增加用户在平台上的停留时间，以此增加用户黏性。

社交网络+智能音箱：与市面上常见的智能音箱不同，Facebook 的智能音箱 Portal 还配备镜头和触摸屏，便于用户之间进行视频社交，而不是播放音乐或控制智能家居。除此之外，该设备可通过摄像头扫描房间、锁定人们的面部表情，传输到智能终端，实现远程交互、智能安防等功能。

社交网络+约会：Facebook 宣布推出相亲婚恋应用程序 Date，针对在 Facebook 上已建立弱联系的用户，以线下聚会方式形成强联系。Date 用户可选择资料是否对特定的活动和聊天群开放，而在 Facebook 上标注"已婚"或者"恋爱中"的用户则无法使用该程序。

（4）精准广告，垂直细分

Facebook 的精准广告投放只依靠 CPC（每点击成本）来计费，而光靠广告收入明显不够，Facebook 的真正"钱途"在于从 App 开发商身上赚钱。Facebook 好比是一个巨大的商场，而 App 开发商好比是在商场里免费租赁店面的商家，他们兜售自己的玩具，吸引用户来玩。App 开发商可以在 Facebook 上做网络招聘、机票预订等业务，Facebook 是他们的平台。

因此，Facebook 并不需要直接从注册用户身上赚钱，而是把面向用户的细分垂直领域的赚钱机会统统留给 App 商家，同时也为他们节省了在这些细分领域的成本、风险和时间。Facebook 只要把自己的平台做好，给 App 商家提供足够好的免费服务，再通过增值服务就可实现盈利。

1.1.4　团购模式鼻祖：Groupon

团购曾是中国电子商务界竞争最惨烈的领域之一，而创立于太平洋彼岸美国的 Groupon 正是这一模式的鼻祖。

1. 简介

Groupon 是一个团购网站，以网友团购为经营卖点。Groupon 是 coupon（优惠券）的谐音，其独特之处在于每天只推出一款折扣产品、每人每天限购一次。Groupon 的折扣产品一般是服务类的，而服务是有地域性的，而且它的线下销售团队规模远超线上团队。该公司的成立时间是 2008 年 11 月，以美国和欧洲为主要销售地点，Groupon 网站首页如图 1-3 所示。

2. 案例分析

（1）品牌传播，团购促动

Groupon 初期面向的是中小商家，这些企业一般无力支付巨额的纸媒广告费，也没有找到自我展示的在线广告平台，而 Groupon 正好提供了这样一个平台。这种大幅打折交易（如打五折）按天出现，只有购买者达到一定数量才能生效。他们通过 Groupon 购买的谷歌、Facebook 等广告位以及 1300 万注册用户的口碑营销，获得了极高的收益。这也吸引了许多有促销意向以及需要网络推广扩大（新）产品或品牌知名度的潜在商家。同时 Groupon 还与知名商家合作，不仅使商家满载而归，自身的品牌知名度也进一步提升，达到双赢。

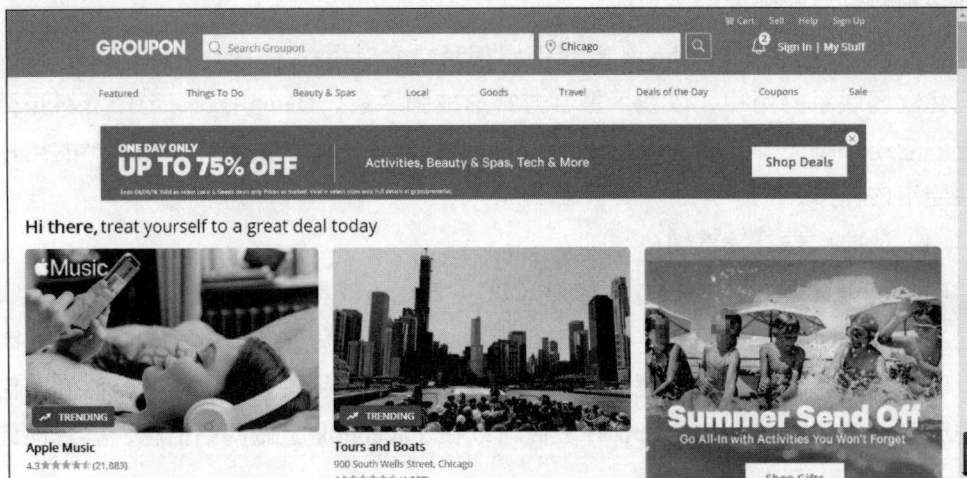

图 1-3　Groupon 网站首页

对用户而言，Groupon 抓住了用户希望获取较大折扣的心理，而且通过设置团购人数下限门槛、互为推荐购买返现等方式，使用户通过网络进行有效的互动，自发组织达到商家的参与团购人数下限，而参与人数一旦提升到一定程度，又能提升其他浏览此信息用户的信任度。这种用户自发形成二次传播的行为成为 Groupon 的亮点之一，使用户数与用户活跃度上升，加之外界的促动，使其用户数以每月 200 万激增。

（2）优惠信息，匹配需求

对商家而言，Groupon 担任的是渠道销售商的角色。Groupon 所拥有的用户大多具有高消费能力，Groupon 平台定位精准、目标明确、成本低廉，是广告宣传的理想平台。商家通过 Groupon 充分曝光，出售优质商品或服务，提升影响力；还通过该平台带来的超多数量用户，经过二次传播，吸引更多的用户再次消费。

对用户而言，其提供的是高性价比的产品或服务信息。Groupon 售卖的均是餐馆、酒店、美容、健身、培训等服务类的优惠信息，即使跟知名服装企业 Gap 合作也是以优惠券的形式售卖，避免了库存风险和物流成本。

此外，拥有众多商家资源的 Groupon 还推出了个性化团购新功能，从而更好地匹配商户与用户的需求。根据用户的性别、购买历史以及兴趣向其发送更为精准的团购信息，以此提升购买率、增加用户黏性。

（3）打折营销，口碑传播

Groupon 的营销模式最重要的是出售的大幅打折服务只在当天有效，且只在一定数量的客户决定购买后才生效。此种限时团购模式，促使用户为了达到购买用户下限数量，自发通过社交网络等多种方式互相传播，有效地形成了口碑传播，不断增加其网络影响力和用户黏性。在用户维护方面，Groupon 推出用户每邀请一个朋友注册并当其在 72 小时内达成一笔交易将获得 10 美元现金奖励；且用户在交易过程中也会获得 Groupon 所给予的优惠券、奖品等特殊回馈。

同时，Groupon 的每一单交易都附有 5～6 页的小故事以吸引用户并产生共鸣，该公司总部有 70 名写手专门负责每天写作 190 页左右的故事。此外，Groupon 也通过 Facebook 等社交网络延伸社会影响力。在网络团购中，Groupon 不仅通过强大的议价能力惠及用户，还不断地影响和改变用户的生活方式。

（4）佣金回款，盈利核心

Groupon 的盈利核心在于收取商家高达 30%～50% 的交易佣金，回款周期为两个月。如此，公司能迅速回笼资金、变现利润，并以边盈利边扩张的形式发展。

人多折扣大，许多商家都愿意接受这样的"团体优惠"的概念，在行业淡季通过折扣来笼络客人。正是基于此想法，才使 Groupon 找到了早期的盈利模式，这也是 Groupon 在 7 个月内快速实现盈亏平衡的关键原因。它立足于城市的本地化消费信息挖掘，充分调动了当地消费者的需求，也满足了商家的需要。而 Groupon 的缺点也是区域性强，无法快速复制到每个城市，每开拓一个市场就必须派业务员深耕当地，以找到当地能够提供高品质服务的商家。

// 1.2　电子商务国内发展

20 世纪 90 年代末期，中国制造网、阿里巴巴等电子商务企业成立；2003 年，淘宝、京东商城等电子商务平台崛起，中国电子商务开启了快速发展的二十年黄金期。当前，我国电子商务呈现以下几个特点。

一是市场规模持续高速增长。2018 年，我国电子商务交易额达 31.63 万亿元，同比增长 8.5%；网上零售额达 9.01 万亿元，同比增长 23.9%，跨境电商进出口商品总额达 1347 亿元，同比增长 50%；农村电子商务交易额达 1.37 万亿元，同比增长 30.4%；全国快递服务企业业务量累计达到 507.1 亿件，同比增长 26.6%；电子商务从业人员达 4700 万人，同比增长 10.6%。

二是产业支撑不断改进。网络基础条件逐步改善，企业入网率不断提升。2017 年，企业在线销售、在线采购的开展比例增长超过 10%，分别达到 45.3% 和 45.6%。电子商务服务业快速发展，市场规模达到 2.45 万亿元，同比增长 23.7%，其中电子商务平台服务业营收规模达到 4000 亿元。

三是线上线下融合步伐加快。一方面，线上企业加速布局线下。阿里巴巴收购银泰、三江购物，和苏宁交叉持股，与上海百联开展战略合作。京东、当当、聚美优品等纷纷开设实体店。另一方面，线下企业主动拥抱互联网。永辉超市、徐工集团、宝钢等通过与线上企业合作或自身发展电子商务，探索商业模式转型升级。线上线下正从渠道、供应链、数据、场景等多方面逐步打通，为消费者提供全方位、不间断、跨时空的服务，打造零售新生态。

四是新业态新模式层出不穷。租车、租房、租设备等分享经济新业态，众创、众包、第四方物流等协同经济新业态，团购点评、体验购物、主题酒店等体验经济新业态百花齐放、争奇斗艳。分享经济使消费者之间通过互联网直接建立联系，提升闲置资源的利用效率。

1.2.1 亚马逊的"中国学徒"：当当

图书具有价值高、体积小、易快递、标准化、没有保质期等特性，是非常适合电子商务零售的品类，美国亚马逊以此切入，中国当当亦是如此。

1. 简介

当当是中国成立较早的电子商务公司，由李国庆、俞渝夫妇创立于 1999 年。2010年 12 月 8 日，当当在美国纽约证券交易所成功上市，成为一家完全基于线上业务、在美国上市的 B2C 网上商城。当当首页如图 1-4 所示。

图 1-4 当当首页

2. 案例分析

（1）图书巨头，百亿规模

用抛物线来形容当当的发展历程再合适不过了。与其他综合性电子商务不同的是，1999 年出现的当当是凭借着低价、具有标准化的图书作为电子商务切入点，快速在市场上扎根成长，成为中国图书电子商务巨头。

　　当当的成功与它看清图书电子商务市场局势有着莫大关系。在网上书店还没有发展起来时，当当已经看到图书电子商务所具有的潜在市场规模，成功对图书电子商务市场进行布局。2009 年，当当成为我国图书电子商务巨头，年图书销售额超过 100 亿元，在中国线上图书销售市场上的份额占比超过五成。

　　（2）加大布局，转型平台

　　通过网上书店取得一定成就后，当当开始加大对其他业务的布局，由单一型网上书店逐渐加入各类百货，由垂直电子商务逐渐向综合电子商务平台转变。当当还在中国 11 个城市建设 21 个仓库，占地面积达到 37 万多平方米。在货物配送上，当当则根据区域差距来合理安排配送服务。此外，当当还获得了来自科文公司、美国 IDG 集团、亚洲创业投资基金等多方投资，得到了多条输血渠道。2010 年 12 月，当当在美国纽交所上市成功，被称为"中国的亚马逊"。

　　（3）盈利模式，良性双赢

　　当当主要盈利方式有三个方面，即进销差价、收费及投资、广告费。

　　进销差价。压低制造商（供应商）的价格，在采购价与销售价之间赚取差价。

　　收费及投资。虚拟店铺出租费、产品登录费、交易手续费，利用平台巨额现金流的账期时间差进行投资盈利。

　　广告费。各种展现、推广的广告位收费等。

　　当当提供物美价廉且品种多样的商品，配合完善的特色服务吸引更多的用户；依靠规模化和低成本运营，势必给用户带来更多价格上的实惠，通过"让利"获得更多用户的支持。这是一个双赢的良性循环，当当早期的成功正是早已认识到并始终坚持实践着这一循环。

　　（4）画地为牢，逐渐衰退

　　表面来看，当当在市场上的战略布局能带来大量的用户和利润；但深入分析便会发现，当当只重视短期市场利益，却忽视了长期企业发展。这种"小富即安"的状态导致企业逐渐落后于电子商务市场发展并逐渐衰退。以图书打开电子商务市场之后，当当并不是就此坐守一城，上市之后还开通家电、3C 等其他业务。但在初期由于布局不当，给企业带来上亿元的亏损。亏损之后，当当不愿在这些业务上继续消耗下去，一方面拒绝"烧钱补贴"策略，另一方面除了网上书店之外的其他业务发展平平。重网上书店、轻其他业务，导致当当在发展上仍旧局限在图书电子商务领域难以向其他领域扩展。

　　随着网上书店市场逐渐明朗化，市场上出现许多图书电子商务平台。在当当之后，陆续出现互动出版网、99 读书人等自营图书电子商务。除了这些垂直图书电子商务平台不断增多之外，阿里、京东等大型综合电子商务也相继开通网上书店业务，网上书店领域竞争日益激烈，而当当在面对诸多强劲对手时逐渐呈现出难以抵挡之势。

　　此外，2013 年，亚马逊推出的 Kindle 成为数字阅读典型代表，进入中国市场之后大受欢迎，给当当带来一定程度的打击。虽说后来当当也试图在阅读器市场有所作为，但因亚马逊在前，一直难有突破。再者，随着智能手机的普及，移动阅读市场规模逐渐扩大。而在亚马逊 Kindle、掌阅 App 等阅读软件对移动阅读市场布局时，当当却已错失进入市场的良机。

1.2.2　国内 C2C 先驱：易趣

我国早期电子商务企业的创始人大多具有美国留学背景，他们在美国亲历了电子商务行业的迅速发展，回国创业时也选择投身其中，易趣便是其中一例。

1. 简介

1999 年 8 月，易趣在上海创立，主营电子商务网上拍卖集市，由邵亦波及谭海音（两人同为上海人，毕业于美国哈佛商学院）所创立。2002 年，易趣与 eBay 结盟，更名为 eBay 易趣，并迅速发展成国内较大的在线交易社区。易趣秉承帮助任何人在任何地方能实现任何交易的宗旨，为卖家提供了一个网上创业、实现自我价值的舞台，品种繁多、价廉物美的商品资源也给广大买家带来了全新的购物体验。易趣首页如图1-5 所示。

图 1-5　易趣首页

2. 案例分析

（1）实名认证，服务收费

网络时代的经营模式注重个性化，需求者与供给者（生产者）直接交互，个性化的需求能得到最大限度的满足。首先，易趣的信息发布者必须确有其人，也就是卖家必须是通过实名认证的用户。其次，易趣向卖家收取商品登录费，登录费从 0.1 元至 8 元不等，以商品最低成交价为计费基数。再次，易趣在每次交易成功之后收取相应佣金，也就是交易服务费，价格按每件商品的成交金额的 0.25%～2%收取；如果未实际成交则不收取。最后，交易要符合网站的严格规定，违反者将受到处罚或者无法得到某些服务。

（2）鼓励评价，防止恶评

易趣在建立初期就采用严格的规则，设立了自己的信用评价体系，并在运行过程中不断对其进行修改，使其完善。易趣用户每次成功交易后都可以对交易对象进行一次评价。评价分为好、中、差三种等级，好评代表货真价实、交易快捷等；中评代表商品有瑕疵未说明、交易较为拖拉等；差评则表示商品与网上描述有较大差距、讨价还价等。三个等级评价间有着明确的界定，使人一目了然。

为了鼓励评价、防止恶评，易趣规定三个月内来自同一用户的相同评价只计一次分，来自注册用户的评价在其成为会员前不计分。同时，网站采取了双向匿名政策，一笔交易如一方先做评价，其评价内容在另一方做出回评或评价期限过后才被显示。易趣还对众多信用炒作行为进行规范，界定了炒信行为并规定了惩罚办法。

（3）竞争加剧，由盛转衰

易趣的成立堪称填补了中国电子商务 C2C 的空白，此后用了不到半年的时间，易趣就摘得"国内拍卖网站之冠"的称号。在 CNNIC（中国互联网络信息中心）2000 年 1 月发布的第 5 次《中国互联网络发展状况统计调查》中显示：易趣已成为中国最受欢迎的拍卖网站之一。随后，易趣的连续动作给当时苍白的中国互联网行业增添了不少亮色。但是，随着市场竞争的加剧，特别是阿里巴巴旗下的淘宝加入竞争，虽然在 2002 年 3 月得到当时全球最大的电子商务网站 eBay 公司的大力支持，但易趣的处境仍然变得艰难。2003 年 6 月，eBay 以累计 1.8 亿美元 100%控股易趣。然而，本该是强强联手的姻缘却并没有获得一个美满的结局。数据显示，在 2005 年，eBay 易趣的市场份额已经不到其竞争对手淘宝的一半。

（4）适应发展，尚待完善

网络拍卖作为一种平民化的电子商务模式在中国还很不成熟，受到了诸如不够规范的规则、不够完善的支付手段、不够统一的交货方式等条件的制约。

易趣取得飞速发展的主要原因在于其个人物品竞拍网站的明确定位，并始终提供开放共享的交易平台、优质高效的服务。区别于一些拍卖双方既可以是商家也可以是个人的拍卖网站，易趣把服务对象准确定位于个人，提供了让个人用户自行拍卖、自行交易的平台。同时，易趣的客服部门通过及时发布成交信息、跟踪了解成交状况等服务方式进行鼓励，以促成网上成交。

易趣计划在未来的发展中建立更加人性化的搜索功能来方便用户，建立更加安全完善的信用制度保护用户，给用户提供专业、全面、满意的服务。

1.2.3 国内人气社交平台：微博

在信息爆炸的时代"少即是多"，从博客到微博，新浪在这一波社交平台发展的红利期中抓住机遇、率先发力，使微博成为顶尖的国内人气社交平台。

1. 简介

新浪微博是一个由新浪网推出，提供微型博客服务的社交网站。用户可以通过网页、WAP 页面、手机客户端、手机短信、彩信发布消息或上传图片。新浪把微博理解为"微型博客"或者"一句话博客"。用户可以将看到的、听到的、想到的事情写成一句话，或发一张图片，通过 PC 端或者移动端随时随地地分享给朋友，一起互动讨论；还可以关注朋友，即时看到朋友们发布的信息。

2. 案例分析

（1）微博诞生，风头正劲

2009 年 7 月，新浪管理层决定要做微博这个项目，由当时桌面产品事业部的主管彭少彬主持开发。8 月，新浪微博便开始内测；9 月，正式添加了@、私信、评论、转发等功能，这些功能也成为微博至今最基础的功能。当时的新浪微博采用了和新浪博客一样的推广策略，即邀请艺人和名人入驻，并进行实名认证，认证之后会在用户名之后加上字母"V"以彰显身份。在名人效应的拉动下，新浪微博早期用户快速增长。

2010—2011 年，新浪微博风头正劲，甚至一度力压 QQ。在产品功能上，新浪微博也是动作不断，连续推出了 AIR 客户端、微团、微领地以及微音乐等一系列功能和应用，为用户提供了更多个性化的选择。

2012 年 9 月，新浪微博 PC 端出现"密友"分组，正式宣布微博进入私密社交领域。2013 年 1 月，新浪微博客户端推出 3.3.0 版本，新增"密友"功能强化私密社交圈，拓展了移动端交互方式，密友支持 LBS（基于位置的服务）定位服务，用户可以在发布私密微博时获取所处位置信息，是微博客户端私密社交发展之路上的重要一步。此外，微博客户端信息流还全面嵌入"赞"按钮，在转发分享、评论、收藏之外，丰富了用户间的互动方式。

随着入驻新浪微博的外国艺人越来越多，语言翻译成为中国粉丝与外国偶像零距离沟通的迫切需求。英语还好，但是韩语、日语等对于大部分用户来说还是比较困难的。2013 年 1 月，新浪微博与网易有道宣布达成战略合作，用户在浏览新浪微博的外国艺人发布的外语内容时，可以直接通过有道词典获得翻译结果，满足了新浪微博用户的语言类需求。

2013 年 2 月，新浪微博财报中显示其总收入约 6600 万美元，注册用户数突破 5亿大关。

（2）合作阿里，更名"微博"

2013 年 4 月，新浪正式宣布新浪微博与阿里巴巴签署战略合作协议，双方在用户账户互通、数据交换、在线支付、网络营销等领域进行深度合作。同时，新浪宣布阿里巴巴通过其全资子公司，以 5.86 亿美元购入新浪微博公司发行的优先股和普通股，占公司全稀释摊薄后总股份的 18%左右。此次合作可谓双赢，一方面，阿里巴巴可以助力新浪微博在商业化的道路上步伐更稳健，新浪微博许多业务有了更多的变现机会；另一方面，与新浪微博的合作有助于阿里巴巴在移动互联网领域的全面发展。

2014 年 3 月 27 日晚间，新浪微博正式宣布改名为"微博"，并推出了新的图标。有分析指出，新浪微博更名为微博，主要就是要淡化"新浪"色彩，而凸显其作为一家社交平台公司的独立性，有助于得到投资人的认可。2014 年 4 月 17 日，微博在美国纳斯达克股票交易所正式上市。

（3）渠道下沉，内容变现

2014 年，微博将渠道下沉作为主要任务。微博的渠道下沉举措包括以下三大方面。

内容领域的下沉——社交媒体平台下沉到垂直细分领域。从 2014 年下半年开始，微博开始细分了时尚、股票、旅游、电影、汽车、美食、美容、寻医、服务等垂直领域。仅仅用了半年时间，微博就已经成为国内最主要的电影点评平台，在旅游分享和商家点评领域名列前茅。

整体用户结构的下沉——一二线城市下沉到三四线城市。2014 年，电视台可以说是微博着重发力的平台。各大卫视的真人秀节目一骑绝尘，不仅让参加活动的艺人得到了极大的曝光；微博与这些节目的合作，也让微博借助电视台得到了大体量的曝光。可以说，微博和电视台的合作，成功建立起用户和艺人之间的桥梁，使三四线城市的用户和艺人之间的距离缩小。

头部用户的下沉——名人"大 V"下沉到"中小 V"和自媒体。微博的第一批入驻"大 V"，是诸如企业家史玉柱、艺人徐静蕾等用户，但是为了更好地吸引三四线城市的用户，微博开始扶持更多的"中小 V"和自媒体。2014 年 6 月 12 日，微博自媒体商业化计划启动，通过广告分成、付费订阅和粉丝打赏等多种变现手段，来鼓励和扶持自媒体。微博用户运营总监刘新征表示，该计划将着力进一步提升微博优质内容创造用户的影响力，并以此为基础为自媒体作者提供灵活的商业变现方式，鼓励其生产原创优质内容的积极性，进而全面提升平台的内容生态。

（4）优化信息，加码视频

2014 年 7 月 16 日，微博正式启动信息流优化计划，通过对高曝光、低互动的低质信息进行限制展示，降低用户在浏览微博时接触此类信息的频率，让普通用户能够有更多的时间接收并阅读有效信息。2016 年年初，微博打破了时间序列，并加入了兴趣推荐。在新算法下，如果用户时间序列产生的内容不足时，微博会把过去三天中用户未读到的或与用户兴趣相关的内容，插入用户的信息流中，从而增加用户在微博上的停留时间。

2016 年 9 月，微博启动 MCN（MCN 是指有能力服务和管理某领域下一定规模微博账号的机构，涉及的内容包括视频、直播、图文等多种形式）管理系统内测，为 MCN 机构提供成员管理、资源投放、商业变现、数据分析四大功能。

而在产品功能方面，也为短视频让路，微博分别在移动端"发现"页上线视频标签，PC 端上线"视频"频道，成为固定的短视频观看入口。此外，视频 MCN 主页上也增加了视频标签和热门视频推荐等板块。2017 年 4 月，微博更是做出了巨大的变动，直接在短视频领域加码，将微博客户端首页左上角最显眼的位置给了视频，用户点击即可拍摄并发布 15 秒以内的短视频。

1.2.4　国内最大团购网站：美团

我国团购市场经历了"千团大战"（指我国团购市场发展初期超过千家企业竞争的局面），大量的团购网站经过激烈的竞争，"剩者为王"，美团成为这一领域最后的赢家。

1. 简介

美团由人人网（原校内网）、饭否等网站的创始人王兴于 2010 年 1 月建立。作为国内成立早、综合实力强的团购网站，美团遵循"消费者第一、商家第二，美团第三"的理念。

2. 案例分析

（1）美团上线，引爆团购

随着美国的 Groupon 团购网的快速崛起，全世界都掀起了模仿狂潮。美团于 2010 年 3 月 4 号上线运营，是国内首家团购网站。它的上线，迅速引爆了网络团购行业在国内的发展。

美团上线推出的第一个产品是梵雅葡萄酒品尝套餐。当年 3 月 4 日，这个套餐吸引了 79 人购买，销售额接近 4000 元。王兴把自己的新项目定位为新型团购网站，最大的特点是每天只卖一件商品、一周只上七个单，涉及吃喝玩乐各个方面，且折扣很大。对消费者而言，美团提供他们需要的且大多为高折扣的产品团购信息；对商家而言，美团作为他们的一个广告渠道，为其产品或服务进行营销推广。

（2）团购无忧，贴心保障

美团自成立以来一直努力通过电子商务为消费者提供本地优良的服务产品。作为北京市海淀区首家申请加入 12315 绿色通道的团购企业，以及通过"电子商务信用认证""网信认证""可信网站"等认证的团购企业，美团在高速发展的同时，始终将用户满意放在第一位。

为了更好地服务消费者，美团除了对商家进行严格审核外，还投入千万元巨资进行呼叫中心建设，同时率先推出"7 天内未消费，无条件退款""消费不满意，美团就免单"和"过期未消费，一键退款"等一系列消费者保障计划，构成了完善的"团购无忧"消费者保障体系，为他们提供最贴心的权益保障，免除消费者团购的后顾之忧，让他们轻松团购、放心消费。

（3）五力模型，竞争分析

下面运用五力模型分析作为电子商务平台的美团的竞争环境。

供应商的议价能力。美团的主要供应商是知名度较小的中小商家，组织团购可以为这些商家聚集大量人气，带来更多消费，所以他们对平台的依赖性比较大，议价能力相对比较弱。因此，美团的议价能力相对比较强。

消费者的议价能力。团购网站的买方是分散的个人或群体消费者，这些消费者无法大批量购买，因此买方的议价能力比较弱。但团购的消费者大部分是因为商品超低价格折扣而购买，若有更低折扣，他们就会转移到其他网站，所以总体上消费者议价能力还是比较强的。

新进入者的威胁。团购是一个门槛较低的行业，没有资本、规模、人员甚至技术方面的门槛。所以跟风者众多，导致了曾经的"千团大战"。但发展至今，行业品牌效应明显，用户价值体验和价值创造逐渐成为竞争的焦点，服务和创新不足的团购网站已经难以进入该行业，所以新进入者的威胁比较小。

替代品的威胁。团购行业是当时新兴的商业模式，行业发展还不成熟，而已经占据很大市场份额的那些知名 B2B、B2C、C2C 网站都是团购网站强有力的替代品。由于团购网站出售的产品或服务在其他电子商务网站也能比较容易购得，所以团购网站的替代品具有比较大的威胁。因此，美团要通过发展差异化服务与替代品形成区隔。

同业竞争程度。2010 年 3 月，美团引发了中国的团购热潮，据统计，在 2013 年上半年，全国团购网站累计达到 6218 家。时至今日，国内团购网站数量已经减少到不足 100 家，艾瑞咨询预计未来能真正存活下来的独立团购网站将不超过 3 家，可见同业竞争是十分激烈的。

（4）美大合并，服务生活

2015 年是互联网行业的合并大年，也是美团的一个转折点。在 2015 年"十一"长假的最后一天，美团和大众点评宣布合并。两家公司在合并之前既有竞争又有合作，在合并之后将在核心业务上实现优势互补，以巩固新公司（美团点评，简称美团）的市场地位，也为新公司日后转型生活服务平台奠定了基础。

2018 年美团商品成交总额（GMV）达到 5156.4 亿元，同比增长 44.3%；年度交易用户突破 4 亿，较 2017 年净增近 1 亿用户；实现营业收入 652.3 亿元，同比增长 92.3%；年度活跃商家的增长至 580 万，同比增长 32.1%；用户年均交易笔数达到 23.8 笔，较 2017 年增加了 5 笔。

2018 年 9 月 20 日，美团在香港挂牌上市。2019 年 8 月，美团进入中国前十大互联网公司行列。

**本章
小结**

　　本章侧重讲述电子商务国外起步与国内发展案例分析，具体包括Amazon、eBay、Facebook、Groupon等四个国外电子商务案例和当当、易趣、微博、美团等四个国内电子商务案例。

　　电子商务起步于国外，又以美国为先发地区，美国许多电子商务的发展经验可以为中国所借鉴，图书、拍卖、社交、团购等领域先后成为两国电子商务的热门领域。由于人口规模带来的巨大市场和对标美国企业的后发优势，中国电子商务的发展可谓后来居上，先后在更短的时间内、类似领域里产生了代表性的企业。

思考

　　选择其他知名的国内外电子商务平台，了解其发展历程，分析两者的发展现状及趋势，并给出改进意见，填入表1-1相应位置。

表1-1　国内外电子商务平台认知练习

平台名称	发展历程	发展现状	发展趋势	改进意见

02 Chapter

第2章
电子商务常见模式与模式创新案例分析

概述

随着电子商务的发展，电子商务企业越来越看重商业模式，也越来越认识到商业模式对企业发展的重要性。了解电子商务常见模式和模式创新，有助于评估商业模式创新能带给公司的机会与挑战。本章主要介绍电子商务四大常见模式（B2B、B2C、C2C 和 C2B）与模式创新（社交电子商务、新零售、精选电子商务和会员电子商务）。

学习目标

知识目标：
1. 理解电子商务模式的概念
2. 了解常见电子商务模式的特点
3. 了解各类创新电子商务模式的特点
4. 理解创新电子商务模式产生的原因

技能目标：
1. 能够识别各种常见的电子商务模式
2. 能够比较各种电子商务模式的优劣

📝 引例

孙德良：从草根到黑马 开创互联网第一股

孙德良，浙江网盛科技股份有限公司董事长，于 1996 年 3 月加盟中国首批互联网公司之一的讯业网络公司杭州公司担任系统工程师，成为我国最早从事互联网行业的专业人士之一。1997 年 10 月，孙德良开始创业，并于 1997 年 11 月开通国内第一个垂直专业网站"中国化工网"。

孙德良带领网盛科技经历了"网络泡沫"和"网络寒潮"的双重考验，使其在互联网寒潮时代成为中国第一个盈利的互联网公司，被媒体誉为"创造了盈利奇迹""泡沫时代的亮点"和"中国互联网产业的另类标杆"。

2001 年 9 月至 12 月，孙德良成功收购了化工权威域名，并胜诉中国入世后"知识产权第一案"，击败澳大利亚最大的化工集团 ORICA 公司，令周转世界六个国家的传奇域名落户杭州，举国瞩目。

公司成立之后八年多的时间里，孙德良带领公司团队，在专业网站方面成功开发并运营了中国化工网、全球化工网、中国纺织网、国际纺织网、医药网等在国内乃至全球著名的电子商务网站集群，在地域化网站方面勇于创新、大胆开拓，在从未利用一分钱外援的情况下年年盈利，受到国家、省市相关领导的高度重视与各大媒体的广泛关注。

2003 年下半年，孙德良提出网盛科技跨入资本市场的发展思路。2006 年 10 月 31 日，网盛科技 IPO 获中国证监会发审委审核通过，这意味着"国内互联网第一股"诞生，国内互联网企业至今没有一家实现 A 股 IPO 的历史宣告结束。

孙德良带领网盛科技创造或演绎了多个"中国第一"：创建了"中国第一个垂直专业网站"，打赢了"中国入世跨国知识产权第一案"，是"中国第一个盈利的互联网企业"，缔造了"国内互联网第一股"……这些特殊的印记为我国互联网产业添上了浓墨重彩的一笔，是中国互联网产业蓬勃发展的一个缩影和典型代表。

讨论

针对上述案例，结合网络资料，讨论孙德良带领网盛科技运营的中国化工网等网站属于哪种模式的电子商务，这类电子商务有什么特点？

// 2.1 电子商务常见模式

电子商务模式是指在网络环境和大数据环境中基于一定技术基础的商务运作方

式和盈利模式。电子商务常见模式有以下几种。

（1）企业对企业（Business to Business，B2B）电子商务模式是指通过互联网、外联网、内联网或者私有网络，以电子化方式在企业间进行的交易。

（2）企业对消费者（Business to Consumer，B2C）电子商务模式是指企业与消费者之间以互联网为主要服务提供手段进行的与商务有关的活动，是一种电子化零售模式。

（3）消费者对消费者（Consumer to Consumer，C2C）电子商务模式是指消费者对消费者的交易，即消费者本身提供服务或者产品给其他消费者。

（4）消费者对企业（Consumer to Business，C2B）电子商务模式是指消费者对企业的交易。真正的 C2B 应该先由消费者提出需求，后由生产企业按需求组织生产。通常情况为消费者根据自身需求定制产品和价格，或主动参与产品设计、生产和定价，产品、价格等彰显消费者的个性化需求，生产企业进行定制化生产。

2.1.1　B2B：阿里巴巴

通常来讲，商业模式的创新大多来自于企业，企业也是电子商务最早的使用者。因此，阿里巴巴最初选择了从 B2B 切入市场，做企业间的电子商务平台。

1. 简介

阿里巴巴 B2B 业务始于 1999 年 3 月，是全球企业间电子商务的知名品牌，是全球国际贸易领域内最大、最活跃的网上交易市场和商人社区之一，是领先的网上 B2B 交易市场。阿里巴巴国际站拥有来自 200 余个国家和地区超过 360 万的注册用户，阿里巴巴中国站拥有超过 2100 万的注册用户。

2. 案例分析

（1）资讯服务，网上贸易

阿里巴巴是目前国内，甚至全球最大的专门从事 B2B 业务的服务运营商之一。阿里巴巴的运行模式是为注册会员提供贸易平台和资讯收发服务，使企业和企业通过网络达成交易。服务的级别则是按照收费的不同，针对目标企业类型的不同，按照由高到低、从粗至精阶梯分布。

（2）信息栏目，丰富实用

依托阿里巴巴网站、通过不同语言版本聚拢海量企业会员，形成一个无限膨胀的网上交易市场，通过向非付费、付费会员提供、出售资讯以及更高端服务赢得越来越多的企业会员注册使用。

阿里巴巴在充分调研企业需求的基础上，将企业登录汇聚的信息整合分类形成网站独具特色的栏目，使企业用户获得有效的信息和服务。阿里巴巴主要信息服务栏目包括商业机会、产品展示、公司全库、公司网站大全、行业资讯、以商会友、商人俱乐部、商业服务等。这些栏目为用户提供了充满现代商业气息、丰富实用的信息，构成了网上交易市场的主体。另外，阿里巴巴还分类开设了化工、服装、电子、商务服务等类目，进一步细分客户群体，实现精确定位，确保电子商务交易的高效和便捷。

（3）盈利来源，年费广告

在盈利来源上，阿里巴巴基本依靠会员年费与广告收益，基本项目年费如下。

诚信通。针对经营国内贸易的中小企业、私营业主，费用为 6688 元/年。

中国供应商。针对经营国际贸易的大中型企业、有实力的小企业、私营业主，费用为 6 万～12 万元/年不等。

除了基本年费之外，关键词竞价排名、钻石展位、直通车等广告推广都需要另外付费，也是其盈利的主要来源。

（4）多种因素，造就成功

阿里巴巴迅速发展之时正是中国入世之后国际贸易快速增长的黄金期。中国经济的高速发展为国内众多中小企业进行国际、国内贸易提供了基本条件。阿里巴巴顺应了这一需求，通过电子商务向全世界输出了"中国制造"的强大产能。阿里巴巴平台定位准确，从信息整合服务商切入，为买卖双方提供市场供求信息服务、撮合双方达成交易。以马云为首的优秀创业团队所营造的企业文化，使企业具备了超前的战略眼光和超强的执行力。本土化的建站方式和多语言的网页设计使阿里巴巴迅速在众多国家得以推广，成为许多国家国际贸易电子商务的首选平台。

2.1.2 B2C：京东商城

随着电子商务的发展，京东商城开始了直接由企业到达最终消费者的 B2C 电子商务零售业务，并在这一领域取得了巨大的成就。

1. 简介

京东商城是中国最受消费者欢迎和最具影响力的电子商务网站之一，在线销售家电、数码通信、计算机、家居百货、服装服饰、母婴、图书、食品、在线旅游等 12 大类数万个品牌百万种优质商品。京东凭借全供应链不断扩大其在中国电子商务市场的优势，建立了华北、华东、华南、西南、华中、东北六大物流中心，在全国超过 360 座城市建立核心城市配送站。2013 年 3 月 30 日 19 点，京东正式切换了域名，并且更换新的京东图标，如图 2-1 所示。

图 2-1 京东图标

2．案例分析

（1）洞察市场，精准定位

京东商城当初进入市场时以 3C（信息小家电）为切入点，做垂直 B2C，既符合网购市场的要求，又能轻松上阵。互联网用户以青年为主，与计算机、通信和消费类电子产品的主流消费人群契合。这意味着京东商城的主流消费人群与互联网的用户重合度非常高，也就成为京东开拓市场的基础。从供应链角度而言，综合类 B2C 的商品种类繁多，而垂直类 B2C 的商品种类相对单一；从运营管理角度来看，综合类 B2C 的难度要远远大于垂直类 B2C。

因此，京东商城最初的切入点是洞察市场、精准定位，这一明智之举无形中提高了自己的资源整合能力，便于在特定领域深耕细作，做强、做大。

（2）降低成本，提高效率

网上购物，消费者看重的是"便宜、方便、快捷"，对于电子商务公司而言，生存法则就是"低成本、高效率"。京东商城商品价格制定从不参考同行价格，而是在商品的采购价上加上 5%的毛利作为京东的价格。这个价格要比 3C 实体渠道之王的国美、苏宁便宜 10%～20%，比厂商零售指导价便宜 10%～30%。

京东商城 CEO 刘强东是中关村经销商出身，熟悉各种渠道规则。京东商城在利用低价迅速征服消费者、不断扩大销售规模的同时，又利用电子商务的另一个显著优势——短账期（传统家电卖场的账期约为 100 天，京东商城的账期约为 20 天），提高了与供货商的议价能力。通过信息化实现的短账期，在让供货商资金周转压力大大减轻的同时，确保了京东商城可以以更低价格从上游供货商拿货，从而加快销售，获得更多、更稳定的现金流，进而实现经营的良性循环，不断加快扩张速度。

（3）以人为本，大胆创新

京东商城的发展与其"以人为本"的服务理念和大胆创新的开拓精神是分不开的。京东商城在发展的过程中，成功开创了很多个行业第一，丰富了电子商务的运作模式。

京东在全国首创即时拍卖系统——京东拍卖场。在此，消费者能够以超低价买到自己喜欢的商品，而且能够体验到在京东商城购物的惊险、刺激、有趣，有效提升用户的满意度，强有力地提高了消费者对京东的忠诚度。目前，京东拍卖场模式已经被各大电子商务网站争相效仿。

京东商城尝试出售一系列特色上门服务，包括上门装机服务、电脑故障诊断服务、家电清洗服务等。这不仅可以使消费者在京东商城买到物美价廉的商品，还能够获得更多贴心服务，安享舒适生活。此举成为探索 B2C 增值服务领域的重要突破，也是商品多元化的又一体现。

京东商城所开创的这些行业第一，实质上是在"以人为本"理念下，不断为消费者提供个性化服务，丰富客户体验，维持客户关系，符合网络时代下的市场竞争要求。

（4）借力资本，高速扩张

京东的低价高速扩张之路，对物流、仓储、售后服务的要求不断提高，曾使其平均每 10 个月就要搬一次家。这一切，都需要源源不断地投入巨额资金。京东商城能够不断做大销售规模，持续保持高速增长，与其连续多次成功融资密不可分。在巨额资金的支持下，京东商城不断扩充品类、自建仓库、自营物流。在成交总额屡创新高的同时，京东也曾连续亏损多年。有报道称，京东曾在 9 年内亏损了 188 亿元。如果没有资本的支持，京东是无法经营下去的。

在亏损多年之后，京东终于迎来了多个季度的持续盈利，2019 年第二季度的净收入为 1503 亿元，经营利润为 23 亿元。

2.1.3 C2C：淘宝网

淘宝网可以说是国内电子商务的教科书和播种机，受 C2C 模式的影响，它在广大国人中普及了电子商务，在很长一段时间里几乎成了"电子商务"的代名词。

1. 简介

淘宝网是亚太地区较大的网络零售、商圈，由阿里巴巴集团在 2003 年 5 月创立。淘宝网图标如图 2-2 所示。

图 2-2　淘宝网图标

2. 案例分析

（1）迂回策略，免费获客

淘宝诞生初期，有一个强大的对手——eBay。2003 年 6 月 12 日，eBay 正式入主易趣。二者强强联手立志要主导中国 C2C 市场。面对如此实力超群的对手，淘宝网采取了迂回策略。

当时，其他在线拍卖网站的收费方式主要包括交易服务费（成交金额的 0.25%～2%不等）、登录费（0.1～8 元不等）和推荐位费。而淘宝网则是全部免费，这对于在互联网上做买卖的生意人来说，无异于"天上掉下来的馅饼"。截至 2003 年年底，淘宝一共吸收了大约 30 万注册会员。

（2）完善平台，扩大份额

当然，如果没有一个完善的交易服务平台，仅依靠免费是远远不够的。信用缺失一直是阻碍中国电子商务快速发展的桎梏，如果不解决支付风险问题，网上交易很难有更大的进展。2003 年 10 月，淘宝网发布了"支付宝"服务，通过第三方支付解决了支付风险问题。由此，淘宝网的会员注册数和成交率节节攀升。

此外，淘宝网支持并鼓励买卖双方通过"淘宝旺旺"等工具直接进行沟通，这不仅符合互联网开放透明的特点，也符合中国人的购物心理。这一沟通机制对于淘宝网的发展发挥了巨大作用。种种举措促进了淘宝网的快速成长，2007 年淘宝网占到了我国 C2C 市场 80% 的份额。

（3）人气网站，盈利清晰

当淘宝网成为 C2C 的人气网站之后，其盈利模式也日渐清晰，主要表现如下。

广告收入。淘宝网在网购世界中的地位类似大型超市在线下生活中的地位，它是网民经常光顾的地方，拥有超强人气和海量会员，其中蕴藏的商机是所有企业都不想错过的。由此，广告收入是网站利润的一大来源。

"首页黄金铺位"推荐费。除目的性较强的访客外，有 70% 的访客只会浏览一个网站的首页，所以网站首页的广告铺位和展位具有很高的商业价值。对于网站首页的"黄金铺位"，网站可以定价销售，也可以进行拍卖，购买者或中标者可以在规定时段内在铺位上展示自己的商品。

增值服务费。淘宝网不只是为交易双方提供一个平台，更多的是为双方提供交易服务，尽量满足客户的需求，从而达成双方的交易。如今的淘宝网商品众多，买家搜索自己想要的商品并不容易，平台推出的搜索服务可以提高交易效率。卖家可以通过购买关键字来提高自己商品在搜索结果中的排名，以此吸引更多买家，促成更多交易。

（4）开放战略，共建生态

2008 年，大淘宝战略正式启动，目标是做整个电子商务产业中类似"水、电、煤"的基础设施提供商，为所有的电子商务公司提供支持和服务，打造更大的电子商务生态系统，努力把零售行业从工业时代推进到互联网时代，让网络零售成为主流零售方式。大淘宝战略致力于打通"制造—批发—零售—服务"，让所有网络零售商在网络平台上的营销、支付、物流以及技术问题都顺畅无阻，给数以百万计的网络零售商提供一个成套的网络零售解决方案，围绕着全社会生产与消费行为形成一张巨大的电子商务生态网络。具体来讲，先打通淘宝网与阿里巴巴平台，形成电子购物平台模式（B2B2C）的商业链条；后实施"淘宝合作伙伴计划"（即"淘拍档"），欢迎各领域的电子商务外包供应商加入，在 IT、渠道、服务、营销、仓储物流等电子商务生态链的各个环节，为淘宝网卖家、中小企业提供个性化产品和个性化服务。

2018 年，淘宝网的月活跃用户数超过 6 亿，其中女性用户平均每天打开 10 次，男性用户平均每天打开 7 次；年销售额超过百万元的卖家有 43.7 万名，过亿元的卖家有 2252 名。

2.1.4　C2B：小米手机

传统的电子商务 B2C 模式的交易行为是由卖家发起的，即"货要卖给人"；而创新的电子商务 C2B 模式的交易行为是由买家发起的，即"人要找货买"。小米手机用互联网思维在这方面做了许多有益的尝试。

1．简介

2010 年 4 月，著名天使投资人及多家知名公司董事长雷军与原 Google 中国工程研究院副院长林斌（曾参与微软亚洲工程院创建并任工程总监）、原摩托罗拉北京研发中心高级总监周光平、原北京科技大学工业设计系主任刘德、原金山词霸总经理黎万强、原微软中国工程院开发总监黄江吉和原 Google 中国高级产品经理洪峰联合创办小米公司。

2011 年 7 月 12 日小米创始团队正式亮相，宣布进军手机市场。小米图标如图 2-3 所示。

图 2-3　小米图标

2．案例分析

传统硬件商只在卖出的设备上赚取利润，对他们而言，最重要的是控制成本、以量取胜。小米手机则可以少挣钱甚至不挣钱，因为它用手机构建了一个体系，把卖出的产品与背后的用户变成社群，然后通过后续的服务和衍生产品赚钱。小米的互联网思维商业模式如图 2-4 所示。

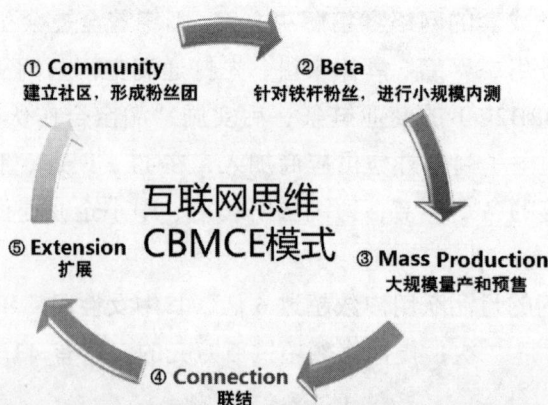

图 2-4　小米的互联网思维商业模式

（1）建立论坛，积累粉丝

小米手机定位于手机"发烧友"的圈子，在吸引粉丝（粉丝是 Fans 的音译，指热心追随者）的过程中，创始人会先从自己的亲友、同事等熟人圈子开始，逐步扩展，然后通过"滚雪球"把圈子做大。建立社区跟滚雪球是一个道理，初始圈子的质量和创始人的影响力，决定着粉丝团未来的质量和数量。雷军能把小米手机做得如此成功，很大程度上源于雷军在互联网圈内多年积累的人脉和影响力，以及小米手机针对"粉丝团"的准确定位。

小米手机锁定目标人群聚集的平台进行推广，建立小米论坛吸引手机"发烧友"，为了克服论坛的封闭性缺点，小米手机在发展之初还把新浪微博作为扩展"粉丝团"的重要阵地。小米手机利用以雷军为首的互联网企业家作为意见领袖去为自己的品牌代言，由此获得大量关注。

（2）粉丝内测，反馈传播

在积累了一定规模的粉丝以后，第二个阶段就是根据铁杆粉丝的需求设计相关产品，并进行小规模产品内测。这一步对小米手机而言，就是预售工程机，让铁杆粉丝参与内测。第一批用户在使用工程机的过程中，会把意见反馈给小米的客服；客服再把意见反馈给设计部门，用户的意见可以直接影响产品的设计和性能，让产品快速完善。据黎万强透露，小米手机三分之一的改进意见来自于用户。

除了反馈意见，第一批工程机用户还起到了口碑传播的作用。因为工程机投放市场的数量有限，有一定的稀缺性，抢到的用户还时常在社交网络晒图分享，而用户的每一次分享都相当于为产品做了一次免费广告。这样，第一批铁杆用户就好比小米手机洒下的一粒粒火种，借由他们的传播推广，"星星之火可以燎原"。

（3）发布造势，SNS 营销

小米手机的"粉丝团"营销最重要的两个环节分别是产品发布会和新产品社会化营销（SNS 营销），具体介绍如下。

产品发布会：借助媒体和分析，把产品信息传递出去。产品发布会目前是小米营销过程的核心。在发布会上，董事长雷军不仅亲自上阵讲解产品，还邀请了高通等配件厂商、成百上千名"米粉"（小米产品粉丝）、众多媒体记者和意见领袖参与助阵。这样做的目的只有一个——把产品发布会的信息传递出去，成为社交网络话题讨论的焦点。

新产品社会化营销：在最火爆的社交平台上做宣传。产品发布之后，小米会紧接着进行新产品的社会化营销。此时，小米手机一般都会选择最火爆的平台进行推广。例如，在新浪微博、微信最火爆时，小米利用这两个社交媒体进行大规模的宣传、促销、抽奖等。在推出红米手机时，小米手机还选择 QQ 空间作为合作平台进行产品发布，因为 QQ 空间在三四线城市有着广大的用户人群，跟红米的目标客户重合度很高。

在社会化营销的过程中，为了让用户切身体验到稀缺性，小米即使在产品大量供给的情况下，还是依旧采用"闪购""F 码"（优先购买权）等方式制造一种稀缺的错觉，激发网友对产品进行多次传播和逐级分享，这无疑是一种很高明的营销方式。

（4）构建系统，链接社群

小米手机大规模出售以后，营销并没有结束，而是刚刚开始。小米构建了一个系统，把售出的产品与背后的用户联结成一个社群，这也是小米模式与传统制造业的不同之处。不同于传统的制造业，小米模式构建的是一个生态体统，其商业模式是基于该生态系统基础设施之上的服务，而不是单纯的卖设备。

小米手机的 MIUI 系统是联结的关键。通过 MIUI 系统，小米手机不仅把成千上万的"米粉"联结到一起，还基于 MIUI 建立自己的商业模式。小米公司除了手机这个基础硬件之外，在小米商店里还有很多配套硬件和软件可供出售，这些都成为小米公司新的收入来源。更重要的是，通过系统，小米可以获取"米粉"们的动态数据，围绕他们的需求研发并出售新的产品，这些都可以变成小米潜在的收入来源。

// 2.2 电子商务模式创新

2018 年的中国电子商务"江湖"，上演了一出又一出跌宕起伏的商战大戏。中国互联网领域众多的企业展开角逐，在攻守进退中市场形势和地位发生了微妙的变化。

阿里巴巴为了捍卫领先优势严防死守；京东在正面战场持续进攻，却不料"后院失火"；拼多多利用微信社交网络瞄准"五环外市场"的无争地带，从侧翼包抄进入主战场，大有后来居上之势；盒马鲜生线上、线下结合，开展新零售；网易严选与云集避开巨头猎场，分别在精选电子商务、会员电子商务等细分市场上抢占阵地；而当当与聚美优品等昔日的电子商务企业，在新的竞争环境下束手无策，逐渐"沉沦"。

2.2.1 社交拼团：拼多多

社交是人们上网的主要目的之一，团购是刺激消费的有效手段之一，而社交拼团则是新兴起的社交拼购模式，它基于自媒体渠道，发起人和参与者都是通过自媒体分享并完成交易，此模式可以激发消费者低价消费的积极性，让消费者自发传播，是一种快速的裂变营销。以社交拼团进行电子商务交易使拼多多在短短几年内迅速崛起成为中国知名电子商务平台之一。

1. 简介

拼多多隶属于上海寻梦信息技术有限公司，创始人为黄峥。公司定位为 C2B 拼团的第三方社交电子商务平台，以低价模式让用户自发地在微信等社交网络发起拼团，用社交关系为网购"背书"。2016 年 9 月，拼多多与拼好货合并，双方均为低价团购模式下的社交电子商务企业，拼好货自营水果生鲜品类，与拼多多的食品、个护、美妆和服饰等形成有效互补。拼多多的营销模式如图 2-5 所示。

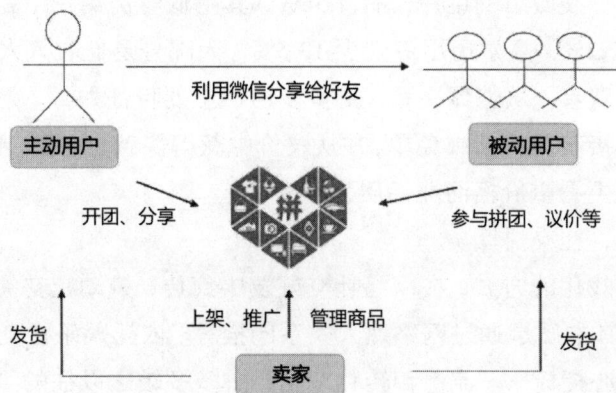

图 2-5　拼多多的营销模式

2．案例分析

（1）消费分级，时代红利

消费分级带来了新消费人口和消费能力，从而延伸了基于新场景和新服务的新消费或新商业。

而在消费分级的大背景下，外部形势也给了拼多多快速发展的机遇，主要包括：首先，淘宝的"扫盲"教育了用户，让大多数三线以下城市用户认可了网上购物；其次，微信成为互联网的基础设施，月活跃用户达 10 亿，小镇和农村长尾用户也被链接进互联网，三到六线城市人群开始上网；再次，移动支付普及带来了新场景和新服务，也让基于微信的商业构成闭环；最后，物流基础设施得到完善，物流已经可以触达很多偏僻的乡村。

这是移动互联网时代带来的红利，可以说，如果不具备这些因素，如物流和线上支付不完善，那拼多多很可能到现在都还不是"3 亿人都在拼的 App"。

（2）卖家出淘，承接转移

对于电子商务来说，买卖双方相辅相成；而对于拼多多来说，首先是如何低成本地获得第一批卖家。拼多多 3 年内获得百万级卖家入驻，最初能够顺利冷启动的原因是淘宝网卖家的外溢和新网络创业者的发展，而拼多多承接了这部分卖家资源。

淘宝网在逐渐发展壮大、成熟并成体系的同时，面临两个突出的问题——流量日益见顶与高度聚集。在淘宝，少量品牌和少数网红掌握了80%的流量资源，其他的大多数中小卖家很难再获得有效曝光的机会。因此，大量中小卖家开始脱离淘宝网（出淘），拼多多成为他们新的选择。此外，大量新网络创业者也需要低成本的平台，拼多多也成为他们的一个选择。

（3）下沉市场，长尾流量

拼多多抓住下沉市场和长尾流量从而崛起，主打三线以下城市的低消费人群。据极光大数据统计，拼多多用户 70%为女性，70%用户在 30 岁以下，65%用户来自三四五线城市，来自一线城市的用户仅有 7.56%。其中低学历用户（高中及以下）比淘宝、京东用户多 12.2%，高学历用户则少 13.5%，大部分是低收入人群。他们无疑属于价格敏感型的消费者。从整体来看，拼多多用户主要特征为：一是休闲时间多，愿意通过传播分享链接获得折扣或免单，并从议价中获得快感；二是关心价格而非品牌，在性价比的追求中更看重价格而非品质。

（4）熟人关系，社交拼团

拼多多采用游戏化的方式，在网络社交好友中疯传，撬动社交关系，将娱乐流量转化为消费流量，其本质是通过网络熟人关系的推荐、依托娱乐社交传播来完成电子商务的团购。在核心指标——流量和转化率上，拼多多较之以往的"网红"模式都更胜一筹。就流量而言，"网红"主要靠粉丝获得流量，如果没有新粉丝，也就没有新流量。而拼多多则是通过"砍价免费拿""签到领红包"等方式将购物娱乐化来获取流量。有了趣味和利益，拼多多的流量就可以源源不断进来。就转化率而言，熟人的推荐迅速解决了产品信任与信息对称的问题，用户的信任与参与，在很大程度上提高了转化率。

黄峥说拼多多要做"线上 Costco+Disney"，Costco（曾译为好市多，现译为开市客）是世界著名的量贩超市，以廉价商品见长；而 Disney（迪士尼）是世界著名的跨国公司，以娱乐产品见长。可见，拼多多就是通过社交娱乐在线售卖廉价商品。

2.2.2　新零售：盒马鲜生

阿里巴巴对新零售的定义是以消费者体验为中心的数据驱动的泛零售形态，而阿里巴巴旗下的盒马鲜生正是新零售的具体实践者之一。

1. 简介

盒马鲜生（以下简称盒马）是阿里巴巴对线下超市完全重构的新零售业态。盒马是超市，是餐饮店，也是菜市场，但这样的描述似乎都不准确。消费者可到店购买，也可以在盒马 App 下单。而盒马最大的特点之一就是快速配送，门店附近 3 千米范围内，30 分钟内送货上门。盒马鲜生线下店如图 2-6 所示。

图 2-6　盒马鲜生线下店

2. 案例分析

（1）流量角度，思考零售

盒马上线，流量来源是首要的问题。首先，寻找较低成本的流量入口。在电子商务的流量成本越来越高与生鲜电子商务不温不火的背景下，由于生鲜商品的刚需与生鲜消费的"高频"，线下生鲜消费场景是一个不错的入口。其次，用服务带动更多流量。传统零售只是卖货，盒马除了卖货也提供多种服务，以餐饮、娱乐、体验来拉升流量。再次，线下到线上，提升复购率。虽然送货使得线上订单的服务成本更高，但是线上消费的复购率更高，消费数据更完整。同时考虑到天气好坏对线下消费的影响，送货可以使线上消费与线下消费形成互补，保持了总体消费的平衡。最后，从线上补充流量。线上流量是盒马在阿里体系中具备的独特资源，当盒马成为阿里巴巴的新零售"一号工程"后，阿里巴巴在淘宝、支付宝等移动端给予了流量支持。

（2）核心指标，具体举措

盒马顶层设计的三个核心指标包括线上收入大于线下收入、线上每天的订单要大于 5000 单、门店 3 千米范围内实现 30 分钟送达。从商业逻辑而言，盒马要通过提升线上销售占比，突破超市的坪效（单店营业面积内每平方米面积上每天所创造的销售额）"瓶颈"。

盒马门店一般要求用户用其 App 或支付宝买单，对于一些其他常规支付方式（如微信支付）并不支持。这样的设计其实是为了在现场让客户从线下转换到线上，并留存其消费数据。盒马所经营的生鲜品类齐全，拥有较大的前置仓和店面，目的是为了实现仓店一体化的快速分拣并通过自营物流确保 30 分钟送达。

（3）选择差异，切入海鲜

海鲜是盒马的切入点，尽管盒马的品类已经非常丰富，不少鲜奶和肉类做到了"日日鲜"，但是海鲜仍然是其中的一个亮点。对消费者而言，新价值比新模式更重要，而盒马提供高性价比的海鲜产品这一差异化给消费者带来了新价值。它针对未被满足的大量潜在需求，选择了一个有潜力做出差异化的品类，比较容易形成壁垒，而且这个切入点容易扩张延伸。此外，盒马通过生熟联动（既卖生鲜又卖熟食）增加每日的销售量。当高性价比的海鲜产品以 30 分钟的配送速度送货到家时，满足了消费者多、快、好、省的消费诉求，从而引发大量的自传播，形成"老客带新客"的良性循环。

（4）提升体验，倒逼供应

在当今这个时代，零售商的生存发展之道是尊重消费者，并给他们更好的消费体验。在前端，盒马从场景角度设计消费体验，单店面积一般在 4000～6000 平方米，偏向于家庭日常消费场景。盒马还对标便利店，推出了 24 小时送货上门服务，所选择的商品都是应急类商品，如电池、雨伞、计生用品、蜡烛、充电宝、电源线等。在后端，盒马倒逼自己夯实供应链。2018 年 12 月 12 日，盒马在武汉启动首个新零售供应链中心。盒马将在此基础上建立起覆盖全国核心城市的冷链供应网络和生鲜加工基地，并通过数据驱动和云计算，更合理高效地安排采购到零售的供应链流程，使其今后有能力将各地特色农产品及各类生鲜产品在全国范围内进行更为高效的流通。

2.2.3 精选电子商务：网易严选

制造商利润薄、品牌商利润高，这是全世界商界公认的事实，而中国广大中小企业制造能力突出、品牌能力不足，网易严选正是希望跳过品牌商，通过电子商务来对接制造与消费两端。

1. 简介

网易严选（以下简称严选）是网易旗下原创生活类自营电子商务品牌，于 2016 年 4 月正式上线，是国内首家原始设计制造商（Original Design Manufacturer，ODM）模式的电子商务，以"好的生活，没那么贵"为品牌理念。严选通过 ODM 模式与大牌制造商直连，剔除品牌溢价和中间环节，为国人甄选高品质、高性价比的优质商品。从最初的家纺家居，到厨卫、洗护、箱包、母婴、食品等产品，网易严选已经发展出九大品类，库存量单位（SKU）已超过 5000 个。网易严选图标如图 2-7 所示。

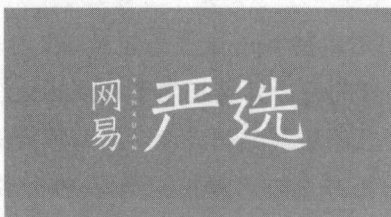

图 2-7 网易严选图标

2. 案例分析

（1）用户角度，品牌切入

制造业采购模式主要分为原始设备制造商（OEM）和原始设计制造商（ODM）。OEM 也叫代工，品牌商选定制造商下单，制造商负责最末端的制造、品控等少数环节，相关知识产权属于品牌商。ODM 模式是指由制造商设计出某产品后，被品牌商选中，配上品牌名称或稍作改良来生产。若无特殊协议，在 ODM 模式中，制造商可将其方案和产品一并售给多个品牌商。严选发现了这一秘密，并将其商业化。严选采用 ODM 模式，筛选来自国际一线品牌制造商的商品，按照中国消费者生活需求重新改良设计产品，最后以远低于大品牌的定价销售给消费者。本质上，网易严选通过 ODM 模式使高品质商品平价化。

对严选来说，最好的商业模式就是为用户创造价值。在电子商务已经进入"红海"的阶段，严选从品质生活角度着手，以 ODM 模式切入，创造出自有品牌提前占位。与传统品牌相比，严选可以剔除品牌溢价与流通费用，一度被称为"中国版的无印良品"。事实上，严选合作的制造商很多都曾为 Coach、MUJI、双立人、Levi's 等各类中高端品牌供货，在严选上却能给出五折、甚至一折的低价，自然深受消费者欢迎。

（2）自有品牌，难被模仿

目前，一些跟随者也在模仿严选，页面风格、产品品质以及平价路线看似相似，但却学得似是而非。究其原因，严选的自营模式，才是产品品质及性价比的保证。"品控"方面，虽然各家都有各自的监控系统，但自有品牌较之入驻品牌有更多的维度可以进行"品控"，监控也更加精准。比如，投产前，严选会自费将制造商样品送往全球权威的第三方检测机构进行质检，更有产中检测、产后检测、入库检测、巡检、抽检等诸多环节来确保品质。定价方面，自营模式的电子商务更偏重于零售业态，由于基础设施建设以及相关固定资产的投入，尤其是对仓储和 IT 系统的专注，能有效提升系统效率和用户体验。这容易形成规模，在供应商采购时获得议价能力，从而更好地获得折扣回馈客户，形成良性循环。

（3）开放管理，涌现创新

网易创始人丁磊在企业管理上采用开放心态，通过放权让团队管理业务，同时他善于思考，时常给管理团队提出改进建议。这使得严选另辟蹊径，选择通过精选电子商务来服务供应商和消费者。首先，友好的供应商政策。在传统供应链中，供应商处于弱势地位，时常被渠道商克扣款项、延长账期。而严选对供应商采取压款付息的政策。除此之外，为了保证合作的稳定性，严选与供应商的每一笔合作都将至少维持 3 年，这也提高了供应商的积极性。其次，原创设计布局。面对同行们的追赶，严选希望通过原创设计来构筑壁垒。比如，严选和江苏卫视合作推出的原创设计系列产品"黑凤梨"，除了在产品品质方面进行深耕，还在设计上取得突破，高颜值、高品质成为其突出卖点。目前，严选的自有设计团队已达百人规模，还有将近 400 人的外包设计团队。

（4）工匠精神，先天优势

网易创始人丁磊在 32 岁时就成为当时的中国首富，拥有大量财富，实现了财务自由。丁磊认为，一个企业长寿的原因除了机遇，还要靠工匠精神。网易的系列产品从邮箱、音乐到有道云笔记都在网民心中树立起了良好的口碑。在这样的心态下，丁磊做电子商务更多的是源于一种情怀，而非追求财富。他认为网易做电子商务要从品质生活角度着手，建立电子商务服务新标准，力求产品品质、全程服务无忧。比如，严选的"品质保证""满 88 元免邮费""30 天无忧退货"等品质与服务远高于行业标准。被网友誉为"互联网品味家"的丁磊还是一位"生活达人"，在网上开通"丁磊的私物精选"等专栏，向网友推荐好物。曾经，严选为了寻访一床真正符合手工要求，丝长、蓬松度等都达到一定要求的蚕丝被，团队走访了四川、浙江等地十多家蚕丝供应商的原材料基地，最终选定湖州的一家工厂作为供应商。

严选是网易系企业，自然可以获得网易系其他产品的流量支持，这是严选的先天优势。网易系产品包括网易邮箱（中文邮箱第一品牌）、网易新闻、网易云音乐、有道云笔记等，它们大多具有亿级用户量，可以为严选引来海量流量。此外，丁磊是互联网行业的知名企业家，他的众多粉丝自然也成为严选"种子"用户的巨大来源。

2.2.4　会员电子商务：云集

以"购物享受批发价"为口号的云集，在 2018 年已经实现百亿元级营收、千万级用户和百万级会员，跻身中国电子商务第一梯队。

1. 简介

云集是一家由社交驱动的精品会员电子商务平台，通过聚焦商品的极致性价比，为会员提供美妆个护、手机数码、母婴玩具、水果生鲜等全品类精选商品，服务中国家庭的消费升级。在云集，会员不仅能以批发价一站购齐 80%的日常家用，还能通过分享商品获得收益。

凭借创新的商业模式、共享的生态型供应链以及超过 700 万的付费会员，云集于 2019 年 5 月 3 日在美国纳斯达克交易所挂牌上市，被誉为"中国会员电子商务第一股"。云集图标如图 2-8 所示。

图 2-8　云集图标

2. 案例分析

（1）集中供应，店主分销

云集的商业模式可以用湖畔大学教育长曾鸣提出的 S2B2C（S 指大供货商、B 指渠道商、C 指消费者）来概括。在此，S 是云集（云服务集成），B 是店主，C 是最终消费者。它的基本逻辑是：S 通过云端共享，聚合各类资源，包括商品、物流、IT、客服、图片、广告文案等，开放给 B 端店主，通过产业链赋能，使店主实现轻松经营；除了缴纳 398 元入驻会费，店主几乎不用承担其他成本，只需在社交圈推荐、宣传，让商品信息触达最终消费者，带来客流和交易，就能形成一个完整电子商务闭环。

云集作为"零售新物种"，其核心在于供应链环节的创新，能为消费者发现、选择、重新定义优质商品，并稳定、高标准、高质量地供给此类商品。云集商品更多集中于成熟品牌的优质及新创产品。不同于淘宝、京东和拼多多，云集不但品类少，SKU也只有 5000 多个。云集在选品方面侧重品牌、品质、体验，还结合了大数据与试验测试。售出商品的物流也由云集通过自有或合作仓库发货、第三方物流配送完成。上述供应链保障为店主分销奠定了坚实的基础。

如此，在整个系统中，品牌商家供货能获利，店主轻松经营能赚钱，消费者消费可得实惠，云集也有不错的利润空间，一种自洽多赢的商业模式就能持续运营下去。

（2）会员会费，核心资源

398 元的入驻会费既能保障、激励店主的积极性，又能为云集带来稳健的营收。云集 2018 年总收入为 130.15 亿元，其中商品网上销售收入为 113.88 亿元，会员费收入为 15.52 亿元。2018 年，云集平台累计付费会员数量已经达到 740 万，其中产生交易的付费会员（在一定时间成功售出一个产品或成功拓展一个会员）数为 610 万人。值得关注的是，2018 年云集成交总额高达 227 亿元，66.4%来自会员购买，会员的复购率高达 93.6%，且会员消费额是非会员的 5.5 倍。

这些百万级的会员大部分时间是 S2B2C 中的 B（店主，即卖家），有时候也是 C（最终消费者，即买家），他们既是云集销售收入的主要来源，也是云集分销推广的主要力量，是云集的核心资源。由于云集的会费是一次性收取，随着会员数量增速减缓，预计未来会员费收入占比会不断下降，而商品销售收入占比会不断提高。

（3）曾受争议，颇有创新

云集自称"社交电子商务"，但曾因其收取会费的做法备受争议。2017 年 5 月 12 日，杭州市滨江区市场监管局曾对其网络传销行为做出行政处罚，合计罚没 958 万元。此后，云集经过整改继续经营。

云集投资方鼎晖投资合伙人应伟认为云集的独特价值在于给那些在十万条商业街失去机会和竞争力的普通导购员新的职业机会。云集与拼多多虽然同属于社交电子商务的范畴，但是在经营品类上却大不相同。拼多多主打低价商品，货源大都来自工厂尾货，客单价在 30～50 元，而云集客单价约为 150 元，货源也大多来自知名品牌。可以说在"消费分级"时代，云集是渠道上行，拼多多是渠道下行。

（4）高管团队，无形力量

云集创始人兼 CEO 肖尚略是中国第一批电子商务卖家，最初在易趣卖货，2003 年创办了化妆品线上品牌"小也香水"，曾是淘宝该类目的最大卖家。

肖尚略认为云集的本质就是运用社交、数字化、共享经济向线下零售看齐，云集高管团队的背景与专长也与此契合。同样模式、同样做法，在不同团队的执行下结果会千差万别。云集团队成员优势互补，从采购到品控，从社交到运营，可以说他们擅长的领域覆盖了云集经营的全过程，构成了推动企业发展的无形力量。

本章小结

本章侧重讲述电子商务常见模式与电子商务模式创新案例分析，具体包括阿里巴巴、京东商城、淘宝网、小米手机等四个常见模式案例与拼多多、盒马鲜生、网易严选、云集四个模式创新案例。

常见模式包括 B2B、B2C、C2C、C2B，企业、数码、个人、粉丝都是常见的运营切入点。模式创新是相对而言的，社交、新零售、精选、会员都是近些年成功的创新点。

思考

搜集两家知名电子商务企业（一家属于常见电子商务模式，另一家属于电子商务模式创新）的资料，分析它们的模式性质、特点、优势及劣势，填入表 2-1 相应位置。

表 2-1　电子商务常见模式与模式创新认知练习

企业名称	模式性质	特点	优势	劣势

03 Chapter

第 3 章
电子商务产品研发与企业定位案例分析

概述

产品始终是商业运营的关键要素，产品研发是企业成功的永恒主题。了解产品经理的工作职责，学习电子商务产品的研发方法。理解定位对于企业的重要意义，掌握定位的主要内容，学习电子商务企业的定位方法。本章主要介绍电子商务产品研发与电子商务企业定位。

学习目标

知识目标：
1. 理解产品是电子商务经营的基础与关键
2. 理解定位对电子商务企业的意义与作用
3. 掌握电子商务产品研发的一般规律
4. 掌握电子商务企业定位的内容和方法

技能目标：
1. 能够参与研发电子商务产品
2. 能够参与电子商务企业定位

引例

Chobani：酸奶界的苹果公司

Chobani 是由哈姆迪·乌鲁卡亚（Hamd Ulukaya）于 2005 年在美国创建的希腊酸奶品牌，当时希腊酸奶仅占美国酸奶市场的 1%。作为一个在巴尔干地区长大的土耳其裔新移民，哈姆迪·乌鲁卡亚在 1994 年到美国学习英文时，对于当地没有希腊酸奶感到非常不适应。抱着将家乡乳制品带到美国市场的初衷，他于 2005 年贷款买下了一家快倒闭的酸奶厂，开始制作并推销希腊酸奶。

2012 年，Chobani 酸奶的年营业额已经超过 10 亿美元，甚至还将业务范围扩展到加拿大和澳大利亚。在这一年，它被 Fast Company（美国较具影响力的商业杂志）评为全球最具创新 50 家公司之一，成长速度堪比 Google 和 Facebook。Chobani 被称为"酸奶业的苹果公司"，Hamd 被称为"酸奶界的乔布斯"。目前每年美国酸奶市场的规模大约为 65 亿美元，希腊酸奶的份额占到 36%。作为一起非常成功的逆袭案例，Chobani 是如何研发产品的呢？

1. 理念

自董事长兼 CEO 哈姆迪·乌鲁卡亚创立 Chobani 公司以来，Chobani 坚持其一贯的价值观：生产高质量和易获取的食品，致力于为人们和社区服务。Chobani 认为每个食品制造商都有责任为人们提供更好的食物。

Chobani 致力于提供美味、营养、天然、易获取的食物，不管是午后零食 Flip、方便饮品 Drink 还是 Core 系列都融入了这种理念。Chobani 使用纯天然、非转基因的简单原料制作纯正的希腊酸奶，并且使用牛奶（乳糖）、水果（果糖）、蜂蜜和浓缩甘蔗糖等天然糖分来增加甜味。

市场调查公司尼尔森的数据表明，在不到 10 年的时间里，Chobani 已经成为美国希腊酸奶市场的第一品牌。但 Chobani 并不认为自己是一家典型的大型食品公司，而将自己定位为一个规模较大的手工制品公司，认为产品、生产者和消费者一样重要。

2. 品种

目前 Chobani 拥有 8 条生产线，生产 100 多种产品，主要包括以下产品。

Core：包含 3 个系列，分别是底部水果系列（Fruit-on-the-bottom）、混合和原味酸奶（Blended & Plain）以及脱脂和全脂系列。

Flip：针对午后零食设计的分体式酸奶。

Tots Pouches：专为 6 个月及以上的婴儿、儿童设计。

Kids Pouches 和 Tubes：儿童立式软袋包装酸奶及管装酸奶。

Drink：10 盎司装饮用型酸奶。

Smooth：传统低脂酸奶。

在产品更新和迭代上，Chobani 步伐迅速。2016 年，Chobani 更新了所有包装并推出了 Drink 新系列（咖啡和橙汁口味），还在每个季度持续推出新口味或限量版。例如，夏季新口味包括 Flip Blueberry B-Fast（蓝莓酸奶中加入饼干碎屑、肉桂脆皮、五香核桃和酥糖）、Flip Mint Chocolate Chip（薄荷酸奶中加入黑巧克力块、巧克力饼干碎屑和薯片）。

2017 年 1 月，Chobani 为各个系列增加了新口味，包括 Core 中 Fruit-on-the-bottom 的香蕉味、Flip 的胡萝卜蛋糕味、Drink 的菠萝椰子味和香草味；4 月淘汰了 2016 年推出的 Meze Dips；7 月淘汰了 Simply100 系列，同时推出另一款重磅新品——首款非希腊式低脂酸奶 Smooth 系列，抢占传统酸奶场份额。

3．主打

Chobani 早期的主打产品是 Flip 和 Core 系列。

2014 年推出的 Flip 系列是一个巨大的增长引擎，每年增长率达到 50%。虽然它的知名度和家庭渗透率较低，但是重复购买率非常高。Flip 的包装是分体式形式，侧面有一个可弯曲的隔断，可以将杯子中的混合食品，如坚果、全麦饼干、酥脆饼干和曲奇饼干等"翻转"倒入酸奶中，有多达 28 个 SKU。

2016 年，Chobani 发起了一项以 Core 产品为核心的奥运营销活动，重点关注运动员与优质食物之间的关系，最终该系列产品实现了强劲的两位数增长。

Chobani Flip "翻转"包装如图 3-1 所示。

图 3-1　Chobani Flip "翻转"包装

4．推广

2016 年，Chobani 推出的 Drink 系列风靡市场，这是一种高蛋白摄入的便携式解决方案。Chobani 运用各种策略集中宣传这款产品，包括 2 月到 5 月网络和社交媒体上的大量宣传。在上市之前，公司对 Drink 在各种行业活动现场（如美国西部天然食品博览会）、超市，以及 Chobani Cafe 进行了大量的样品测试。这些努力十分奏效，Chobani Drink 在 2017 年的后半年里销量翻了一倍。

与加拿大和欧洲等更发达的市场进行比较时，Chobani 认为美国和希腊的酸奶市场还有很大的空间。Flip 和 Drink 这样的产品让酸奶更加平易近人，这是推动消费的重要因素。

5．内测

原料对产品很重要，但最终的结果——风味、口感和消费者体验同样重要。Chobani 公司董事长哈姆迪•乌鲁卡亚仍然不断尝试新的食品，每一款新产品都必须经过他亲自品尝，他的味觉和直觉非常准确。正是这样全员参与的产品开发过程成就了 Chobani 的与众不同。Chobani 所做的不仅是创新，而是基于传统的风俗、饮食习惯，以及新的消费场景去引导人们形成健康的生活方式，而这些因素都将影响 Chobani 最终的产品。

哈姆迪•乌鲁卡亚也反复强调认为"快速反应非常重要"，从概念到产品都需要快人一步，这也是决定其成功的重要因素。

6．互动

Chobani 会通过各种形式和途径去了解人们的消费状态。比如，在零售店、Chobani cafe 与顾客交谈汇集想法和意见；通过流动餐车 CHOmobiles 在全美旅行，为所到之处的社区提供样品品尝，与消费者交流，获取用户声音；还会在社交网络上与人们互动，通过多种方式和途径深入消费者，倾听消费者的声音。

社交网络是现代公司宣传的有力阵地，Chobani 也不例外。在 Facebook 上，Chobani 拥有 141 万粉丝，在 Twitter 和 Instagram 上，Chobani 分别拥有 10.6 万和 14.5 万粉丝，领先竞争对手。该公司还拥有超过 12.1 万 Pinterest 粉丝和将近 9000 名 YouTube 订阅用户。

目前，Chobani 是美国希腊酸奶市场占有率较高的品牌，年销售额约为 20 亿美元。

讨论

根据上述案例，讨论"产品研发"在企业经营中的作用，并概括总结出产品研发的一般步骤。

产品（有形产品或无形产品）始终是电子商务能否成功的基础因素和首要条件。褚时健（"褚橙"出品人）曾表示：好产品，搁哪儿"爆"哪儿！特色鲜明的电子商务产品是避免同质化竞争、保持一定利润率的关键，因此产品研发就显得尤为重要。

近年来，"产品经理"一词在电子商务领域日渐流行，更是进一步验证了"产品"

在"运营"中的决定性作用。产品经理（Product Manager）就是企业中专门负责产品管理的职位，主要负责调查并根据用户的需求，确定开发何种产品、选择何种技术和商业模式等。产品经理推动相应产品的开发组织，还要根据产品的生命周期，协调研发、营销、运营等，确定和组织实施相应的产品策略，以及其他一系列相关的产品管理活动。企业如此看重产品经理，可见产品的重要性。

同时，电子商务在运营上不同于传统商业，具有一些明显的特点，如"看描述、选商品"（指根据文字、图片、视频等描述选购商品）"一图胜千文"（指 1 张图片的描述效果胜过 1000 个文字）"一频胜千图"（指 1 个视频的描述效果胜过 1000 张图片）等。

// 3.1　电子商务产品研发

产品始终是运营的基础，也是运营的前提。比如，农产品电子商务最经典的单品——褚橙，首先是它的品质出众，其次才是它的运营效率；三人炫将小米手机的模式引入白酒的运营中，从而成为爆款；同程网的"一元玩景点"整合各界的资源，创造出一种各方多赢的局面；另辟蹊径的"纸箱哥"放弃产品而做电子商务的包装，他还开辟了一种新的盈利模式，将广告植入包裹当中，不从包裹本身盈利，而从广告商渠道获利，成为一种新收入来源的电子商务产品成功案例。

3.1.1　电子商务经典单品：褚橙

电子商务中的爆款很多，但是在农产品中较为少见，而本来生活操盘的褚橙则可以称为经典单品。

1. 简介

（1）本来生活

本来生活（生鲜电子商务企业）于 2012 年在北京起航，致力于与客户共同行动，力所能及地改善中国食品安全。公司核心团队由十多位来自国内外大型网络公司、报业集团、国际零售连锁机构的中、高层管理人员组成。这是一群面对现实但决不放弃理想的媒体人，一群偏执地追求差异化和生活品质的艺术爱好者，一群求索良心商品的超级"买手"，一群专业而虔诚的"服务生"。本来生活从国内优质食品供应基地、国外优质食品供应商中精挑细选，剔除中间环节，提供冷链配送、食材食品直送到家服务。企业经营产品包括健康安全的蔬菜水果、肉禽蛋奶、米面粮油、熟食面点等，具有深厚积淀和历史传承的优质原产地食品，以及拥有品质保障的进口食品等。本来生活 2017 年销售额突破 50 亿元，2018 年实现全年盈利。

本来生活的创始人喻华峰原为媒体记者出身，曾任职多家报社，2008 年任网易销售副总裁，2012 年创办本来生活网。业界称本来生活网为媒体化电子商务，他们像媒体编辑部一样开展业务，称负责采购的区域"买手"为"记者"，称运营为"编辑"，每周的产品会叫"选题会"，每个产品都需要提炼卖点，每个人都想做"封面"或"特写"。

（2）褚橙

褚橙是云南的一种特产冰糖脐橙，因种植人"褚时健"而得名。其形状为圆形至长圆形，颜色为橙黄色，果皮易剥离，无苦味，中心柱充实，汁味甜而香，含有大量维生素 C，营养价值高。褚橙如图 3-2 所示。

图 3-2 褚橙

相关链接

褚时健

褚时健曾于 1990 年被评为全国优秀企业家，1994 年被评为全国"十大改革风云人物"。2002 年褚时健与妻子承包荒山开始种橙。2012 年 11 月，褚时健种植的"褚橙"通过电子商务开始售卖，大获成功。2014 年 12 月 18 日，褚时健荣获由人民网主办的第九届人民企业社会责任奖特别致敬人物奖。褚时健被称为"影响企业家的企业家"，经营多家企业成绩卓越。2019 年 3 月 5 日，褚时健因病去世，享年 91 岁。

2. 案例分析

（1）提炼卖点，赋予内涵

2012 年，本来生活发现了褚时健种的冰糖橙之后，将其命名为"褚橙"。根据褚时健的特殊经历和褚橙的品质特点，提炼出大量的卖点。比如"24∶1 黄金甜酸比""人生总有起落，精神终可传承"等，将其打造成"励志橙"，赋予产品特殊的文化内涵。卖点宣传图如图 3-3～图 3-5 所示。

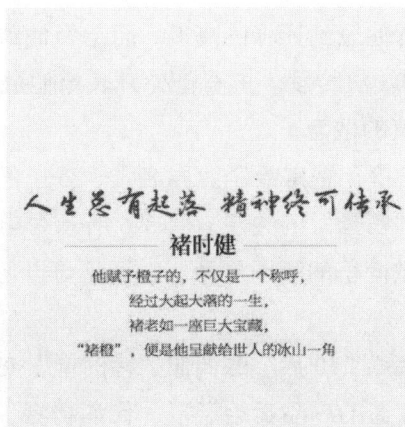

图 3-3　褚橙卖点宣传图一

图 3-4　褚橙卖点宣传图二

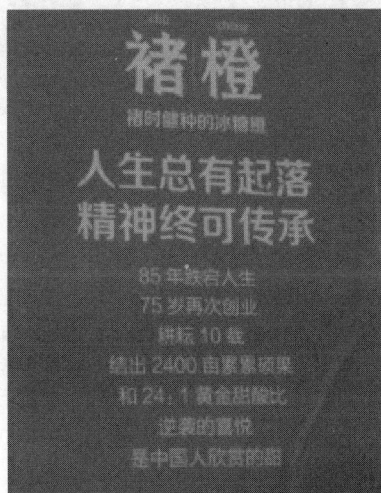

图 3-5　褚橙卖点宣传图三

（2）名人转发，引发关注

关于褚橙的第一篇报道《褚橙进京》，描写了 85 岁褚时健汗衫上的泥点、嫁接电子商务、新农业模式等内容，该媒体官方微博所发文章被转发 7000 多次。著名企业家王石（万科创始人）也进行了转发，他评价褚时健时引用了巴顿将军的语录"衡量一个人的成功标志，不是看他登到顶峰的高度，而是看他跌到低谷的反弹力"进行诠释。此微博再次引起近 4000 次转发。王石曾公开表示他最敬佩的企业家是褚时健，此次又对褚时健表达了由衷的敬意。

此外，本来生活还将褚橙免费寄给了业界名人，部分名人将褚橙在其微博晒图展示，引发了这些名人大量"粉丝"的关注。图 3-6 所示为电子杂志《复杂世界里，一个就够了》的名人主编在微博里的晒图展示，以近乎可以忽略不计的成本带来了 300 万次的阅读。

上述推广方式让"60 后""70 后"的偶像"褚时健"变得为"80 后""90 后"知晓，成功将上一代企业家打造的产品卖给了下一代消费者，填补了"代沟"，堪称"错代"营销的典范。

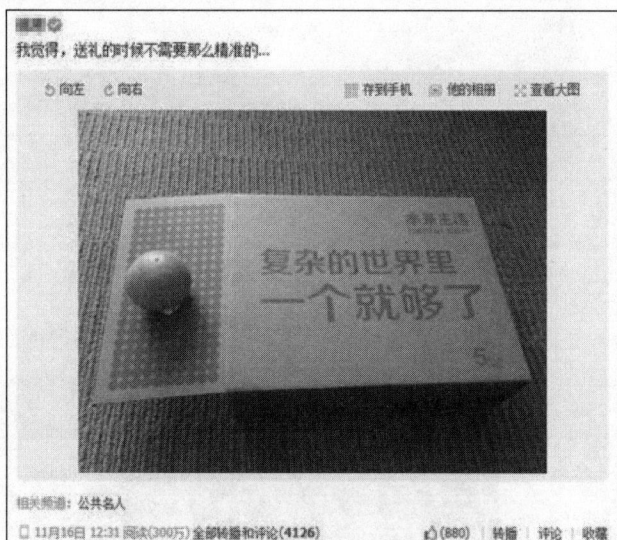

图 3-6　韩寒微博中的褚橙

（3）创业励志，大众共鸣

本来生活举办了邀请达人品尝褚橙的活动，开展"无任何门槛"形式的馈赠活动。活动搜集了 1000 名不同行业的"80 后"创业达人，进行了褚橙无偿激励赠送活动。300 名达人接受了赠送，后续带来了更多围绕褚橙的热议话题。这些话题的持续发酵，引发了社会大众对褚老的敬仰和对褚橙的关注，继而引发了褚橙的热卖。比如，有些企业甚至在团队建设中批量购买褚橙，作为福利发放给员工。

（4）特色包装，时尚实用

褚橙的包装设计不同于一般的农产品包装，可以说是典型的电子商务产品包装。其特点有三：一是采用横向纸箱，便于快递员的配送需要；二是包装文字使用大量网络语言，迎合年轻客户的喜好；三是包装语言紧跟热点话题，符合亲友送礼需求。特色包装如图 3-7～图 3-9 所示。

图 3-7　褚橙特色包装图一

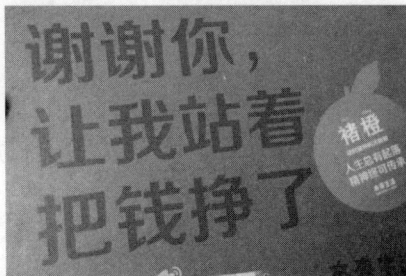

图 3-8　褚橙特色包装图二

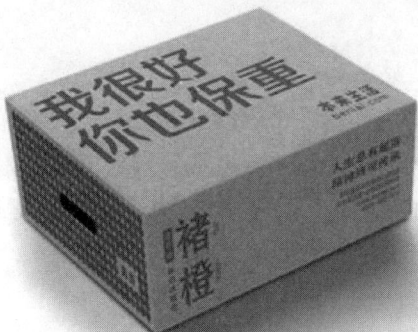

图 3-9　褚橙特色包装图三

扫一扫，听一听作者如何分析褚橙。

3.1.2　白酒超级爆款：三人炫

白酒在电子商务中是一个难得的兼具高客单价与高复购率，而且渗透率还不高的类目，而酒仙网则将三人炫做成了白酒中的超级爆款。

1．简介

酒仙网是中国领先的酒类电子商务综合服务公司，主要从事国际国内知名品牌、地方畅销品牌以及进口优秀品牌等酒类商品线上零售，经营范围包括白酒、葡萄酒、保健酒、啤酒等。酒仙网总部位于北京，在上海、广州、天津、武汉、成都等地拥有子公司和运营中心。公司借助现代电子商务平台进行全品类酒类及相关消费品的销售服务，还逐步整合行业上下游资源，为酒企提供电子商务领域的综合服务。酒仙网和国内 500 多家酒企建立深度合作关系，与天猫、京东、苏宁易购等十余家国内知名电子商务平台实现深度合作。

曾 3 年亏损超过 9 亿元的酒仙网终于在 2017 年实现净利润 2200 万元，2018 年实现净利润 8000 万元。

2．案例分析

（1）小米模式，研发白酒

"三人炫"的创意，来自于酒仙网创始人郝洪峰与小米联合创始人黎万强关于"酒类行业小米模式"的一次讨论。双方得出一个初步的结论，即"3 个 1"：酒类行业小米的玩法是一款酒 1 年卖 1 亿瓶，每瓶只赚 1 元。而在传统酒类行业，一瓶酒最高能赚上千元，一般能赚上百元，最少也能赚几十元。而正是在这种颠覆传统行业的互联网思维指导下，我国首款互联网思维白酒产品——泸州老窖三人炫，在"誓做中国白酒行业的小米"定位中诞生。

（2）三方联合，誓做精品

三人炫由张良、郝鸿峰和许燎源 3 位酒业大咖联合打造。张良为泸州老窖集团总裁、泸州老窖酿造技艺第 22 代传人；郝鸿峰为酒仙网董事长兼总裁、中国白酒"极致性价比"理论开创者，领导酒仙网成长为世界最大的酒类电子商务综合服务公司；许燎源为中国酒器设计第一人，现任成都大学美术学院院长，代表作包括舍得系列、金剑南系列、国窖 1573 精品系列等。

三人炫由酿酒大咖张良亲手酿造，销售大咖郝鸿峰定价推荐，设计大咖许燎源设计酒器，三人亲自为其代言。

（3）优质互补，打造卖点

三人炫白酒的卖点有"三炫"。一炫品质——在品质方面，三人炫由有着"四百年老窖飘香，九十载金牌不倒"美誉的泸州老窖为其背书（品质担保），泸州老窖一贯优质的品质给消费者信心。二炫平台——在销售方面，三人炫在中国知名的酒类电子商务综合服务平台"酒仙网"独家预售。酒仙网一直遵循"质真价优、快速便捷"的经营理念，为消费者提供真品保证、性价比高、配送快捷等精准服务，可以充分满足消费者个性化的需求。三炫艺术——在容器方面，这款酒可谓别具匠心，在造型上采用简洁大气的直筒瓶身，给人品质感；玻璃喷绘仿陶瓷的工艺运用，给人以历史感；黑色亚光肌理的处理，触感新颖的同时，给人以价值感；配合残片文字的意向表达，给人以片段感。三人炫白酒如图 3-10 所示。

图 3-10　三人炫白酒

（4）击穿底价，终成爆品

专业人士认为，三人炫的酒质确实绝佳，可以与市面上每斤 200 元的酒匹敌，传统酒企两斤装此类白酒一般定位为 400～600 元一瓶。三人炫酒质如此优良、包装如此华丽，定价成为一大难题。酒仙网高层经过两小时的激烈争论，最终定价为 2 斤装 169 元一瓶（买一送一），相当于约 85 元一瓶。这样的定价可以说是击穿了白酒行业的底价。

2014 年 8 月 26 日，三人炫新品首发的前 48 小时就创造了狂卖 40 吨的销售业绩。三人炫销售量突破 100 万瓶，销售额突破 7000 万元，只用了 84 天时间，创造了白酒行业的"销售奇迹"。2015 年，这款互联网白酒销量一路飙升，一年卖出 300 万瓶，销售额超过 2 亿元，好评率高达 99%，1 个月内重复购买率高达 98%。2017 年，三人炫上市三周年之际，其累计销量已经超过 1000 万瓶，郝鸿峰将其成功经验总结为"三好"：品质好、推广好、渠道好。

扫一扫，听一听作者如何分析三人炫。

3.1.3　创意旅游：一元玩景点

"创意+旅游"能产生怎样的火花？同程旅游曾经借助"一元玩景点"的创意策划火遍大江南北。

1. 简介

同程网络科技股份有限公司（简称同程旅游）是中国领先的休闲旅游在线服务商，

由原阿里巴巴 376 号员工吴志祥先生 2004 年创立于苏州，现有员工过万人。同程旅游是国家高新技术企业、商务部首批电子商务示范企业，是中国在线旅游行业三大企业集团之一。

　　同程旅游目前已经成为一家多元化旅游企业集团，连续多年入选中国旅游企业 20 强，2016 年位居第五名。同时，同程旅游还入选了中国民营企业 500 强。近年来同程旅游一直保持着高速增长的势头，2016 年完成交易额 600 亿元，服务人次破 3 亿；2017 年完成交易额 1000 亿元，服务人次达 5 亿。2017 年 12 月 29 日，同程旅游集团旗下的同程网络与艺龙旅行网宣布正式合并为一家新公司"同程艺龙"。值得注意的是，腾讯和携程分别是同程艺龙第一大股东和第二大股东。

2．案例分析

（1）"一元门票"，全网抢购

　　同程旅游在深耕旅游行业产品十年之后，于 2014 年推出"一元门票"，轰动业界。以苏州乐园为例，正常的门票价格在 100 元以上，而同程在特定日期（非节假日）推出了该景点的"一元门票"，立刻引来了抢购。"一元门票"在苏州乐园实施成功之后，同程旅游又将这一模式复制到全国许多景点，同样吸引了大量抢购。某景点附近甚至由于游客过多，在门票使用当日造成了高速公路的拥堵。此后在此基础上，同程旅游推出"两元门票"产品，因其另外一元捐给"壹基金"（由某著名演员发起成立的公益基金），被网友称为"既有实惠，又有情怀"的产品。

　　同程旅游官方统计显示：180 天时间，"一元门票"活动席卷全国，超过千万用户参加，同程 App 的排名从第 16 名跃升到第 3 名，客户端订单占比从不足 5% 暴涨到超过 70%。

（2）整合资源，多方共赢

　　以某景点（最大日接待能力为 1000 人）淡季日均售出 100 张门票、每张门票 100 元计算，景点的日均门票收入为 1 万元。同程旅游在淡季某日以 1 万元的价格对该景点进行包场，以销出 1000 张"一元门票"计算，则可获得 1000 元收入，尚有 9000 元的亏损。同时，同程旅游要求购票游客必须下载同程旅游 App、使用某指定银行卡购买或使用微信支付付款方可享受"一元门票"。通过各方资源的整合，某银行卡新用户大增（开卡平均成本从 20 元降至 10 元）、同程旅游 App 下载量激增（累计下载量超过 1 亿次）、微信支付用户暴涨（同程已成为微信官方的独家旅游产品提供商）。三方均借此活动获得大量用户，另外两方为此向同程旅游支付的费用足以覆盖其成本。此外，由于门票价格奇低，导致游客在景点周边的"二次消费"特别大方。景点从游客停车、餐饮等方面获得了额外收入，同程旅游则从其他衍生服务（如现场售卖饮料等）中获利。

　　同程旅游联合微信推出的"一元门票"海报如图 3-11 所示。

图 3-11　"一元门票"海报

扫一扫，听一听作者如何分析一元玩
景点。

3.1.4　电子商务包裹广告：纸箱哥

包裹不仅仅是用来寄送货物的，还可以用作广告载体，"纸箱哥"就研发了这一产品并将其用于商业运营。

1. 简介

目前中国超 6 成网民进行网购，网购群体超过 5 亿人，每年包裹量超过 400 亿个，每天约有 1 亿人可以通过包裹看广告。面对包裹这一电子商务标配设施，"纸箱哥"将其开发为营销场景，被称为"快递包裹界的分众传媒"（分众传媒是中国电梯广告领导企业）。

杭州纸箱哥文化传播有限公司成立于 2015 年 11 月，作为电子商务购物场景营销的开创者，是一家以电子商务纸箱、电子面单等为新兴载体，帮助品牌方的广告精准触达特定购物场景下目标人群的服务公司，开创了电子商务购物场景营销这一全新推广营销模式。杭州纸箱哥文化传播有限公司主要处理品有创意纸箱、快递电子面单、快讯商品广告（Direct Mail，DM）单页、小样派发等，适合传统品牌、电子商务品牌、移动互联网平台、O2O 项目、汽车品牌、房地产企业、电影及游戏类产品等多种行业。

2. 案例分析

（1）缘起观察，专卖纸箱

2008 年，义乌工商学院成立"创业学院"，推行实战型电子商务创业教育模式，鼓励在校学生自主创业。那时，义乌工商学院的"电子商务创业"在职教界成为一种现象级教学现象，在网上开店的学生有近 2000 人。正在义乌工商学院读大二的王佳荣恰好赶上了这波电子商务创业热潮。那年，他和室友每人凑了 500 元，在网上开了一家卖杭州特产的网店，仅一个月就坚持不下去了。

当时王佳荣发现学校的角落里有一家小超市，里面的方便面纸盒每天都会被一抢而空，因为大家都在卖货，每天都需要大量的纸箱来打包，由此他想到了美国加州"卖水的淘金人"的故事（亚默尔年少时受加州淘金热影响，加入了淘金者的行列。美国西部山谷里气候干燥，水源奇缺，许多淘金者愿意以金币换凉水。亚默尔获知这一情况后放弃淘金念头，由挖黄金变为挖水渠。挖到水渠之后，亚默尔开始向淘金者出售饮用水。有人嘲讽亚默尔："我们跋山涉水是为了淘金，而你要是只为了卖水，何必到加州这个地方来呢？"面对冷嘲热讽，亚默尔泰然处之。此后，大部分淘金者并没有发财，而亚默尔则以卖水奠定了发展基石，数年后成了美国屈指可数的大富翁）。

既然在网上开店卖产品已经很难竞争，那为什么不换个思路，干脆给大家提供纸箱。正是这一思路的转换，让他从竞争激烈的电子商务决斗场里重新杀出了一条新路。

（2）占得先机，淘宝第一

进入纸箱行业之后，王佳荣很快发现做纸箱生意存在一个很明显的难点：卖纸箱利润很低，销售半径很小，一旦跨地域销售，运费比成本还贵。为了打破销售半径对发展的限制，王佳荣开始在全国寻找合适的供应商，一家一家去谈。不同地方的订单，由供应商就近发货，以此把运费成本降下来。

得益于前期媒体对义乌工商学院的曝光，央视等媒体的背书为王佳荣扫清了不少沟通障碍，很多厂商都愿意相信他们。王佳荣此前管理过自家的包装厂，他深知这些包装厂商的痛点，所以磨合成本变得很低。王佳荣在全国沟通了几百家包装厂，用了几年时间在全国建立了十几个分仓，做到了当时淘宝纸箱第一名。圈下淘宝这块宝地之后，纸箱哥把业务方向延伸到了天猫，王佳荣的亮程旗舰店成为当时天猫第一家纸箱店，直到一年后才有其他纸箱商家入驻天猫。长时间的竞争空白，让"纸箱哥"占尽了类目先机。

（3）包装载体，广告获利

凭借全国供应链布局的优势，在之后很长的一段时间里，"纸箱哥"的销售额、现金流都不错。但是随着淘宝红利的消失，商家之间的价格战打得越来越凶，市场也开始走向极端。新开的纸箱网店为了拿到竞争优势，往往采用"先亏本销售冲销量，有了流量后再涨价"的迂回战术。市场上每天都有新的商家进来，每家都在亏本做促销，在这样的恶性循环里，整个市场变得很不健康。对于"纸箱哥"这样排名靠前、日销量很大的商家来说，一旦压低价格，每天的亏损金额可能是普通小商家的几百甚至上千倍。

于是，王佳荣换了种思路，在纸箱上打广告，向品牌商收费，再把纸箱免费或者打折销售给商家。当每个消费者拿到包裹时，第一眼看到的是包装在外面的纸箱，而不是商品本身，这是一个很有价值的场景。电子商务包裹广告是"纸箱哥对自己的定位"，根据网购产品的品类、价格、使用场景给消费人群打上很多不同的标签，通过电子商务包裹去触达中国目前最主流的消费人群。截至 2018 年 6 月，"纸箱哥"已经开发了纸箱广告、快递面单广告、外卖餐盒广告以及化妆品小样广告等多种广告产品，其合作的线上电子商务商家已经达到 100 万个，合作品牌则超过了 200 个。

"纸箱哥"部分广告产品如图 3-12 所示，部分客户如图 3-13 所示。

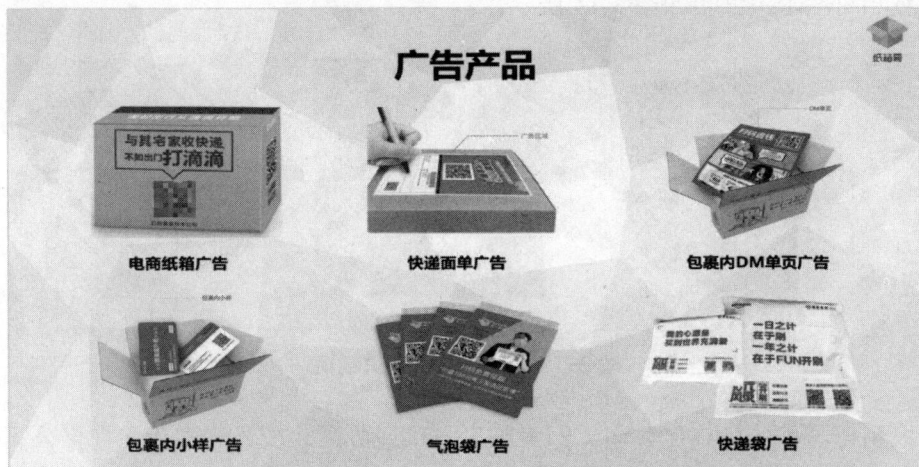

图 3-12　"纸箱哥"部分广告产品

图 3-13　"纸箱哥"部分客户

（4）创意产品，优质客户

要想赢得客户，尤其是优质大客户，"纸箱哥"要做的不仅是包裹广告，还有广告创意。以"纸箱哥"2018 年服务的客户卡夫食品为例，通过电子商务包裹广告的营销，精准触达目标受众，促成消费者与品牌的互动，提升品牌知名度。首先，消费者网购收到包裹时，将会收到精美设计的卡夫定制纸箱。醒目的画面、趣味的文案，引起消费者对品牌的惊喜感与好奇感。其次，拆开包裹后，消费者可沿着纸箱上半部分的虚线把纸箱撕开，形成一个"屁系列"的精美趣味收纳盒。一方面增加了消费者与品牌的互动性，另一方面改造后的收纳盒长期曝光增加消费者对品牌的认知。最后，卡夫把产品信息印刷在 DM 单上，放到包裹内。消费者沿着 DM 单上的虚线折叠，就完成了"东南西北"折纸游戏。手指伸进底部，每撑开一个平面，就出现一款不同口味的饼干和经典话语。通过趣味性的玩法，达成互动，并形成主动传播活动的效果。

"纸箱哥"卡夫纸箱如图 3-14 所示。

图 3-14 "纸箱哥"卡夫纸箱

"纸箱哥"和 4A 广告公司（即美国广告代理协会，成员均为著名广告公司）思美传媒合作，为福特撼路者不断测试和打磨创意，经过了 9 个月的精雕细琢，给出了精巧的包装创意设计，可以将纸箱的一部分撕下来拼成汽车玩具模型，得到了品牌方的高度认可。原本仅仅是一个快递包裹，却给了用户超出预期的惊喜，能变成玩具，甚至是亲子共乐的载体。该案例获得了来自客户的一致好评，也接连斩获了广告业内多项大奖。

"纸箱哥"福特撼路者纸箱如图 3-15 所示。

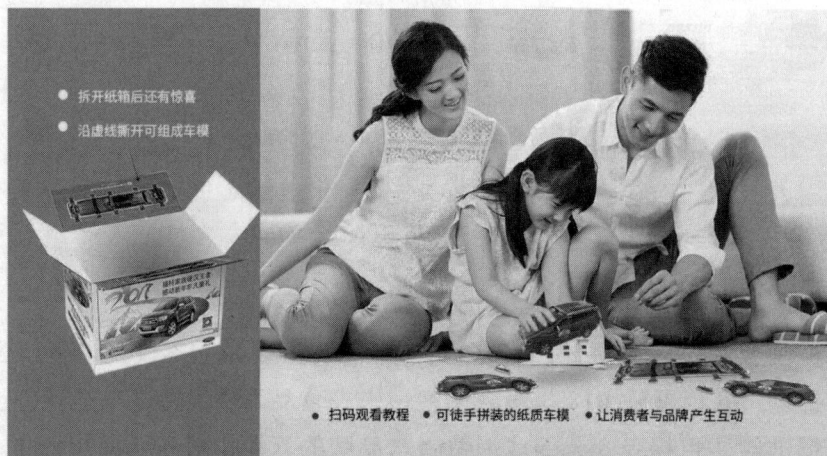

图 3-15 "纸箱哥"福特撼路者纸箱

// 3.2 电子商务企业定位

产品需要定位，企业同样需要定位。定位不是企业对产品要做的事，而是企业对预期客户要做的事。换句话说，企业要给预期客户留下印象，确保企业及产品在预期客户头脑里占据有价值的位置。电子商务企业定位主要是为企业发展厘清思路、明确步骤，包括分析已有资源、寻找市场空间、选定进入行业、研发特色产品、选择电子商务模式、制定营销战略等方面的工作。由于电子商务企业的销售半径是线上全网覆盖，突破了传统商业线下物理距离对销售半径的限制，即使是一个小商品也有可能通过电子商务做出大市场。因此，电子商务企业的市场定位一般要小，切忌求大。"弱水三千只取一瓢饮"更适用于电子商务，对市场进行细分、细分、再细分，直至微分市场。在微分市场中，线上电子商务企业比线下门店更有可能做出更大的市场。

电子商务企业定位的典型有很多。比如，大朴将自己的产品定位为无甲醛棉品，成功在激烈竞争的"红海"中找到了"蓝海"，成为这一较有市场、同时又较少竞争的市场先发者，获得先发优势；小狗电器在众多家电品牌的竞争中，从吸尘器入手，在当时线上并无知名品牌的情况下，率先占领了这一市场的领先者地位，此后又逐渐研发其他的清洁电器；曼苏丽尔则是在轻奢这一定位中，发展得顺风顺水，用更高的性价比来吸引更年轻的消费者；C+A Global 则是从其他产品的缺点和不足中略加创新，改进之后再推向市场，成为微创新这一定位的成功实践者。

3.2.1 无甲醛棉品：大朴

棉品若无甲醛更安全，如果贵一些消费者会买吗？大朴的定位切中并满足了这一消费痛点，从而使企业获得了稳步的发展。

1. 简介

大朴网由库巴网（2013 年被整合为国美在线）创始人王治全等人建立，于 2012 年 8 月 28 日上线。大朴是国内一家自主设计、多品类、多品牌运作、全网营销、线上线下同时推进的家纺家居用品公司，旗下已有 DAPU 和 dapubaby 两个品牌。大朴主营高安全性、高质量、高性价比的"家纺家居用品"，产品线涵盖床品、巾类、内衣裤、鞋袜、婴童、家居服、日化等十余个品类。公司致力于为注重品质生活的消费者提供安全、健康的贴身棉品，以"无甲醛棉品"为主题打造产品。

大朴图标如图 3-16 所示。

图 3-16　大朴图标

2．案例分析

（1）定位品牌，选择家居

大朴网是原先库巴网创始团队部分成员二次创业的项目,可说是"互联网老兵"的连续创业项目。创始团队将此前积累的创业方法论在新形势下再次实践,面临的首要问题是如何进行企业定位。团队经过深入思考和细致调研,得出以下结论:平台电子商务方面,"天猫+京东"大局已定;垂直电子商务方面,各行业流量越来越贵,生存越来越难;品牌电子商务方面,线上和线下的商品均以传统品牌为主,品牌商市场大、毛利高,新的模式或许仍有创业机会。将企业定位为品牌电子商务之后,如何选择行业就成为值得深入研究的问题。团队调研发现:生鲜电子商务行业鲜有成功案例,且品牌属性较弱;建材后端服务太重、标准化较弱,至今未见好的解决方案;餐厨用具消费痛点不够、购买频次较低、单品放量较难;家居生活用品品牌分散、电子商务化程度低、市场巨大、进入门槛低,毛利率高。

鉴于以上考虑,团队最终决定在家居生活用品行业做品牌电子商务。

（2）国际标准,精耕细作

在质量方面,大朴倡导"无·亦所有",即产品无甲醛、无荧光增白剂、无致癌芳香胺。大朴采用日本和欧美的安全标准来控制质量,其所有产品都必须通过两套检测方案:一套是国家 A 类标准（婴幼儿标准）安全检测,另一套是 SGS（瑞士通用公证行,世界权威检测机构之一）检测。大朴产品的各项指标,远远超过行业水平,让消费者放心购买和使用。大朴标准与国家标准、市面普通产品主要项目对比如表3-1 所示。

表 3-1　大朴标准与国家标准、市面普通产品主要项目对比

项目	危害	大朴标准 （SGS 检测）	国家标准	市面普通产品
甲醛含量 （mg/kg）	刺激皮肤,可引发癌变,可使婴幼儿智力下降	未检出	允许成品甲醛含量低于75	中小厂家使用甲醛,用于增加产品的防皱,改善手感
荧光增白剂	用于纺织品产品增白,对皮肤有刺激性	禁止使用	没有要求	大部分产品原材料添加增白剂
致癌芳香胺染料	毒性强于甲醛,无色无味,不溶于水,无法去除,致癌	禁止使用	禁止使用	中小厂家使用,价格低廉,颜色鲜亮
塑化剂	学名邻苯二甲酸,危害儿童,引发儿童性早熟	禁止使用	没有要求	普遍用于床品的软化,增加柔软度

续表

项目	危害	大朴标准 （SGS 检测）	国家标准	市面普通产品
NP 和 NPEs	用于印染过程，易感染人体内分泌系统	禁止使用	没有要求	很多知名产品在印染过程使用该化合物
富马酸二甲酯	用作纺织品防腐防霉，刺激皮肤，引发皮肤过敏	禁止使用	没有要求	常用于不合格布料的贮藏，防霉
有机锡化合物	用于产品印染过程，危害人体的中枢神经系统	禁止使用	没有要求	劣质产品涂料印染过程添加
pH 值	过酸过碱易诱发皮肤炎症	4.0～7.5	4.0～8.5	没有具体标准，无保障
面料起球性能	纺织品最担心起球，不仅不美观，而且影响舒适度	达到行业一等品标准	没有要求	无明确标准，起球程度很严重
色牢度/级	色牢级越高，越不易掉色	4～5 级	3 级	3 级及以下
床品针距 （针/英寸）	针距越大，缝纫密度越高	12～14	10～12	10 以下
内衣针距 （针/2cm）	针距越大，缝纫密度越高	7～9	7～9	没有严格规范，容易跳线

在材料方面，大朴产品采用棉、麻、丝、绒等纯天然材料，最大限度地使用纯天然材料，还原最本质、最自然的舒适感。材质酸碱度为中性，对肌肤完全无刺激。在生产方面，大朴凭借自身的专业能力对品质进行全流程掌控。大朴采用高织高密织造工艺，确保产品的细腻手感与良好透气性。织物色牢度达到国家标准的最高等级，确保经历多次水洗依旧色泽如新。成品出厂前经过预缩处理工序，确保缩水率不超过 4%。

（3）产品布局，全面营销

如今的电子商务已经不同于早期的电子商务，面对的是消费升级的背景和中产阶级的崛起，"9.9 元包邮"的时代仍在继续，但同时"品质消费"已经成为中国中产阶级的消费主流，这可从客单价数据的不断提高中获得验证。2015—2017 年天猫"双十一"客单价如图 3-17 所示。

主打纺织品的电子商务品牌"凡客"与"维棉"，要么性价比过低，要么产品线过窄，都未能很好契合电子商务在"客单价"之外所要求的"重复购买率"与"关联购买率"。因此，对标上述同行，大朴在产品布局与全面营销方面做了精心设计。产品线设计上力求在家纺家居用品范畴内做宽，以较高关联购买率来抵消较低重复购买率的影响，以此来维持并推高客单价。大朴采用全面营销而不是全网营销战略，大朴从 2013 年就开始开设门店，不去理会线上线下渠道的优劣之分，只关注渠道利润构成之别。

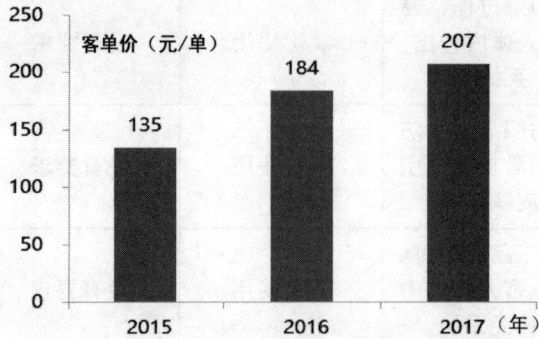

图 3-17　2015—2017 年天猫"双十一"客单价

2017 年大朴产品线销售占比如图 3-18 所示，2017 年大朴销售渠道占比如图 3-19 所示。

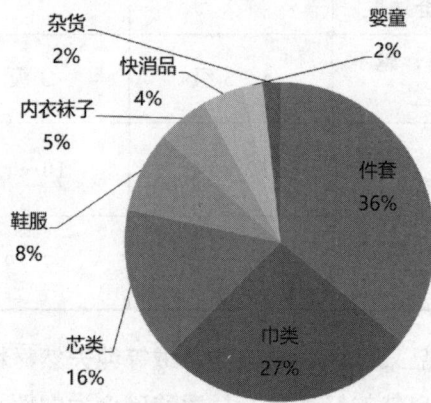

图 3-18　2017 年大朴产品线销售占比

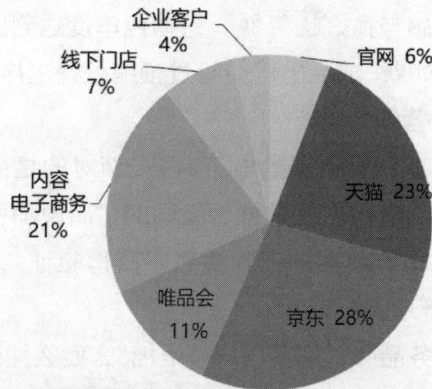

图 3-19　2017 年大朴销售渠道占比

2017 年大朴销售渠道中的内容电子商务正是目前还被大多数企业忽视的渠道，大朴在"一条""小小包麻麻""凯叔讲故事""吴晓波频道""老爸测评"等自媒体销售渠道表现抢眼，在有 3000 万受众的"一条"排名类目名列前茅。

（4）打造爆款，拉升业绩

当前，"80 后""90 后"等年轻群体逐渐成为我国中产阶级的主流人群，也成为品质消费的主流。这类人群的一个突出特点就是社群圈层化明显。他们是内容电子商务的主要受众，大朴以这类人群为主打客群，为其研发产品。"鲁锦"是以鲁西南地区为中心、带有鲜明的齐鲁文化特色的山东民间纯棉手纺织物，民间通称为"老粗布、家织布、手织布"。它是勤劳智慧的齐鲁人民在漫长的人类文明历史发展过程中精心创造的一种具有齐鲁文化特色的传统民间工艺。"鲁锦"在 2008 年被认定为国家级非物质文化遗产。大朴将"鲁锦"演变为"老粗布件套"，把手工制作转化为工业化大生产，通过内容电子商务将这一古典产品推向现代精准客群，将单品销量提升到一个传统行业无法企及的高度。

2014—2017 年大朴"老粗布件套"销量如图 3-20 所示，2014—2017 年大朴"老粗布件套"销售额如图 3-21 所示。

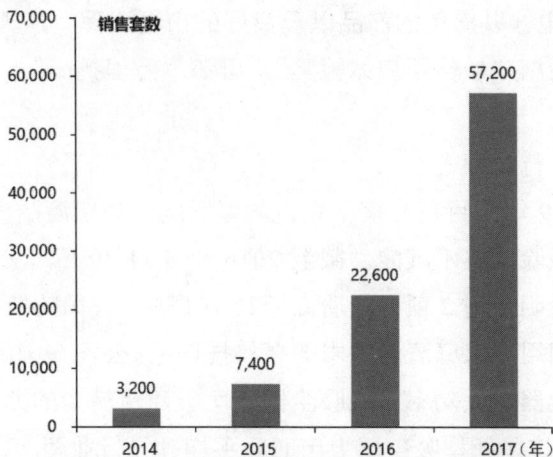

图 3-20　2014—2017 年年大朴"老粗布件套"销量

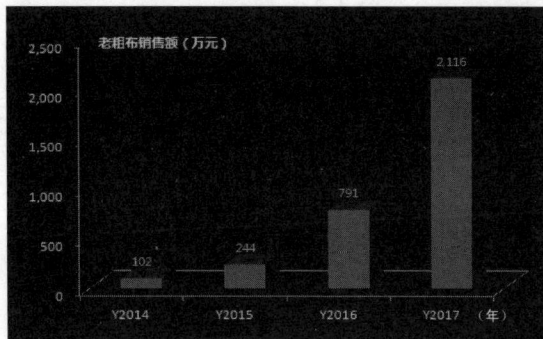

图 3-21　2014—2017 年年大朴"老粗布件套"销售额

扫一扫，听一听作者如何分析大朴。

3.2.2　清洁小家电：小狗电器

从一个线下已有、线上尚无知名品牌的小类目中突破，逐步将产品线延伸至大类目，这便是小狗电器从吸尘器到清洁小家电的发展道路。

1. 简介

小狗电器互联网科技（北京）股份有限公司是一家专注于研发、销售清洁电器的高新技术企业，公司及子公司主要基于互联网电子商务模式为消费者提供商品和服务，主营业务为研发并销售吸尘器、扫地机器人及除螨仪等清洁小家电产品。秉承"小狗吸尘器让生活环境更干净"的品牌理念，产品惠及千万家庭，凭借特有的品牌责任感，树立了良好的口碑，其发展速度之快创造了中国电子商务历史上的一个奇迹。2016年12月6日，公司成功挂牌全国中小企业股份转让系统（新三版），成为中国互联网家电第一股。

2017年，小狗电器以出色的产品以及良好的市场口碑，从天猫全球17000多个品牌中脱颖而出，荣膺"最佳用户体验奖"。可谓"万里挑一"。

2. 案例分析

（1）底蕴深厚，行业领先

小狗电器于1999年7月在北京创立，从事研发、销售清洁电器多年，有深厚的行业积累和丰富的经验、技术沉淀。截至2016年4月30日，公司已取得专利共49项、正在申请中的发明专利2项，注册商标共161项。公司的核心竞争力在于研发、生产并销售贴近中国用户家庭清洁需求的高科技产品。公司在国内领先推出床褥除螨仪、推杆式无线吸尘器、大功率车载吸尘器、可吸建筑粉尘的无尘袋吸尘器、"掌中宝"吸尘器等产品，这些新型吸尘器上市时间平均领先行业两年。公司累计研发包括卧式、无线式、推杆式、桶式、便携式、车载、除螨吸尘器共150余款，满足了消费者的多元化的清洁需求。

2018年，小狗电器旗下的D-610无线除螨仪获得了被誉为设计界"奥斯卡"的德国iF设计奖（IF Design Award），这也是国内除螨仪产品首次获此殊荣。

（2）流量红利，占得先机

小狗电器早年进驻北京西单、燕莎等知名百货商场，后又作为第一家吸尘器行业品牌，入驻国美、大中、苏宁等家电卖场。2007年，在淘宝网试水电子商务渠道，成为淘宝早期家电品牌之一；2009年，全面投入电子商务事业，授权吸尘器分销商56家，进驻淘宝商城（天猫前身）；2010年，荣膺淘宝行业"淘品牌"称号，成为至今唯一获此殊荣的吸尘器品牌。

在渠道方面，小狗电器在电子商务发展早期便迅速由线下转战线上，抓住了流量红利，超越国内大牌，成为当时中国互联网第一个吸尘器品牌。目前，小狗电器产品销售已经全面覆盖天猫、京东、淘宝、唯品会、国美在线、苏宁易购、亚马逊、当当、1 号店等知名电子商务平台。

2017 年国内线上吸尘器市场共售出 1566.8 万台，销量同比增长 30.2%。中国本土品牌表现抢眼，占据销售总额的 61.6%，继续奠定吸尘器市场本土品牌的优势，其中小狗吸尘器以 203.7 万台居全年销量前列，全年销售额增长远远高于行业平均水平。

（3）品质升级，主攻高端

早期的线上流量红利让小狗电器占得先机，如今各大品牌的入局则给它带来了异常激烈的竞争。无论是吸尘器、除螨仪，还是后来兴起的扫地机器人，都不乏大量的竞争者，它们既包括国际品牌戴森、飞利浦，也包括美的、莱克、科沃斯等本土品牌。尤其是主打高客单价的戴森入驻天猫后，一路领跑高端吸尘器市场。

消费升级促使人们对室内环境有了更高要求，家电的无线化已经成为趋势。小狗电器认为，无线技术是对传统吸尘器的颠覆创新，并非只是单纯摆脱电源线那么简单。从无线电机动力到源源不断的电力续航，从人体工程学设计到人性化的功能整合，每一处细节都需要强劲的科技研发实力与技术创新作为支撑，消费者和市场最终只会为优秀的产品"买单"。小狗电器将科技创新作为无线吸尘器研发的重点，通过多年经验积累对无线吸尘器进行全面细分，旗下涵盖大无线吸尘器、无线手持吸尘器、无线立式吸尘器等细分品类，并不断用创新的产品设计颠覆上一代产品，让无线吸尘器逐步升级、日趋完美。

此外，小狗吸尘器通过了多项认证，开始布局国际市场。小狗电器自 2014 年入驻全球速卖通以来，旗下的吸尘器与除螨仪产品已经远销美国、德国等全球 86 个国家或地区。

（4）服务升级，中央维修

"中央维修"是小狗电器创立的颠覆性电子商务售后模式。该模式以中央仓库为维修中心、以第三方快递为网络，实现待修产品从用户到中央维修中心送修、再二次快递到用户的逆向物流过程。整个过程以用户体验为核心，全程免费，真正实现了用户的愉快购物、轻松维修。

这种维修服务较之以往的家电维修具有以下优势：无须设置线下网点、逆向物流快递网络、全免费维修、专业维修师傅、倒逼企业主动提升产品质量。"中央维修"不需要任何区域维修站点，只需设立一个统一的实体中央维修仓，在中央仓库任意小家电的维修配件齐全，解决了配件难的问题。小狗电器的中央维修模式与顺丰速递达成了战略合作，依托顺丰的逆向物流系统，采用双向物流服务每一个用户，无须人工派单，使用同一套系统。用户足不出户就可以解决维修问题，打造极致用户体验。只要在保修期内，一切费用全免，所有解释权归用户所有。全免费的维修模式，彻底打破了原有的售后维修模式，小家电维修也彻底告别了互相推诿扯皮的囧境。在统一集中的维修仓里，小狗电器配备了专业的技术维修师傅，解决了维修标准不一和反复维修的难题。由于厂家在售后服务中有了投入，付出了成本，就可以倒逼企业改进产品，提高产品质量，降低返修率。

3.2.3　轻奢包袋：曼苏丽尔

轻奢是指可以负担得起的高质量产品，包袋是女性服饰中相对刚需的品类，曼苏丽尔就是其中的佼佼者。

1. 简介

Mansur Gavriel（曼苏丽尔）于 2012 年创立于美国，是知名的轻奢包袋品牌。曼苏丽尔品牌奉行以"自然、简洁、百搭"为本的设计理念，包袋内部采用色彩鲜艳的涂层设计，外表简约内敛、低调华丽。皮革原料来自于全球领先的制革工艺产地——意大利，皮革纤维组织紧实、板面丰满、柔韧性强。该品牌凭借独创的水桶包设计而走红，曾一度受到众多知名艺人、时尚博主及潮流达人的追捧。

2. 案例分析

（1）自身需求，发现商机

Mansur Gavriel 品牌的创始人是美国姑娘雷切尔·曼苏尔（Rachel Mansur）和德国姑娘弗洛里安娜·加夫里尔（Floriana Gavriel）。两位姑娘在 2010 年洛杉矶一场音乐节上相遇，共同的话题——"好看的包"让她们走到了一起。更难能可贵的是，她们决定创业挑战大牌，做自己喜欢又价格实惠的女包。

毕业于美国罗德岛设计学院（世界著名设计学院）纺织专业的 Mansur 辞去了在纽约的设计师助理工作，曾在 Anna Sui（著名时装品牌）、Lanvin（高级时装品牌）工作过的 Gavriel 也从柏林搬到了纽约。两位国际"草根"青年由此开始了跨国合伙创业之路。

（2）慢工细活，风格独特

她们花了两年时间研发，将所有的钱都花在了设计与制作上。2012 年品牌创立，直到 2013 年才发布两款包——拉绳水桶包和经典托特手袋。曼苏丽尔坚持慢工细活与风格独特的原则，目前仅开发六种基本款，分别是水桶包、手提包、托特包、双肩包、马鞍包、钱包。曼苏丽尔女包在设计上非常简单，给人的第一印象是简单到极致，没有任何多余装饰物，甚至没有品牌标识，最大的标志性特征可能就是外皮和内衬的大撞色了（如黑配红、棕配蓝）。Gavriel 以其德国人骨子里的严谨使 Mansur Gavriel 女包的质量经得起考验。

曼苏丽尔水桶包如图 3-22 所示。

（3）轻奢品牌，性价比高

Mansur Gavriel 定位于轻奢品牌，但在品质上绝对不输给大品牌。经过精挑细选，女包所用的皮革采用意大利植物鞣革，延伸性小、成型性好，板面富有弹性，并且随着使用年限的增加，颜色会加深。品牌产品定价 400～1000 美元，不到国际一线品牌的 1/4。虽然价格不算便宜，但是品质确属上乘，性价比高为曼苏丽尔赢得了众多追求时尚的女性客户。

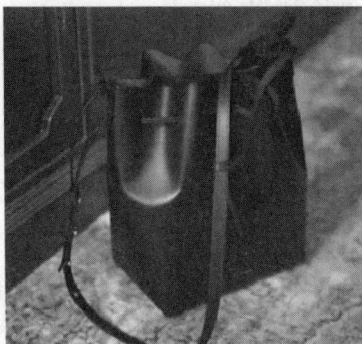

图 3-22　曼苏丽尔水桶包

曼苏丽尔已经成为轻奢品牌中的领导品牌，目前在美国时尚中心纽约与洛杉矶开设了两家线下门店。

（4）款款限量，饥饿营销

2013 年，Mansur Gavriel 售出第一款水桶包 Flamma，被一位时尚博主发现并大肆宣扬。在同年 9 月的纽约时装周上，Mansur Gavriel 女包成为时装编辑和街拍达人的必备单品。2014 年年底，Mansur Gavriel 宣布开始在线销售后不到一个小时，就卖掉 95%的库存，刷新了电子商务界不到一分钟就全线售罄的纪录。2015 年，仅在 Lyst（著名社交购物网站）上就有 5.6 万多人抢购 Mansur Gavriel 水桶包，这是其他水桶包品牌需求量的 30 倍。

虽然卖到断货、一包难求，但 Mansur Gavriel 一直没有大幅度提高产量，而是保持一贯的生产节奏，保证质量，款款限量发售，从而激发了更多人的购买欲望。饥饿营销在此演变成由消费者免费推广的社交营销，拥有超高人气的时尚博主、艺人、超模们更变成 Mansur Gavriel 的免费代言人兼推广渠道。

扫一扫，听一听作者如何分析曼苏丽尔。

3.2.4　微创新：C+A Global

创新不一定是从无到有革命性、颠覆式的发明创造，也可以是对市场现有产品局部微小的改良，C+A Global 就从中找到了商机。

1. 简介

总部位于美国新泽西州的 C+A Global（原名 C&A Marketing）创立于 2003 年，是一家比较另类而且神秘的电子商务公司，其报道鲜见于中外媒体。公司除美国总部外，还在英国和中国设有办公室，借助亚马逊、易贝等第三方平台销售超过 5 万多种产品。公司旗下产品种类包括照相器材、音箱、沙滩产品、厨房用品等，品种繁多，年销售额上亿美元，年增长率达到 30%以上。

2. 案例分析

（1）研发销售，摄影器材

C+A Global 原为一家领先的相机与摄影器材制造商、经销商和在线分销商。目前，C+A Global 还是世界著名摄影器材品牌 Polaroid（宝丽来）授权的即拍即得数码相机、运动摄像机、IP 家庭监控摄像机和照相辅助器材特许公司。

公司的专长是将某些过时产品加以改进，使其迎合消费者新的需求，从而焕发出新的生命力。C+A Global 曾在 2015 年年初推出宝丽来立方体运动相机 Polaroid Cube，颠覆了大多数消费者对相机的认知。

宝丽来立方体运动相机如图 3-23 所示。

图 3-23　宝丽来立方体运动相机

（2）收集需求，改进产品

C+A Global 大概有 100 多个买手，这些买手专注于一个产品品类。买手们通过在亚马逊等网站获得用户对产品的评论，从用户评论中挖掘灵感。比如，有的用户在某款音箱产品下评论希望音箱能够防水、不用直接电源、便于在淋浴时收听广播。C+A Global 的买手看到这类用户评论后，会根据自己的判断，同时借助一些大数据分析工具分析这类信息。如果觉得有商机，他们就会设计出样品，找到生产厂商生产出少量样品。此后，他们会在亚马逊等平台售卖少量样品，然后直接和购买者沟通，通过购买者反馈不断改进产品。

C+A Global 不断在亚马逊上挖掘用户对产品的评论，从评论中找到商机，然后通过微创新设计出新的产品，再配以新的品牌售卖，如此循环发展壮大。比如，C+A Global 的某款蓝牙无线防水音箱在亚马逊上的售价为 49.99 美元。针对这类产品，C+A

Global 生产了很多系列，包括淋浴时候听的音箱、泡澡时候听的音箱、游泳时候听的音箱等。

C+A Global 某款蓝牙无线防水音箱改进过程如图 3-24 所示。

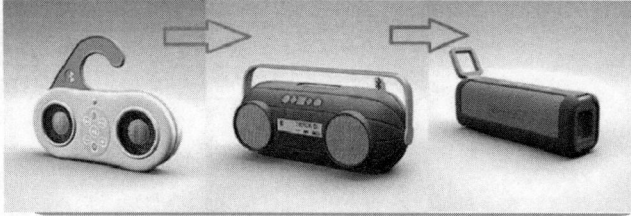

图 3-24　C+A Global 某款蓝牙无线防水音箱改进过程

（3）收购对手，改造品牌

C+A Global 在 2015 年收购了 SkyMall（美国老牌机舱购物杂志和购物服务提供商，直译为"空中商场"），如今 SkyMall 的产品生产线已经有了很大的变化。由于 SkyMall 主要出售新奇产品，C+A Global 想在不改变 SkyMall 基因的同时开发更多创新、有趣的产品。这次收购为落后于电子时代的传统品牌注入新的活力。

公司致力于为消费者提供超越他们期待且充满想象力的高质量产品，旗下拥有超过 1000 个品牌，产品种类已经延伸到创新电子、智能家居、新奇产品等领域。

C+A Global 部分品牌如图 3-25 所示。

图 3-25　C+A Global 部分品牌

（4）主流平台，另类卖家

C+A Global 近些年来获得了持续的业绩增长，已经成长为全球最大且最多元化的在线零售商之一。公司不断扩充品牌，为消费者提供具有创新精神且价格实惠的产品，使消费者的日常生活变得更简单、舒适、安全，并富有创造性。

C+A Global 产品齐全但不同于主流平台上的一般产品，大都属于针对"差评"改进后的产品，满足了市场上常规产品不能满足的需求，由于缺乏提供同类产品的竞争者，可以获得较高的利润率。公司买手大都专注于某一品类，熟悉市场，专业化程度较高，这为同行竞争筑起了一道门槛。产品热销则量产，产品遇冷则"砍掉"，保证了生产的经济性。某些知名品牌的授权，为其产品推广进行了背书，也为其超长产品线进行了有效区隔。

扫一扫，听一听作者如何分析 C+A Global。

本章小结

　　本章侧重讲述电子商务产品研发与电子商务企业定位案例分析，具体包括褚橙、三人炫、一元玩景点、纸箱哥四个产品研发案例和大朴、小狗电器、曼苏丽尔和 C+A Global 四个企业定位案例。

　　产品研发需要从小处着眼，切入某个特定产品市场，为这一市场打造适合其消费的产品，品质、合作、整合、盈利都是核心要素。企业定位需要基于自身特点和市场空当进行，数据可以增加研判的精准性，刚需、先机、中产、改良都是可能的方向。

思考

　　搜集两家知名电子商务企业（一家以产品研发见长，另一家以企业定位取胜，不含本书案例）的资料，分析其产品研发方法与企业定位策略，用类似正文的形式概括其产品研发或企业定位的亮点（至少 4 点），填入表 3-2 相应位置。

表 3-2　产品研发与企业定位认知练习

企业名称	产品研发亮点	企业定位亮点

04 Chapter

第4章
电子商务市场细分与领域深耕案例分析

概述

市场细分是找准企业自身定位的工具，借助大数据分析可以大大提高这一工具的精准度。了解市场细分的定义与过程，学习市场细分的方法，有助于电子商务企业在某一细分品类中迅速崛起。行业细分是对市场细分的进一步深化，其结果是形成领域。掌握领域的选择，是学习电子商务领域深耕的关键，有利于为企业筑起抵御竞争的门槛。本章主要介绍电子商务市场细分与电子商务领域深耕。

学习目标

知识目标：

1. 理解市场细分是找准企业自身定位的工具
2. 理解领域深耕为企业筑起抵御竞争的门槛
3. 掌握电子商务市场细分的一般方法
4. 掌握电子商务领域深耕的关键要素

技能目标：

1. 能够参与电子商务市场细分规划
2. 能够参与电子商务领域深耕实践

✍ 引例

"PayPal 黑帮"是怎样炼成的

从第三方支付鼻祖——PayPal（贝宝）走出来的创业者，是硅谷里强大的一帮创业者，《财富》杂志因此把 PayPal 公司称为"PayPal 黑帮"。其成员除了自己创业，有些成员还成为创投家，投出了许多顶级的公司。PayPal 公司的联合创始人，同时也被称为"PayPal 黑帮"教父的彼得·蒂尔，投资了 Facebook、Palantir、Zynga 以及一大批创业公司。

一群人接二连三地成功，足以说明这群人是十分优秀的。那么，"PayPal 黑帮"为什么会取得如此众多且巨大的成就呢？

1. 好的员工、好的企业文化

PayPal 拥有许多优秀员工。1998 年，在彼得·蒂尔和麦克斯·拉夫琴成立 PayPal 之初，创始人们动用自己的人脉招来很多早期员工。蒂尔从斯坦福大学招人，拉夫琴则从伊利诺伊大学招人。一流的员工为公司带来了更多新的一流员工。

2. 准备做大事

PayPal 创始人们拥有广阔的视野，这种视野也鼓励了 PayPal 员工拥有远大的梦想。PayPal 员工提出了在线支付的想法，蒂尔非常支持。

3. 克服挑战、坚韧不拔

PayPal 最初的商业模式是利用其用户的 PayPal 账户资金余额利息来赚钱。他们面临的问题包括用户常常会取光 PayPal 账户中的资金，PayPal 因此还要向信用卡公司支付 3%的费用；eBay 限制 PayPal 使用 eBay 的资源；美国境外某些犯罪组织利用偷来的信用卡号码从 PayPal 抽取资金；路易斯安那州还曾经完全禁止使用 PayPal。面对种种问题，PayPal 重新定位了公司战略，接受联邦当局与各州的监管，并采取积极的应对措施。公司法律团队经过不懈努力，逐一获得了美国几十个州监管部门的转账业务许可。从此，PayPal 以支付公司的性质开展业务而无需接受商业银行性质的监管。

对于公司发展过程中的种种问题，PayPal 也总是积极面对，百折不挠、逐一解决。

4. 执行力优先

PayPal 目标远大，团队工作原则就是"执行，执行，再执行。"

在 Eric Ries 提出"精益创业"概念之前，PayPal 已经建立了一套产品敏捷开发的流程。通过这个流程，PayPal 在 1 个月里多次推出新的产品功能。

2002 年，PayPal 在纳斯达克首次上市，随后被 eBay 以 15 亿美元收购。2015 年 4 月 10 日，PayPal 从 eBay 分拆，并在美国纳斯达克独立上市，股票代码为 PYPL。2019 年 8 月，PayPal 市值约为 1300 亿美元。

良好的文化环境、优秀的员工、不凡的胆识，正是这些因素结合在一起，把 PayPal 打造成为一个成功创业家的孵化器。这也是为什么 "PayPal 黑帮" 可以超越 Google、Yahoo、Amazon 或 eBay 这些同龄企业里的员工，一直持续在陆续细分出来的市场中创造出众多优秀公司的原因。

讨论

　　针对上述 "PayPal 黑帮" 的案例，结合网络资料，讨论 PayPal 如何在电子商务中切入 "电子支付" 这一细分市场并通过多年努力成为这一领域的领导企业。

市场原指买卖双方进行交易的场所，发展到现在，具备了两种意义：一种意义是交易场所，如农贸市场、股票市场、期货市场等；另一种意义为交易行为的总称，不仅指交易场所，还包括所有的交易行为。

市场细分（Market Segmentation）的概念是美国市场学家温德尔·史密斯（Wendell R. Smith）于 20 世纪 50 年代中期提出来的。市场细分是指营销者通过市场调研，依据消费者的需要和欲望、购买行为和购买习惯等方面的差异，把某一产品的市场整体划分为若干消费者群的市场分类过程。每一个消费者群就是一个细分市场，每一个细分市场都是具有类似需求倾向的消费者构成的群体。以我国餐饮市场为例，其市场细分不断深化，如西餐或中餐、川菜或粤菜、火锅或烧烤、点菜或和菜、路边小摊或星级酒店……

市场细分对于传统商务已基本足够，但是对于电子商务还不够，需要通过行业细分找到特定的经营领域。领域是企业具体的经营范围。行业细分是按照一定的方法划分经营领域的过程，并在市场细分的基础上，把行业分析的方法进一步运用于经营领域，从而为企业经营战略的制定提供依据。行业细分是行业内部结构分析的一种方法，其实质是企业根据自身战略制定的需要，将整个行业的生产领域（产品或服务）和市场领域（消费者或用户）分别按照若干特定的变量划分后再组合，可以帮助企业选择特定的经营领域。

行业细分与市场营销学上的市场细分相比，扩展了市场细分的概念。从行业的角度看，行业是由与其产品或服务有关的因素组成的。其中，用户和生产厂家是最基本的因素。用户行为和生产厂家行为的差异性不仅影响整个行业的竞争格局，还使行业内部出现差异。这种行业差异，表现在部分用户和厂家行为的交叉部分。不同的交叉部分，就形成细分市场内、行业细分后不同的经营领域，这正是企业需要找准并深耕的目标市场。

// 4.1 电子商务市场细分

电子商务发展至今，在大部分的市场细分领域，竞争已经相当激烈，难以找到切入点与突破口。但是，市场总是处于不断变化之中，商机也在上述变化中若隐若现。电子商务突破了传统商务辐射区域物理半径的限制，卖家竞争来自全网，买家区域也来自全网，因此其市场细分会更加细化。比如，"裂帛"品牌主打"民族风"服饰，已成著名线上品牌，线下却从未见其实体店铺。由于"民族风"服饰的"小众化"特点，该品牌在全国仅有十万量级的消费者群体，且分布在全国上千个县级行政区。通过数个线上店铺即可辐射到上述消费者群体，如果通过线下店铺则需要数百个线下店铺的规模，成本很高。因此，一般来说，小众市场的产品更适合通过电子商务渠道来覆盖。

电子商务市场不同于传统商务市场，对市场仅仅进行细分还是不够的，还要求进行市场微分。比如，在线旅游领域的王者——携程，它就是通过先发的优势和不断的兼并，再加上超强的合伙人团队，在这个领域不断扩大，直至成为领域的领先者；贝贝网也是在重重竞争中切入母婴领域，且不限于母婴产品，而是想把所有的产品卖给妈妈这一群体，从而扩展了经营的范围，直至成为这一领域较大的平台；天天果园在生鲜电子商务当中，以水果作为主打，切入进口水果这一非常细分的领域，凭借着专业水平，在这个领域中深耕细作，最后成为这一领域的领军企业；吴酒是细分到不能再细分的领域——杨梅酒，这是源于我国江南一带的小众酒类，创始人吴晓波凭借个人的知名度和公信力，将这一产品在短期内迅速"打爆"，可谓切入精准，细分至极。

4.1.1 在线旅游王者：携程

旅游是大众生活水平提高后迅速上升的一项需求，老牌旅游电商——携程通过不断兼并重组，目前已经在此领域成为"王者"。

1. 简介

携程旅行网创立于 1999 年，总部设在上海，目前员工超过 30000 人，已在北京、广州、深圳、成都、杭州等超过 100 个城市设立分支机构。

2014 年，携程旅行网投资途风旅行网，将触角延伸至北美地区。2015 年，携程战略投资艺龙旅行网，并与百度达成股权置换交易完成对去哪儿网的控股；同年，携程首次被评为中国最大旅游集团，跻身中国互联网企业十强。2016 年 1 月，携程战略投资印度最大旅游企业 MakeMyTrip，并在新加坡成立了东南亚区域总部。同年 10 月，携程加大对北美地区的投入，与纵横、海鸥、途风（三者均为北美知名旅游服务商）达成合作。11 月，携程投资英国机票搜索平台 Skyscanner（天巡），完成了对海外机票市场的布局。自此，携程完成了全球化的相关业务布局。

作为中国领先的综合性旅行服务公司，携程成功整合了高科技产业与传统旅行业，向超过 3 亿的会员提供集无线应用、酒店预订、机票预订、旅游度假、商旅管理及旅游资讯在内的全方位旅行服务，被誉为互联网和传统旅游无缝结合的典范。今日的携程，是目前全球市值排名前五的在线旅行服务公司之一。

2. 案例分析

（1）梦幻团队，优势互补

20 世纪末的中国，互联网创业热潮风起云涌。当今中国的四大门户网站搜狐、新浪、网易、腾讯，中国著名的电子商务公司阿里巴巴、京东均成立于这段时期。携程创始团队认为旅游电子商务属于服务电子商务，不同于货物电子商务，没有库存与物流等问题，支付清算也相对容易。此外，携程创始团队全部曾有过海外留学与生活经历，已经在海外看到旅游电子商务的成功案例。因此，携程决定在中国切入旅游电子商务这一细分市场。

从 2000 年开始，携程从单纯提供信息转变为提供产品为主、信息为辅。携程确定的第一个产品是订房，并着手融资收购国内最早、当时最大的传统订房中心——现代运通。这个战略转向被认为是携程以后能获得飞速发展并奠定其行业"一哥"地位的关键一步。不幸的是，携程的拓展计划在 2000 年遭遇了汹涌来袭的互联网寒潮。创始团队的四个伙伴沉下心来，各司其职、攻难克艰。在越来越多的同行被市场淘汰之后，携程脱颖而出。

被媒体称为"携程四君子"的梁建章、季琦、沈南鹏和范敏，是中国优秀合伙人的典范。他们有的懂管理、有的懂技术、有的懂财务融资、有的懂旅游市场，四人携手创业、优势互补，短短四年就将携程打造成为中国在线旅行社（Online Travel Agency，OTA）领域的第一家上市公司。

（2）经营模式，适合国情

创立初期，携程想通过广告迅速提高品牌知名度，但由于缺乏酒店资源支撑，虽投入大量资金却没有带来预期的效果。团队意识到，没有差异化的商业模式和资源整合能力，广告推广带来的仅仅是点击量而非用户量。梁建章通过对旅行社模式、酒店运营模式、用户消费习惯的研究发现，再小的旅行社也能赚钱，再大的酒店也需要导流。他决定将传统商旅服务与互联网相结合，与酒店合作建立实时控房系统，打造一种"鼠标+水泥"的差异化商业模式。为了赢得酒店的信赖，获取足够多的房源，以满足线上控房系统的完美体验，梁建章几乎跑遍了上海所有的酒店，向合作伙伴承诺了 3～5 倍的销售增量。同时，组建线下千人"地推大军"，用蓝色卡片"占领"全国各地的机场、火车站和汽车站。一手掌控海量房源、一手拥有用户流量，此时的携程实现了酒店与用户的完美结合，在用户心中留下"订房上携程"的印象，在酒店业注入"只要把房源提供给携程，就可以减少空置率风险"的认知。此举为携程日后在线旅游领域快速发展奠定了坚实基础。

2002年3月，携程收购北京海岸机票业务，并于10月建成中国最大的机票预订中心。作为互联网寒潮劫后余生的互联网公司，携程并没有坐等"网上购物时代"的来临，而是着手扩建呼叫中心。这个为业界不解的决定是团队经过深思熟虑做出的。从那时起，标准化服务的呼叫中心被作为携程的核心竞争力来打造，携程认为，"中国人的传统还是相信直接沟通"。

（3）融资上市，并购布局

1999年携程创立初期，公司的注册资本约为200万元，在网站还未正式推出之际，仅凭梦幻团队和10页的商业计划书被美国风险投资公司美国国际数据集团技术创业投资基金看中，获得50万美元种子投资。对于初创的携程而言，这是一笔有力的资本投资。2003年12月，携程在美国纳斯达克股票交易所正式挂牌交易，开盘当日涨幅高达88.6%，创当时纳斯达克市场3年来最高纪录。

携程的发展史同时也是一部融资并购史，这在携程上市之后表现得更为明显。根据前瞻产业研究院的数据，2016年10月—2018年5月携程的投资布局如表4-1所示。

表4-1　2016年10月—2018年5月携程的投资布局

2016/10/9	战略融资	10亿元	同程旅游	B2B和B2C模式在线旅游电商
2016/10/17	战略融资	未披露	旅游百事通	旅游综合服务平台
2016/10/24	战略融资	未披露	纵横旅游	综合旅游服务地接社
2016/10/24	战略融资	未披露	海鸥假期	综合性旅游地接社
2016/11/17	A轮	数千万元	十一贝	互联网保险公司
2016/12/9	并购	120亿元	Skyscanner	欧洲机票搜索引擎平台
2017/1/3	并购	未披露	唐人接	境外旅游包车平台
2017/1/4	D轮	2.15亿美元	摩拜单车	共享自行车服务提供商
2017/3/1	天使轮	数百万美元	VaShare	度假房源共享平台
2017/3/3	战略融资	未披露	罗望	文化精品客栈与精品酒店品牌
2017/5/4	战略融资	3.3亿美元	MakeMyTrip	线上旅游服务平台
2017/7/1	A轮	数千万元	景睢信息	民航信息系统开发商
2017/9/29	并购	近2亿元	海那边	一站式移民服务平台
2017/10/10	E轮	3亿美元	途家	公寓民宿预订平台
2017/11/1	并购	未披露	Trip.com	美国旅游社交平台
2018/4/13	天使轮	未披露	有家民宿	精品民宿品牌
2018/5/11	D轮	4亿元	美味不用等	智能餐位管理平台

　　携程曾在酒店预订领域遭到艺龙（当时专攻酒店业务，放弃机票与旅游产品）的激烈竞争，梁建章通过雄厚资本的支持，用"价格战"战胜了艺龙。2015 年 5 月 22 日，携程宣布出资约 4 亿美元，收购艺龙 37.6% 的股权，成为其最大股东。自此，携龙之争结束，携程控制了酒店领域 89% 的市场份额。

　　去哪儿创始人庄辰超抓住移动互联网的红利，推出移动端产品，取得在线旅游移动互联网时代的领先地位，对携程构成了真正的威胁。此后，携程与去哪儿开启了价格战，结果在 2014—2015 年双方都陷入巨额亏损状态。2015 年 10 月 26 日，携程与百度进行股权置换，获得去哪儿 45% 的股份，正式将去哪儿纳入携程系版图，成为中国 OTA 行业无可争议的"王者"。

　　如今，携程参股或控股的企业已超过 20 家。在产业链延伸方面，投资快捷酒店管家、如家快捷酒店、汉庭快捷酒店等；在横向产业布局方面，投资同程旅行网、途牛网，控股华远国旅，战略控股艺龙网；在多元化布局方面，投资众安保险、一嗨租车、易到租车、天海邮轮等。2018 年携程总交易用户数达到 1.35 亿，全年成交总额（不包括天巡网）增速约为 30%，达到了 7250 亿元（约合 1050 亿美元）。

　　根据前瞻产业研究院的数据，携程在线旅游关系图谱如图 4-1 所示（数据单位无特殊表明均为元）。

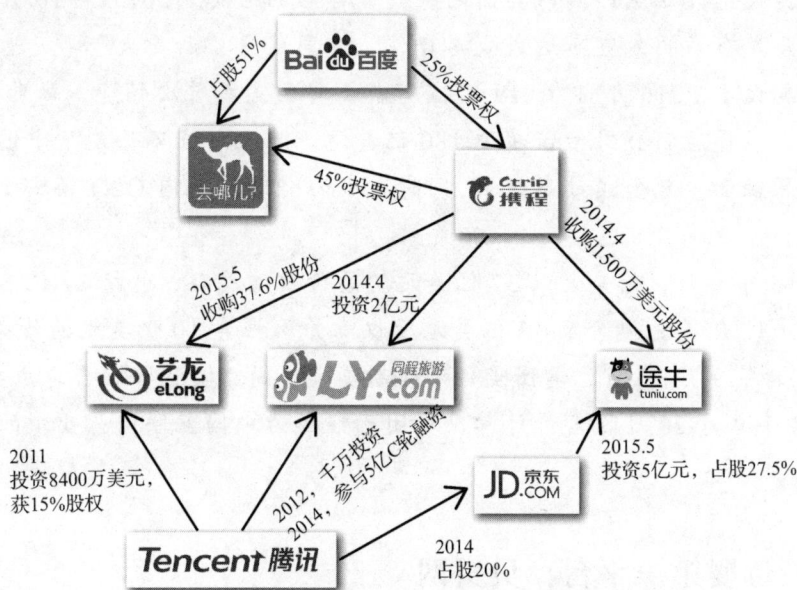

图 4-1　携程在线旅游关系图谱

　　展望未来，中国在线旅游市场将形成携程系、阿里系与新美大（美团+大众点评）"三足鼎立"的竞争格局。根据前瞻产业研究院的数据，在线旅游竞争格局分析如表 4-2 所示。

表 4-2　在线旅游竞争格局分析

企业	携程系					阿里系	新美大
	携程	去哪儿	艺龙	同程	途牛	飞猪	美团
定位	OTA+平台	OTA+平台	OTA	OTA	OTA	平台	平台
业务侧重	商旅	商旅	商旅	周边游	休闲游	休闲游	本地生活
主营业务	酒店 机票 度假 商旅	机票 酒店	酒店	门票 游轮	跟团游 自由行	机票 酒店 签证	酒店 门票 交通
主要目的地	境内+境外	境内+境外	境内	境内+境外	境内	境内+境外	境内

相关链接

新美大

新美大是大众点评网与美团网战略合作后的名称。2015 年 10 月 8 日，二者联合发布声明，宣布达成战略合作，共同成立"新美大"。

新美大于 2016 年 1 月 19 日宣布新公司已完成首次融资，融资额超 33 亿美元，融资后新公司估值超过 180 亿美元。此次融资不但创下中国互联网行业私募融资单笔金额最高纪录，同时也成为全球范围内 O2O 领域规模最大的融资。

2018 年 4 月，新美大以 37 亿美元的总价收购摩拜，包括 27 亿美元的实际作价（12 亿美元现金及 15 亿美元股权）并承担其 10 亿美元的债务。

2018 年 9 月 20 日，美团点评（即新美大，简称美团）在香港成功上市。以 2018 年 9 月 20 日收盘价计算，美团已经成为中国互联网行业中的第四大公司。

4.1.2　母婴第一平台：贝贝网

母婴市场历来是商家必争之地，电子商务企业自然也不会错过这块"大蛋糕"。目前，贝贝网已经成为这一细分市场中的佼佼者。

1. 简介

贝贝网创立于 2014 年 4 月，为杭州贝购科技有限公司旗下网站，是国内领先的母婴特卖平台。贝贝网主要提供童装、童鞋、玩具、母婴等商品的特卖服务，产品适用于 0～12 岁的婴童以及生产前后的妈妈们。贝贝网专注于妈妈群体的服务，致力于整合国内外最优质的孕婴童品牌供应商，打造妈妈、宝贝专属的一站式购物平台。2016 年年底，贝贝网宣布盈利；2017 年 7 月 12 日，贝贝网宣布实现半年盈利 1 个亿，成为首家盈利超亿元规模的母婴公司。与此同时，贝贝开始涉足亲子、早教等“大母婴”产业业务，从母婴电子商务向母婴平台转型。2017 年 9 月，贝贝用户量正式突破 1 亿。

2．案例分析

（1）母婴正品，限时抢购

“电子商务零售客户中 70%以上为女性”，是指大部分家庭的日常消费（尤其是子女的消费）是由女性来支配的。因此，兼顾女性和孩子消费品的母婴市场自然是各大电子商务企业绝不会忽略的一大电子商务细分市场。这一市场备受重视的另一原因是这一领域的客单价不低，复购率也不低。

目前，贝贝网已与迪士尼、巴拉巴拉、巴布豆、贝亲、好奇、雀氏等众多知名母婴品牌建立合作。所有入驻贝贝网的商家都要经过品牌授权、供应商认证、产品质检等多层筛选，并由中国人保承保，保证其100%的商品为正品。贝贝网承诺提供 7 天无理由退货、全场包邮、48 小时限时发货等服务。贝贝网每天推出数十个特卖专场（部分为独家特卖），以 1～7 折超低折扣限时限量出售，每天 10 点准时开抢，抢完即止。

随着用户购物场景日趋多样化，流量入口分散，尤其近两年智能手机日益普及，移动端购物的便捷性优势凸显。消费者可以随时随地进行购物，移动端购物极大地提升了用户下单效率。贝贝网早期侧重移动端，后期侧重大数据，享受到母婴、移动端和大数据的多重“风口红利”，目前其移动端用户占比已达到 95%，平台大数据渗透率超过 70%。为了提升用户购物体验，2017 年起贝贝网在 App 及微信端开始推行“千人千面”的呈现方式。换句话说，每个用户所看见的首页呈现，都是基于其过往的购物行为、浏览喜好而得出的定制版个性推荐。仅在贝贝小程序端，由于大数据的介入，其推文阅读率就提高了 20%，而消息通知的千人千面化更是带来了 2 倍交易额的提升。2019 年 8 月 1 日阿拉丁网络购物小程序排行榜如图 4-2 所示。

排名	小程序名称	分类	关联公众号数	公众号预估阅读量	成长指数	阿拉丁指数
	拼多多	网络购物	5	0.6万	796	10000 ↑
	京东购物	网络购物	39	24.8万	725	8216 ↓
	每日优鲜 水果生...	网络购物	43	32.6万	548	8017 ↑
4	同程生活精选	网络购物	0	0	648	7620 ↑
5	兴盛优选	网络购物	4	<0.1万	21	7523 ↓
6	贝店福利	网络购物	0	0	597	7437 ↑
7	苏宁拼购	网络购物	0	0	620	7301 ↑
8	快手小店	网络购物	1	<0.1万	541	7281 ↑

图 4-2　2019 年 8 月 1 日阿拉丁网络购物小程序排行榜

相关链接

电子商务专业术语（一）

客单价（Per Customer Transaction）是指每一位消费者平均购买商品的金额，具体算法如下：

（1）客单价=商品平均单价×每位消费者平均购买商品个数

（2）客单价=销售额÷消费者数

重复购买率（Repeat Purchase Rate）简称复购率，是指消费者在单位时间内对某品牌产品或者服务的重复购买次数。重复购买率越高，消费者对该品牌的忠诚度越高，反之则越低。

重复购买率有两种计算方法：第一种按消费者计算，即重复购买消费者人数与购买消费者总人数的比值。比如，有 10 个客户购买了产品，5 个客户产生了重复购买，则重复购买率为 50%；第二种按交易计算，即重复购买交易次数与总交易次数的比值。比如，某月一共产生了 100 笔交易，其中 20 个人有了二次购买，这 20 个人中的 10 个人又有了三次购买，则重复购买次数为 30 次，重复购买率为 30%。一般采用第一种算法。

（2）主打非标，分众玩法

早期，大多数平台选择奶粉纸尿裤等标品作为切入口进入母婴行业，希望以此推高交易额，但此举却为日后的发展埋下了"隐患"。众所周知，依靠标品价格战圈起的用户往往缺乏用户黏性，而奶粉纸尿裤的黄金消费期仅在孩子 0～3 岁阶段相关数据，花大成本引入的客户在短暂消费周期之后便会流失。《2015 年中国线上母婴市场发展白皮书》相关数据显示：童装童鞋已成为母婴行业交易规模最大的品类，而婴幼儿奶粉品类的占比却明显下降。

贝贝网从一开始就没有被标品"绑架"，以童装童鞋等高毛利非标品为自己垒高"护城河"。2016 年 6 月，贝贝网非标品类目销售占比突破 75%。2016 年"双十一"期间，其非标品销售占比达到 85%。在 2017 年"双十一"期间，前 30 分钟贝贝童装童鞋的订单量实现了 350%和 300%的同比增长。前期非标品类目的优势为后期的持续盈利打下了坚实的基础。非标品的优势不仅在于利润，更重要的是带来更多的活跃用户和更长的消费周期。

首先，相对奶粉纸尿裤，童装童鞋等非标品由于款式多样更容易形成"逛逛逛"的氛围，这意味着更高的活跃用户数。此外，童装童鞋等非标品对应的是 0～12 岁的消费需求，这无异于变相延长了贝贝用户的消费周期。事实证明，贝贝网已在母婴及家庭消费领域取得领先地位；在用户规模、用户活跃度以及用户黏性等多项关键指标上领先于同行友商。2018 年度母婴电商 App 排名如图 4-3 所示。

排名		名称
1		贝贝
2		蜜芽
3		孩子王
4		妈妈 100
5		大 V 店
6		宝贝格子
7		乐友
8		国际妈咪海淘母婴商城
9		母婴之家
10		苏宁红孩子

图 4-3　2018 年度母婴电商 App 排名

贝贝网定位于分众电子商务（是指"卖所有东西给一类人"的电子商务模式，区别于"卖一类东西给所有人"的垂直电子商务），针对妈妈群体提供细致、深入的产品与服务。传统电子商务是基于卖货的思维，而贝贝网是消费者电子商务的思维，从妈妈群体的需求出发，专门提供她们需要的产品与服务。如今，贝贝网已经涉及亲子、早教等"大母婴"领域，市场规模达万亿元级别。

（3）购物平台，社群思维

贝贝网入局育儿、亲子业务之后，用户活跃度、使用频率、使用时长等都成为考核其业务能力的核心指标。根据易观国际《2017 年 7 月母婴 App TOP 30 报告》，贝贝网月活跃用户规模已突破 1000 万，而其旗下成长记录类工具"育儿宝"更是凭借极速增长，超越老牌育儿社区宝宝树旗下的"小时光"，成为"晒娃界"用户月活跃度仅次于"亲宝宝"的"黑马产品"。此外，贝贝网推出了拥有百万在线早教内容的"早教宝"，并为此研发了与之相匹配的人工智能故事早教机。同时，截止到 2017 年第三季度，贝贝亲子业务已涵盖了超 70 万的亲子服务商户信息，累积点评信息库达到百万条。

如果以往贝贝电子商务业务的王牌是"非标策略+供应链打造"，那么以后"大母婴"布局的关键便在于"社群化运营"。随着流量成本的攀升，互联网将从"物以类分"的时代走向"人以群分"的时代。贝贝网"社群模式"三个核心点：以人为中心、以信任为纽带、以场景为抓手，三点同时发力，围绕妈妈购物、情感、知识、生活需求展开业务的延伸，并借助社群力量，实现内容、产品的众包。

4.1.3　生鲜电子商务领先者：天天果园

电子商务在中国从服装品类起步、在数码品类壮大，逐步渗透到更加高频消费的生鲜品类，天天果园就是从水果开始、逐步扩大到生鲜电子商务领域的零售企业。

1．简介

天天果园是一家基于互联网技术的现代鲜果服务供应商，成立于 2009 年 4 月，前身为传统水果商，拥有多年生鲜行业从业经验。天天果园精选全球鲜果美食，搭建从产地到消费者之间的直供平台，自建冷库、冷链物流，送货上门，全年无休，为消费者提供健康、绿色、优质的鲜果产品和个性化鲜果服务，倡导轻食健康生活理念。天天果园的愿望是让客户享受到真正健康、美味的世界鲜果和"管家式"体贴放心的服务。

天天果园拥有网站订购、移动端 App、iPad《果实》杂志、电话订购、电视购物（东方 CJ）、企业直供（大客户定制）和实体服务点（包括超市、社区生鲜便利店和自动贩卖机等）等多元供应渠道。团体大客户可享受量身定制产品的服务。

2．案例分析

（1）进口生鲜，官方合作

天天果园主营来自世界各地的优质鲜果、国内精品鲜果，以及品种丰富的鲜果礼篮礼盒、鲜果储值卡和提货券等。天天果园与各国驻沪总领事馆农贸处、水果协会紧密合作，得到最优质的水果进口渠道支持，为消费者带来更丰富的水果品种和更实惠的终端价格（普遍比超市低 20%左右）。例如，美国水果节是天天果园最具代表性的水果节，已成功举办多届；智利、新西兰和澳大利亚等南半球鲜果品种的引入，让中国的消费者可以在冬季尝鲜。

天天果园早期以经营进口水果为主，如今也向水果以外的其他生鲜品类拓展。2017 年 11 月，天天果园成为美国肉类协会指定零售商。

（2）优质服务，行业领先

天天果园的多重优质服务可以总结为"质优、健康、便利、快速、放心"。质优是指严格挑选富含营养、安全、果味浓郁的全球佳果；健康是指通过水果传播健康生活理念；便利是指订购、支付方式多样，简单便利；快速是指其自有物流可配送到指定地点，售后服务快速响应；放心是指周到的售前售后服务，带给用户省心放心的购物体验。

天天果园还在生鲜电子商务中率先推出"48 小时无理由退货"的服务，服务标准远超国家法规的规定；还曾在业内首创"水果险"。从 2015 年 6 月开始，天天果园在业内率先推出新环保简装，用国际认证的食品级气泡垫材料进行商品包装，以此来减少森林资源的砍伐。2017 年天天果园推出"29 分钟"瞬时达订单服务，在上海部分区域提供部分商品下单后 29 分钟内送达的服务。2017 年"双十二"当天，上海区域订单同比大增 305.7%，"29 分钟"瞬时达订单占比 43%，送达率高达 96.8%，品类 SKU 数同比增加 500%多。

（3）超低损耗，苛求细节

损耗率一直是生鲜行业竞争的关键要素之一。例如，在传统代理经销运输模式下，樱桃的损耗率高达 30%，而天天果园则将这一损耗率降到 5%。以美国樱桃为例，采摘后的樱桃会立刻进入包装厂进行预冷，将樱桃果心的温度降至零摄氏度。在此后的运输过程中让果心维持在零度，是樱桃保鲜的关键。此后将打包好的樱桃在全程冷链中经汽车运至航空港，再空运至中国进入天天果园的冷库。天天果园的冷库不仅温度要达标，还涉及地表、湿度、保温材料和通风口的控制管理，甚至水果进库后的摆放朝向和货架高度等因素都会影响保鲜效果。天天果园的供应链管理和专业冷库储运等核心竞争力使其实现了国内水果行业的超低损耗率。

天天果园在生鲜电子商务中专注于水果，对品质细节近乎苛求。例如，对樱桃的包装选用了日本制造的无气味原生泡沫箱，成本是市面普通产品的 3 倍；冰袋采用了储存药品的专用冰袋。曾有一批发到广州的樱桃，因为物流延误与天气闷热，导致水果新鲜度降低。天天果园召回了几百份樱桃，就地报废，重新给消费者免费补发了一批新鲜的樱桃。这一单，公司损失了近 20 万元，却赢得了消费者的口碑。像奇异果、牛油果等保存时间较长的水果，天天果园还会通过甜度仪和压力计来定期检测成熟度，满足客户的不同需求。例如，天天果园曾推出"Ready to Eat"（刚好吃）的活动，确保消费者收到的水果处于最适合食用的阶段。

（4）资本支撑，自建物流

2015 年 5 月，天天果园获得 7000 万美元融资。在巨额资本的支撑下，天天果园得以实现"产地直采、品质质控、全程冷链、专享客服"等特色服务。具体来讲，天天果园拥有超过 1 万平方米的专业冷库，实现空间分类、专业库管、科学仓管；100 辆运输车、365 天无休，做到专业防震、防碰、保温。目前，天天果园在国内建立了上海、北京、深圳、杭州和成都 5 个分仓冷库，每个分仓可以辐射到周围的城市，目前可覆盖近 100 个城市。由此，天天果园在我国部分城市实现了"进口水果 72 小时到家"服务。

扫一扫，且听作者如何分析天天果园。

4.1.4　杨梅酒第一品牌：吴酒

许多传统产品具有"有品类无品牌"的特点，在这些品类中利用名人效应、粉丝经济迅速做出品牌，这就是吴酒在短时间内成为杨梅酒第一品牌的秘籍。

1. 简介

据《本草纲目》记载，杨梅具有"生津、止渴、调五脏、涤肠胃、除烦愦恶气"

的功效，实为老少皆宜的佳品。杨梅酒是由杨梅、白酒和冰糖按一定比例制作而成的，味香甜，含葡萄糖、果糖、柠檬酸、苹果酸及多种维生素，我国江南一带用杨梅酿酒已有 3000 多年的传统。

吴晓波毕业于复旦大学新闻系，系著名财经作家、"蓝狮子"财经图书出版人，2009 年被《南方人物周刊》评为年度"中国青年领袖"，2014 开办自媒体"吴晓波频道"（包括视频、音频、微信公众号等），目前该节目已经成为国内最大的财经自媒体节目之一。

1999 年，吴晓波在杭州千岛湖租赁了一座小岛（50 年租赁权），在岛上建立私人山庄，种了 4000 棵杨梅树；2015 年，吴晓波与品蓝国际（专业酒商）合作，利用自己在千岛湖私人山庄种植的杨梅酿造杨梅酒，命名为"吴酒"，并通过"吴晓波频道"对外发售。

吴晓波私人山庄种植的杨梅如图 4-4 所示，吴酒如图 4-5 所示。

图 4-4　吴晓波私人山庄种植的杨梅

图 4-5　吴酒

2. 案例分析

（1）微分市场，匠心产品

吴晓波认为：切小市场比攻大市场容易得多，从小市场切入，运作得好，很快就能成为行业第一。以吴酒为例，切入杨梅酒（市场年规模少于 1 亿元）这一微分市场，从而避开了白酒（市场年规模约为 5000 亿元）、啤酒（市场年规模约为 5000 亿元）、葡萄酒（市场年规模约为 500 亿元）等大市场中行业巨头的竞争。仅用几年时间，吴晓波团队已经将吴酒打造成为我国杨梅酒第一品牌。

吴酒采用未洒农药、手工采摘、精心挑选的杨梅，酿制过程由品蓝国际专业团队负责。团队结合我国传统古法与国外果酒酿法，将其具体实施于吴酒的制作之中。古法酿制最大的秘诀就是考究，对容器、温度等各个环节都有讲究。吴酒选取成熟度较好的杨梅，配以上乘白酒酿制，历经几个月调整，终获上佳口感。普通的杨梅酒中杨梅和酒的比例是 1 : 2.5～1 : 2，吴酒将这个比例升高到 1 : 1.5，在加重杨梅味的同时降低了酒精度，使其口感更加柔和。吴酒在原料、工艺、容器等方面均体现出工匠精神和"消费者思维"，这为产品热销打下了坚实的品质基础。

（2）酒与酒瓶，相得益彰

吴酒的瓶身设计温婉恬静，独有的江南风韵与吴晓波的个人气质十分吻合。吴酒的质感礼盒设计采用环保牛皮纸，令吴酒更具"古法、手造"之感，"吴"风尤其突出，内含吴晓波创作的《把生命浪费在美好的事物上》。此外，酒盒上一共设计了 5 款酒标，分别融入 5 句经典的"吴晓波语录"。吴酒在售卖过程中突出"随缘发送"的概念，让客户更为期待收货时的那一份小小的不确定与惊喜。

吴酒瓶身设计如图 4-6 所示，吴酒礼盒设计如图 4-7 所示，吴酒酒标设计如图 4-8 所示。

图 4-6 吴酒瓶身设计

（3）人格背书，粉丝互动

吴晓波认为"吴晓波酿的酒就叫吴酒"。吴晓波用自己的姓氏给酒命名，符合当下品牌人格化的特点，把自己的个人信誉、人格与吴酒绑在了一起。这样既能借助吴晓波的名气来扩大销售渠道，同时也会督促自己专注产品品质。

图 4-7　吴酒礼盒设计

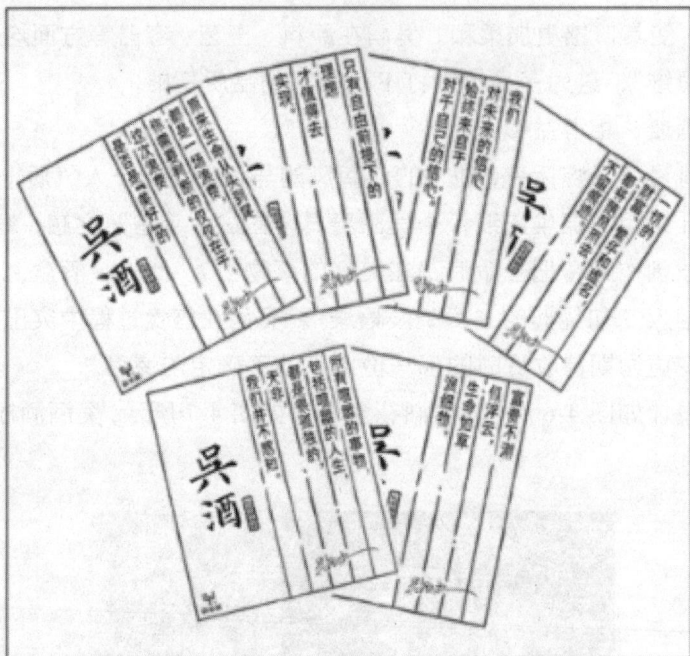

图 4-8　吴酒酒标设计

　　吴晓波是国内著名的财经作家之一，利用吴晓波频道的用户特性（70%以上为男性，且超过 50%集中在北上广和江浙地区，以经济较发达地区的成熟男性为主），辅以新作《把生命浪费在美好的事物上》的发布宣传吴酒，他还亲自参与了宣传视频的拍摄。以 2016 年 6 月 15 日的活动为例，吴晓波频道用无人机在杨梅岛上做直播，获得 522 万人观看，高峰时同时在线人数 104 万。当时，吴晓波就站在杨梅树下，拎着一小篮杨梅边吃边讲，为吴酒造势。

　　（4）销售业绩，屡创新高

　　2015 年 6 月 18 日，吴酒在"吴晓波频道"发售，每人限购 3 瓶（每瓶单价 199元），在 33 个小时里限量售出了 5000 瓶；2015 年 10 月 20 日，"吴晓波频道"预售2016 年春节期间的吴酒，限时 72 小时售出 3.3 万瓶贺年款，在预售的 72 小时内就有

20 多个渠道商要求代理吴酒。2016 年，吴酒的销售额约为 1000 万元。

2016 年 3 月 23 日，吴晓波团队从种植的 4000 株杨梅树拿出 1000 株让大家认购。认购方式类似信托行业的创新产品——消费信托，即投资者用 1 万元认购一株杨梅树，一株杨梅树对应两年期 60 套吴酒。到期后投资者如果要这 60 套吴酒，预估市价为 11940 元；如果不要酒，吴酒公司将以 8.5 折无条件回购，投资者也能拿回 10149 元。这种认购是采用打包售卖方式，吴晓波团队称，算上认购期间享受到的免费四季新酒、吴晓波课程、树主纪念品等，认购者两年回报率最高可以超过 60%。

扫一扫，听一听作者如何分析吴酒。

// 4.2　电子商务领域深耕

电子商务企业在茫茫商海中经过市场细分和行业细分找准自己的经营领域之后，迅速做大、才能构筑壁垒，成为该领域的领先者。在细分市场准确切入之后，便在这一细分行业中深耕细作，努力成为这一领域的领先者、领军者甚至领导者。例如，娱乐宝将投资和娱乐跨界结合，不断深化在这一领域的领先地位，将产品娱乐化、投资化，携海量用户成为这个领域的领先者；八戒网将一块难啃的骨头啃了下来，成为服务交易市场中的领先交易平台，经过多年的坚持和探索，成功转型为不依靠信息不对称来盈利的大数据平台；尚品宅配推出了全屋定制整装的概念，强调以家居家具来适应房屋，不是让房屋来适应家居，定制整装让个性化成为可能，满足了少数高端消费者的需求；1 药网在医药电子商务这一非常细分的领域，率先开拓，直至多年积累成为这一领域率先上市的公司。

4.2.1　投资+娱乐：娱乐宝

众多的"宝宝"类产品大都具有娱乐元素，而娱乐宝则是直接将投资与娱乐集成在一个平台上。

1. 简介

娱乐宝是由阿里巴巴推出的最具颠覆思维的 C2B 互联网娱乐产品和粉丝互动营销平台。娱乐宝旨在为粉丝打造从参与影视娱乐项目、关注创作动态，到近距离接触艺人互动、参与电影、综艺等观摩活动的娱乐文化项目全程体验，提供一种全新的投资娱乐生活方式。用户可以在该平台参与热门娱乐文化投资项目，参与投资后即有机会享有电影首映、艺人见面、剧组探班、拍摄地旅游及娱乐周边礼品等权益。

娱乐宝在 2014 年上线，当年累计投资 12 部大电影，总投资额达 3.3 亿元，投资项目整体票房近 30 亿元，接近中国当年票房的 10%。

2. 案例分析

（1）娱乐投资，全民平台

对于产品销售而言，娱乐宝作为阿里巴巴旗下产品，可以依附于淘宝、支付宝等渠道发售，本身具有上亿的用户基础，很快在网友中形成传播。同时，由于娱乐宝产品的收益率高于余额宝，对追求投资回报的个人投资者具有一定的吸引力；投资金额门槛低，又进一步扩大了这一客户群体的规模。因此，娱乐宝在推出不到一年的时间就成为全球较大的 C2B 电影投资融资平台。

投资者出资 100～1000 元即可投资热门影视剧等娱乐产品，一般产品预期年化收益率约为 7%。娱乐宝通过向投资者发售产品进行融资，所融资金最终投向阿里巴巴娱乐旗下的文化产业。娱乐宝因为门槛极低而成为全民娱乐产品投资平台，投资交易受到阿里巴巴、支付宝的多重安全保障。

（2）粉丝权益，艺人互动

对导演、艺人们的粉丝而言，娱乐宝为"投资者"准备的多种权益，可能更具吸引力，譬如影视剧主创见面会、电影点映会、独家授权发行的电子杂志、艺人签名照、影视道具拍卖等。可以说，娱乐宝为粉丝们打造了从投资影视剧、关注创作动态、与艺人互动玩乐，到上映购票观影，再到获得年化收益的全流程参与，提供了一种全新的投资娱乐方式。娱乐宝为投资者提供了在获取投资收益之外与"艺人面对面"接触的机会，实现了"在投资中娱乐、在娱乐时投资"的全新体验。

（3）数据分析，投资依据

通过大数据分析发现，娱乐宝的用户主要年龄段为 25～29 岁，其中影视剧粉丝女性占比达 65%，58% 的影视剧粉丝在淘宝月消费 500～1000 元，地域分布则是以广东、福建、浙江等经济相对发达地区为主。"90 后"人群逐渐成为中国娱乐产业的消费主流，娱乐界新生代偶像在互联网上的人气最高，他们的粉丝主要聚集在新浪微博等网络社交平台。

对娱乐产品制作而言，娱乐宝不仅可以带来资金保障，有助于征集最真实的用户声音。用户们"用钱投票"，评判对某个影视项目导演、演员、剧本的喜好程度。这些第一手的用户数据，将成为影视娱乐行业新的风向标，从投资制作环节就对内容产生影响，实现真正的"大数据创作"。基于数据分析的投资变得有理有据，大大提高了投资的精确性和回报率。

（4）免费推广，拉动消费

对于娱乐宝投资的文化产品而言，"投资者"成了免费"推广者"。以投资大电影为例，一般投资者最多在一项产品上投资 1000 元，按 7% 的回报率计算约为 70 元。为了获得上述投资回报，投资者自己通常会去购票观影，还会带上亲属或朋友同往，并不遗余力地在自己的社交圈中推广传播。因此，娱乐宝投资的影视产品就获得了大量的免费推广渠道。

此外，淘宝的交易数据显示，娱乐产业对于消费的拉动作用非常明显，在 2014 年总共有 89.1 万人在淘宝上购买过《小时代》相关产品，主要集中在大家电、女装、自有闲置物品、箱包皮具、电影演出等品类。

扫一扫，听一听作者如何分析娱乐宝。

4.2.2　服务交易市场：猪八戒网

商品是用来交换的劳动产品，大众比较关注货物商品，却经常忽视服务商品，而猪八戒网已经成为中国领先的服务交易市场。

1．简介

猪八戒网是服务众包平台，由原《重庆晚报》记者朱明跃于 2006 年在重庆创办，服务交易品类涵盖创意设计、网站建设、网络营销、文案策划、生活服务等多种行业。猪八戒网有千万个服务商为企业、公共机构和个人提供定制化的解决方案，将创意、智慧、技能转化为商业价值和社会价值。

2011 年，猪八戒网获得美国国际数据集团投资并被评选为中国 2011 年度"最佳商业模式十强"企业。2015 年 6 月，猪八戒网分别获得来自重庆北部新区和赛伯乐集团的 10 亿元、16 亿元融资，计划打造成为全国最大的在线服务电子商务交易平台。

目前，猪八戒网注册用户达 1900 多万，其中雇主发包方涵盖中小微企业超过 700 万家，人才提供方涵盖服务商约 1300 万家，平台估值超过 120 亿元。猪八戒网在 2016 年实现盈利，现年营收在 10 亿元级，正谋求上市。

2．案例分析

（1）服务商品，交易平台

猪八戒网不同于淘宝网，是为企业、公共机构和个人提供创意服务而非实物商品的在线交易平台。猪八戒网上买卖的商品是服务商品，属于无形商品的范畴，大都是体力和智力产品，无须物流配送即可完成交易，属于完全电子商务的范畴。猪八戒网各服务领域占比如图 4-9 所示。

（2）撮合交易，收取佣金

在猪八戒网注册的买方通过悬赏或雇佣形式发布需求，并把佣金汇至猪八戒网易极付账户（第三方支付工具，猪八戒网与易极付之间通过技术接口完成交易资金的流转），待投标到期后，选取文化创意服务商提交的作品或方案。而服务商（文化创意人才及机构）将文化创意作品或方案在猪八戒网出售，作品或方案被选中后，系统自动进行费用结算。猪八戒网作为第三方服务平台，将对成功的交易收取一定比例的平台服务费。早期，猪八戒网主要通过收取平台服务费盈利。

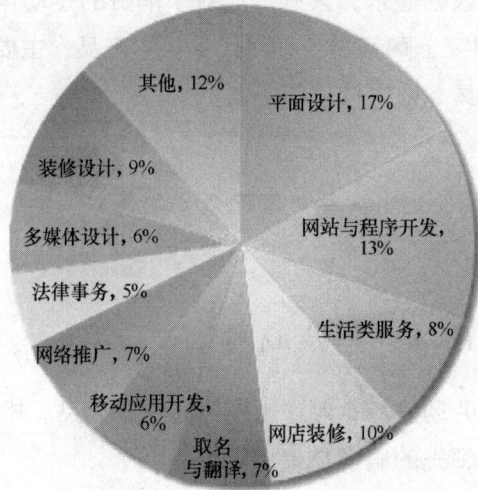

图 4-9　猪八戒网各服务领域占比

猪八戒网的交易模式包括比赛·先交稿模式、计件模式、一对一·先报价模式、一对一·服务模式、一对一·先抢标模式等。无论采取哪种交易模式，平台都是通过撮合交易、收取佣金来盈利的。

（3）挖掘数据，增值服务

2014 年 2 月，猪八戒网通过对自身大数据的挖掘，特别是对设计行业进行深度分析，发现了商机。随后成立知识产权部，负责将设计需求价值转化，在用户获得设计标识后，提供商标注册代理的增值服务。2015 年 1 月，一站式的知识产权服务平台——猪标局（现已更名为八戒知识产权）正式上线运营。它采用"互联网+商标注册"的新模式，为海量的中小微企业提供商标注册等知识产权服务；行业首推商标注册担保服务，注册不成功全额退款。仅仅用了半年的时间，猪八戒网就成为中国商标总局里平均单日注册量最高的注册代理公司，逆袭成为注册代理行业的奇迹。

目前猪八戒网对入驻会员采用以下佣金收取方式：累积交易额在 2 万元以下的，不收佣金；超过 2 万元的，如果购买中级佣金特权（每月费用 2980 元），则收取 6%的佣金；如果购买高级佣金特权（每月费用 5980 元），则收取 2%的佣金；未购买特权的，则收取 10%的佣金。

（4）平台价值，不断延伸

首先，猪八戒网是中国领先的人才共享平台。猪八戒网开创式地为人才与雇主搭建起对接平台，通过线上线下资源整合与大数据服务，实现人才与雇主无缝对接。雇主可以在平台上实现"用人不养人"，人才可以在平台上实现"我在猪八戒，服务全世界"。其次，猪八戒网是一个广阔的服务交易市场。有别于传统电子商务平台单纯赚取商品差价的模式，猪八戒网把商品从需求到生产落地全链条都搬到平台上。在服务交易过程中，需要专业人才根据需求进行个性化创造，因此猪八戒网本质上是做人才的共享。再次，猪八戒网是一个可以为创业创新者提供多维度、全周期孵化能力的超级孵化器。在此过程中，猪八戒网通过平台赋能，有效地推动人才红利的释放，将他们的才能与全世界海量服务需求进行精准匹配，最大限度地发挥出人才的价值。最后，猪八戒网还是一个产业升级推进器。猪八戒网整合第三产业优质服务资源，为传统行业、政府和企业提供专业的"互联网+行业"解决方案。在猪八戒网平台上，各行各业的雇主都可以"找专业人做专业事"。通过"集众智、汇众力"的方式，雇主可以借助猪八戒网平台上海量人才所提供的专业服务，推动自身产业转型升级，从而由点及面地带动所在区域城市发展，壮大经济新动能。这种模式不仅满足了本地化市场深度服务需求，更实现了商业价值和社会价值的统一。

扫一扫，听一听作者如何分析猪八戒网。

相关链接

电子商务专业术语（二）

（1）App 是 Application 的缩写，中文意为应用软件，简称应用。

App 主要是指安装在智能设备（以手机为主）上的应用软件，完善原始系统的不足并满足用户个性化的需求，为用户提供更丰富的使用体验。目前主流的操作系统为苹果公司的 iOS 系统和谷歌公司的 Android（安卓）系统。

（2）GMV 是 Gross Merchandise Volume 的缩写，中文意为商品成交总额。

GMV 属于电子商务企业成交类指标，主要指拍下订单的总金额，包含付款和未付款两部分。GMV 指标不是实际的交易数据，但具有一定的参考价值。比如，实际支付占比的大小，可以切实反映买家的购买行为和退单比例，并可进一步研究出消费者的购买意向以及市场整体交易情况。GMV 数值可能远远超过实际成交金额，这也是电子商务企业愿意公布 GMV 数据的原因之一。对于资本市场而言，电子商务企业的快速增长远比短期利润更加重要，GMV 正是衡量电子商务企业增速的最核心指标。

（3）KPI 是 Key Performance Indicator 的缩写，中文意为关键绩效指标。

KPI 是把企业的战略目标分解为可操作的工作目标的工具，是企业绩效管理的基础。KPI 可以使部门主管明确部门的主要责任，并以此为基础，明确部门人员的业绩衡量指标。建立明确的切实可行的 KPI 体系，是做好绩效管理的关键。关键绩效指标是用于衡量工作人员工作绩效表现的量化指标，是绩效计划的重要组成部分。

KPI 法符合一个重要的管理原理——"二八原理"。在一个企业的价值创造过程中，存在着"20/80"的规律，即 20%的骨干人员创造企业 80%的价值；而且"二八原理"在每一位员工身上同样适用，即 80%的工作任务是由 20%的关键行为完成的。因此，必须抓住 20%的关键行为，对之进行分析和衡量，这样就能抓住业绩评价的重心。

4.2.3 全屋定制整装：尚品宅配

家具因为体积大、运费高，一直是电子商务较难突破的行业，但是尚品宅配不仅涉足了这一领域，还做到了全屋定制整装。

1. 简介

尚品宅配成立于 2004 年，属于广州尚品宅配家居用品有限公司旗下品牌，是一家强调依托高科技创新性迅速发展的家具企业。公司设计服务团队每天承担来自国内外消费者家居一体化设计解决方案制作，拥有中国家具行业最齐全的上万件产品库、房型库和方案库三大数据库应用体系。从 2014 年到 2016 年，尚品宅配连续三年获评美国著名商业杂志《快公司》"中国创新公司 50 强"。2016 年 6 月 17 日，尚品宅配凭借"工业 4.0"入选工信部评选的 2016 年智能制造试点示范企业，成为全国 64 家入选企业中唯一的家具企业。

2017 年 3 月 7 日，公司正式在深交所挂牌上市。2018 年尚品宅配营收为 66.45 亿，归属于上市公司股东的净利润为 4.77 亿元；截至 2018 年年底，加盟店总数已达 2100 家。

2. 案例分析

（1）软件起家，跨界入行

尚品宅配创始人李连柱曾在华南理工大学任教，1994 年与同窗好友周淑毅下海创业，创办了圆方软件，向家具企业提供软件服务。随后，同是华南理工校友的软件设计高手彭劲雄加入，三人组成了公司早期的"铁三角"。2004 年，家具企业对软件的接纳度并不高，为了向家具企业展示可以通过圆方软件为消费者提供免费设计的服务，李连柱及其团队在广州开设了两家店铺，从事定制橱柜和定制衣柜的销售。此举让李连柱发现了利用软件信息化优势定制家具的商机，尚品宅配由此诞生。2006 年，李连柱及其伙伴创设佛山维尚，跨界进入定制家具生产领域，利用软件信息化技术改造定制家具生产传统模式。

目前，尚品宅配以圆方软件的信息化技术、云计算、大数据应用为驱动，依托新居网的 O2O 互联网营销服务平台，以及佛山维尚大规模定制的柔性化生产工艺，实现了"尚品宅配"和"维意定制"全屋板式家具定制个性化设计、规模化生产的"C2B+O2O"商业模式。

（2）家具定制，艺人代言

尚品宅配主推"全屋家具定制"概念，即消费者的全屋家具均可在此根据各家房型实现量身定制，属于 C2B（消费者对企业）电子商务模式。定制流程为网上预约、免费量尺、上门量尺、设计方案、到店看方案、签订合同、产品配送、售后安装等步骤。

尚品宅配成功签约某著名演员作为形象代言人，这一举措标志着尚品宅配全新的品牌战略正式启动，除了强势打造品牌新形象，更是旨在引领家居时尚文化。尚品宅配的每一次营销变革，都引领了家居消费新观念，正力求从家居行业品牌向时尚大众品牌转变。

（3）家居消费，模式创新

轻松、节约、舒适、科技是尚品宅配创新的家居消费模式。轻松是指消费者无须费心费力奔波于卖场、门店，足不出户，线上申请即可轻松享受专业设计师为其量身定制全套家具的服务。节约是指省却了门店展示成本，减轻了家居企业的营销成本，将家具产业链协同效率大大提高，降低了家具的终端价格，节约了社会资源。舒适是指拉近家具配套设计师与普通消费者的距离，普通消费者能够享受到专业的设计服务，避免了家具尺寸不合适、颜色不协调、空间不合理等问题，使消费者可以享受到舒适的家居。科技是指采用先进的虚拟现实技术以及智能化的家居设计软件，让消费者在购买前就能看到家具摆放在自家的效果，实现消费者的家居 DIY 梦想。

此外，尚品宅配在 2017 年下半年推出了 HOMKOO 整装云，瞄准了装修公司流量入口，向全国的装修公司输出"全屋定制整装"的全新商业模式。HOMKOO 整装云免费为装修公司提供数字化系统，这个系统可以实现硬装软装一体化设计，多工地管控，供应链整合，自动化管理。同时，为装修公司提供全屋定制家具、定制家具配套产品和主材辅材等所有供应链材料，价格优惠。尚品宅配董事长李连柱表示，"HOMKOO 整装云的目标是帮助几千家中小装修企业，从千万级装修公司做到亿级。"

（4）线上线下，引流销售

不管是线上还是线下，尚品宅配在获取流量方面都堪称高手。尚品宅配以旗下新居网运营的网络商城和微信公众号作为 O2O 营销平台，通过加强与百度、阿里巴巴、腾讯、360 等互联网企业的合作，将定制家具的潜在消费者引流至新居网平台，消费者通过新居网平台浏览、咨询公司的定制家具产品及服务内容，与在线导购客服人员沟通、互动，使新居网获得为消费者免费上门量尺服务的机会，再由实体店设计师跟进后续设计、方案制作、下单等服务，实现定制家具的线上营销和线下服务。

而对于互联网工具微信号的运营，尚品宅配也走在同行的前列。"尚品宅配"微信粉丝超过 900 万，"维意定制"微信粉丝超过 500 万。其微信公众号围绕 90%"内容消费者"坚持做持续的精细运营，并将其引导为10%的"产品消费者"。

2017年年底，尚品宅配与国美签署战略合作协议，尚品宅配强势入驻国美线下门店，拓展消费场景和线下渠道。通过国美巨大的线下流量，为更多的消费者提供一站式家具定制服务。

2018年3月，上市刚满一年的尚品宅配就摘得家具行业第一高价股桂冠。2018年3月我国家具行业股价排名如表4-3所示。

表4-3　2018年3月我国家具行业股价排名

序号	证券简称	截至3月23日收盘价	年初至今股价上涨幅度（％）
1	尚品宅配	195.73	23.87
2	金牌橱柜	167.87	27.11
3	欧派家居	133.43	13.03
4	志邦股份	67.19	30.01
5	顾家家居	63.10	7
6	江山欧派	35.11	−18.02
7	索菲亚	34.01	−7.58
8	中源家居	33.89	18.5
9	好莱客	27.88	−6.63
10	乐歌股份	26.48	−17.46

4.2.4　医药电子商务零售先行者：1药网

由于医药产品的特殊性和政策的限制，医药电子商务的大头一直是批发业务，而1药网可以说是医药电子商务零售的先行者。

1. 简介

1药网（原1号药网）是中国第一批获得国家药品监督管理局颁发的《互联网药品交易许可证》的合法网上药店。1药网秉承"用心选药，便民可信，为民省钱"的经营理念，先后与国内外数百家知名医药健康产品厂商合作，为消费者提供《互联网药品交易许可证》允许交易范围内的万余种医药健康产品，涵盖了市面上常见的中西药、营养保健品、医疗器械、成人保健品、隐形眼镜、美容护理、孕婴用品、参茸细品等多个品类。自2010年至今，1药网连续获得了"中国医药电子商务网站十强""最受欢迎医药保健类商城""金鼠标奖"及"医药电子商务营销先锋奖"等荣誉称号。

2. 案例分析

（1）购药用药，便捷服务

1药网拥有执业药师及医师团队，为消费者提供专业的健康用药咨询服务。依托药企合作资源和电子商务管理系统，1 药网在平台运营、产品采购、仓储配送、客户关系管理等方面全力打造核心竞争力。

1 药网除了为消费者提供专业的问医问药、健康百科、专题导购、营养搭配建议等服务外，还提供药品点评、全程订单跟踪、货到付款、移动 POS（Point Of Sale，销售终端）刷卡、手机购物等多种便捷服务。在移动端，1 药网拥有"1 药网"手机 App，为消费者提供一站式移动购药便捷体验。

（2）起跑阶段，已获领先

从美国医药电子商务市场发展看，早在 1998 年，医药电子商务渗透率就超过了 10%，且渗透率持续处于高增长水平。2015 年，美国医药电子商务交易额达到 820 亿美元，占全美药品销售市场份额的 33.3%。在美国，数字与移动健康（Digital Mobile Health）已经是一个高达 3 万亿美元的市场，但在中国才刚刚起步。从我国医药电子商务市场发展来看，虽然网购占比不断提高，但是仍然低于 10%，未来发展空间巨大。

根据中国电子商务研究中心数据，1998—2015 年美国药品网购渗透率如图 4-10 所示；根据商务部市场秩序司数据，2012—2017 年我国药品网购渗透率如图 4-11 所示；根据蛋壳研究院数据，B2C 医药电子商务竞争力评价详情如图 4-12 所示；根据《互联网周刊》及 eNet 研究院数据，2018 年中国医药电子商务平台排名如图 4-13 所示。

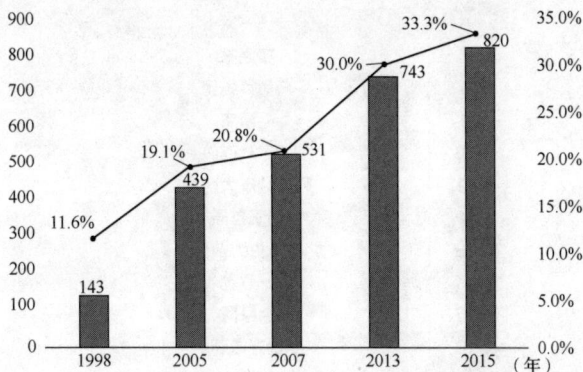

图 4-10　1998—2015 年美国药品网购渗透率

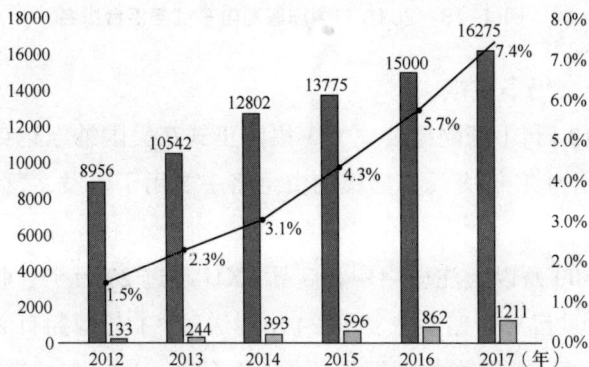

图 4-11　2012—2017 年我国药品网购渗透率

平台名称	企业名称	竞争力评价指标				总计（★）
		产品经营规模	融资能力	线上服务能力	附加服务能力	
1药网	广东壹号大药房连锁有限公司	★★★	★★★	★★★	★★	11
健客	广东健客医药有限公司	★★★	★	★★★	★★★	10
好药师	北京好药师大药房连锁有限公司	★★★	★★★	★★★	★	10
七乐康	广州七乐康药业连锁有限公司	★★★	★★	★★★	★	9
阿里健康大药房	阿里健康	★	★★★	★★★	★★	9
康爱多	广东康爱多连锁药店有限公司	★★	★★★	★	★★	8
京东大药房	京东集团	★	★★★	★★★	★	8
360好药	360健康	★★★	★★	★	★	8
药房网	仁和药房网（北京）医药科技有限公司	★★	★★★	★	★★	8
八百方	广州八百方信息技术有限公司	★★★	★	★★	★	7
泉源堂大药房	成都泉源堂大药房连锁股份有限公司	★	★★	★★	★★	7
健一网	上海健一网大药房连锁经营有限公司	★	★★★	★★	★	7
金象网	天津启东金象大药房医药连锁有限公司	★★	★	★★	★★	7

图 4-12　B2C 医药电子商务竞争力评价详情

排名	平台
1	健客网
2	康爱多
3	药房网商城
4	1药网
5	好药师网上药店
6	健一网
7	康之家
8	药品终端网
9	七乐康
10	叮当快药
11	阿里健康大药房
12	海王星辰
13	老百姓大药房
14	一心堂
15	金象网
16	快方送药
17	药给力
18	珍诚医药

图 4-13　2018 年中国医药电子商务平台排名

（3）业已上市，仍多挑战

2018 年 9 月 12 日，1 药网母公司 111 集团正式在美国纳斯达克交易所挂牌上市。此次 IPO 融资规模为 1 亿美元，募集的资金将主要用于研发、营销推广，以及战略投资和收购。

1 药网拥有 1500 万以上注册用户，商品 SKU 超过 27 万个，业务覆盖全国 23 个主要省份，并能通过自身仓储系统实现 24 小时送达；1 药网拥有 2000 名以上自聘和第三方医疗专业人员；1 药城打通了线下超 10 万家药店，包括连锁、单体药店，以及民营医院和私人诊所药房。

尽管已经实现上市，1 药网及其母公司 111 集团仍然面对许多挑战。首先，截至 2018 年 9 月上市时，1 药网尚未实现盈利。虽然 1 药网的亏损呈现出收窄态势，但仍处于连年亏损状态。其次，占整个药品市场超过 85% 份额的处方药网上销售至今都未能解禁，各大医药电子商务只能去争抢剩余的 15% 非处方药（Over The Counter，OTC，直译为直接购买）市场（年市场规模仍低于百亿元）。再加上，目前医保尚未覆盖医药电子商务，使得许多潜在用户放弃了从电子商务渠道购药。集团将来的线下机构布局，包括医院、体检中心、月子中心、养老院等需要大量资金的支撑，迫切要求公司尽早实现盈利。

相关链接

电子商务专业术语（三）

（1）库存量单位（Stock Keeping Unit，SKU），可以理解为最小库存量，以件、盒、托盘等为单位。这一概念在服装、鞋类商品中使用最多、最普遍，在鞋类商品中一个 SKU 通常表示款式、颜色、规格都相同的商品，即"单款单色单码"有几双。例如，某鞋新品有 5 款 5 色 5 码，每款每色每码备货 5 双，SKU 为 5×5×5=125。

（2）标准化产品单元（Standard Product Unit，SPU），是商品信息聚合的最小单位，是一组可复用、易检索的标准化信息的集合，该集合描述了一个产品的特性。通俗地讲，属性值、特性相同的商品就可以称为一个 SPU。上例的 SKU 为 125，而 SPU 为 5。

本章小结

本章侧重讲述电子商务市场细分与电子商务领域深耕案例分析，具体包括携程、贝贝网、天天果园、吴酒四个市场细分案例和娱乐宝、猪八戒网、尚品宅配、1 药网四个领域深耕案例。

市场细分是为了找到自身可以满足需求的消费者群体，努力成为这一市场的领导者，规模、群体、专业、空缺都是核心的要素。领域深耕是为了在细分行业中筑起壁垒，防止竞争对手进入、巩固自身的地位，用户、整合、技术、先发都是可能的核心竞争力。

思考

　　搜集两家知名电子商务企业（一家胜在切入某一细分市场，另一家胜在某一领域深耕多年）的资料，分析前者的市场细分与切入过程，分析后者的领域深耕与坚守历程，用类似正文的形式概括其要点（至少 4 点），并指出实现上述细分或深耕的关键支撑要素（至少 3 点），填入表 4-4 相应位置。

表 4-4　市场细分与领域深耕认知练习

企业名称	市场细分与切入	领域深耕与坚守	关键支撑要素

05 Chapter

第5章
电子商务业务运营与营销推广案例分析

概述

    运营是电子商务业务的"发动机",营销是产品推广的"加速器",做好电子商务的运营与推广,挖掘出更多的卖点,才能让产品被市场和消费者更好地认可和接受。学习电子商务业务运营的一般方式和方法,了解消费者的需求、愿望及改进意见,掌握营销推广的各个环节和渠道,有助于读者借助互联网工具在当下电子商务激烈的市场竞争中脱颖而出。本章主要介绍电子商务业务运营的一般方法与营销推广的常规渠道。

学习目标

知识目标:

1. 理解运营是电子商务业务的"发动机"
2. 理解营销是产品推广的"加速器"
3. 掌握电子商务业务运营的一般方法

4．掌握电子商务营销推广的常规渠道

技能目标：

1．能够参与关键电子商务的业务运营

2．能够参与核心产品的营销推广

引例

简单、高效的电子商务营销 7 例

案例 1：倒计时广告使当天订单提升 8%

为生日、节日等特定日提供庆祝礼品方案的 Edible Arrangements（爱蒂宝）的当天配送服务其实已经存在多年，但在客户中知名度并不高。

对此，其采取的策略是通过延长当天配送服务时间，以吸引那些希望在下班后或途中收取订单的客户，该团队选择每天 17:00 作为配送最晚时间标准；通过在网上使用倒计时器、广告等进行推广；通过邮件提醒及广告，在社交媒体上以各种方式凸显，比如在搜索引擎、网站上投放广告，不断提高客户对于"当天配送"的品牌意识。

Edible Arrangements 在少数渠道上简单地推广"当天配送"，使当天配送订单提升 8%。

案例 2：购物车丢弃邮件实现 65% 以上的结账转化

邮件与短信、微信、App 等多渠道营销服务商 Webpower 中国区调研显示，一些消费者在购物中都会使用购物车，先寻找商品，然后再购买。同时上述消费者中常有一定比例的人会在购买途中由于种种原因放弃购买。Envelopes.com 提供信封、卡片服务，会根据客户丢弃的主要类型，即产品类型丢弃、购物车丢弃和结账丢弃，自动发送三类邮件，减少了 40% 的结账丢弃，提高公司 65% 的净结账转化率。

案例 3：建立客户信任度，增加网站自然流量 154%

内容可以帮助你与客户建立起信任和联系。PoopBags.com 作为可生物降解的狗垃圾袋的提供者，在创作友好内容的基础上建立了一个邮件营销策略，其品牌策划的邮件内容，强调环保事业、慈善事业和宠物相关的问题，增加了品牌的影响力和美誉度。零售商 Wine Enthusiast 主要利用网站评论、文章、视频内容获取客户信任，内容帮助其增加了 50% 的月度邮件订阅用户和 154% 的网站自然流量。公司创造有用的信息内容以帮助客户做出购买决定或增加趣味性，即使客户目前不会购买，也将其视为好的信息来源。

案例 4：重新设计在线表格增加 67.68% 报价

互联网日新月异，客户期望的在线购物方式也在变化，网站需要随时为此

做出改变。为企业提供自定义文件夹的 B2B 电子商务企业 Company Folders，通过改变及重新设计其以往过时的网站和不易于购买者使用的在线报价表，其总的报价量增加 67.68%。重新设计不仅意味着网站变得更加好看，也使网站功能更加强大。

案例 5：增加信任标志，提高 14% 销售转化

不是每个网站测试都很复杂。有时候，一个小元素也可以极大程度地影响销售，特别是减少网站上访客的焦虑。现代钱币和金币销售电子商务 Modern Coin Mart 在其网站增加了醒目的信任标记（类似国内微博的加 V），然后进行了 30 天的测试，结果网站交易量增加了 14%。

案例 6：小电子商务网站吸引 293000 名 Facebook 粉丝

电子商务企业在社交平台上展示产品图片和获得推荐、评论及大量免费的可分享内容。大豆蜡烛制作者 Diamond Candles 通过创造有趣的在蜡烛中寻找指环的体验，让客户在蜡烛燃烧后，找到指环并主动在 Facebook 上发布指环展示照片或视频，增加了转化率并获得超过 290000 名的新粉丝。

案例 7：获得点击到达率的增长和更高回报

wSwayChic 是一家女性服装零售商，基于客户邮件打开频次、购买历史和转化时间等细分其客户，提供细分的客户邮件。运动品牌李宁通过性别、年龄范围和产品点击发送具有针对性的产品邮件。Doggyloot 则针对订阅用户的狗的尺寸发送量身定制的邮件。无论它们以哪种角度进行客户分组，在点击率和回报上都有所提升。

讨论

　　根据上述电子商务营销案例，结合自己的电子商务购物经历，提出几种切实可行的电子商务营销方法。这些方法既要简单易行，又要行之有效。最好能像上述引例一样用数据说明营销效果。

　　电子商务业务运营是指对企业具体电子商务经营活动运行过程的计划、组织、实施、协调和控制，是与产品生产和服务创造密切相关的各项电子商务管理工作的总称。

　　电子商务是以信息网络技术为手段，以商品交换为中心的商务活动，是一种新型的商业运营模式，商业最少不了的就是营销推广。随着互联网的普及，电子商务越来越红火，其竞争也变得异常激烈。如何进行电子商务营销推广，才能在激烈竞争中脱颖而出，商家们的营销推广手段至关重要。

// 5.1 电子商务业务运营

电子商务业务运营工作包括产品研发（品牌策划、产品定位等）、文案写作（提炼卖点、撰写描述等）、网络营销（活动策划、在线推广等）、店铺经营（活动执行、促进销量等）、数据分析（业绩评估、改进经营等）。

电子商务业务运营并无定法，思路、方法层出不穷。例如，通过离奇规则，将产品与爱情联系在一起，另辟蹊径销售的诺誓；通过网红服饰搭配，吸引粉丝，挖掘潜在客户，促进粉丝消费的带货网红张大奕；在社群里通过社群游戏将粉丝转换为消费者，进行货物销售的真爱月饼；打造合作共赢的商业模式的川航免费巴士。

5.1.1 爱情信物电子商务：诺誓

爱情的忠与信物的内涵可以使普通商品身价倍增，诺誓把电子商务应用于爱情信物领域。

1. 简介

roseonly 是诺誓商业股份有限公司旗下的一个高端玫瑰及珠宝品牌，于 2013 年 1 月 4 日（谐音为"爱你一生一世"）上线，专注于打造爱情信物，以"一生只送一人"（即在 roseonly 买花，提交的收花人将会成为永久的收花人，不得更改）为理念，打造鲜花玫瑰、永生玫瑰、玫瑰珠宝三大主线系列，注册后绑定指定收礼人，终生不能更改，以"信者得爱，爱是唯一"为主张，用万里挑一的奢侈玫瑰、高级手工玫瑰珠宝，献给相信真爱的情侣。

2. 案例分析

（1）爱情信物，一生一人

鲜花玫瑰采自厄瓜多尔玫瑰园，沐浴 365 天的阳光和雨水，花期长达 21 天，拥有长达 1.5 米的花枝、3 英寸的罕世花蕾。永生玫瑰采用高科技技术处理，将鲜花经过脱水、保色、干燥等 109 道复杂程序、持续 60 天精密制作而成，色泽、性状、手感与鲜花无异，它既保持了鲜花的特质，还可以更长久地盛开。玫瑰珠宝从经典玫瑰图样中汲取灵感，以 18K 白金、玫瑰金搭配缅甸天然红宝石，在指间、腕间、颈间绽放。产品足够奢华，不同于市场上的一般产品，具备了奢侈品的特性。

roseonly 制定了"一生只送一人"的离奇规则，roseonly 不仅为找到真爱的人们提供"一生仅送一人"的爱情信物。此外，姐妹品牌 loveroseonly 延续鲜花奢侈品理念，精心打造花一样的美好生活方式，以高端鲜花、永生玫瑰、浓情礼品，满足送爱人、送亲人、送朋友的美好愿望。每一款 roseonly 的产品都配有唯一真爱证明卡（内附唯一二维码），收礼人扫码可倾听送礼人的"爱语"。

（2）节日造势，艺人代言

roseonly 自 2013 年成立以来，"520 为爱竞拍"一直是让人悸动的浪漫传统。拍下真爱时刻的人，无论天涯海角，帅气的 roseonly 玫瑰骑士都会在 5 月 20 日 13 点 14 分准时将代表着唯一真爱的玫瑰送到收花人手中。上百位艺人都曾在重要的场合送出或收到 roseonly 信物，为诺誓代言。roseonly 还曾先后签下新生代偶像为品牌代言人，主打年轻人市场。

（3）上升市场，高端品牌

根据鲜花产业荷兰花卉拍卖市场 2015 年的调研报告，中国每年实际流入市场的鲜切花约有 70 亿支，实际年销售规模为 415 亿元。而随着鲜花电子商务市场投入和竞争导致的新消费热点的兴起，2020 年有望达到千亿元规模。

2015 年起，鲜花电子商务平台就成为一块"吸金"之地。鲜花电子商务的人群画像十分明确：25～35 岁、有消费能力、注重生活品质、多为一二线城市的女性用户。艾媒咨询《2017Q1 中国鲜花市场研究报告》显示，鲜花电子商务在 2016 年的市场规模达到了 168.8 亿元，2019 年预计市场规模能突破 600 亿元。

roseonly 最初通过微博、官网、天猫、京东等第三方电子商务平台实现线上销售，在新零售的趋势下，为了提升客户体验和质量保障，逐步在一二线城市的顶级商业中心开设实体店。截至 2018 年年底，公司在北京，上海、广州、深圳和成都等城市共开设约 50 家线下实体店。目前，roseonly 估值约 5 亿美元，正在为上市做准备。

（4）兼顾情怀，热心公益

roseonly 为"芭莎艺人慈善夜"（艺人慈善品牌活动）设计"dearest"（最亲爱的）永生花书，每销售一盒 dearest 永生花书，roseonly 都会向"芭莎艺人慈善夜"捐赠固定比例的销售金额，用以推动"思源救护""希望教室""乡村幼儿园""儿童大病救治"以及"一杯干净水"这 5 个公益慈善项目。roseonly 加盟"粉红丝带"（全球乳腺癌防治活动的通用标识）运动，通过与艺人大使合作，设计"粉红之花"，每售出一盒，roseonly 会向"中国乳癌基金"（粉红基金）捐赠销售固定比例的收益，用于乳腺癌防治的宣传推广与患者救治。roseonly 产品示例如图 5-1 所示。

图 5-1 roseonly 产品示例

5.1.2 带货"网红"：张大奕

传统的商品呈现方式已经难以满足消费者的需求，通过真人秀的方式展现商品或许更符合时代的要求，张大奕便是著名的带货"网红"之一。

1. 简介

"网红"是"网络红人"（Internet Celebrity）的简称，是指在现实或者网络生活中因为某个事件或者某个行为而被网民关注从而走红的人或长期持续输出专业知识从而走红的人。张大奕，2015搜狐时尚盛典年度电子商务模特候选人，网络红人。张大奕模特出道，是淘宝素颜大赛第一名得主，除了《瑞丽》之外，还时常出现在《米娜》《昕薇》等时尚杂志的内页服装搭配中。她称自己只是一个上新时会刷屏的小小私服缔造者。她的私服搭配在社交平台上深受粉丝喜爱，月销售额达百万元级。也就是说，三天时间内，这个漂亮女孩可以完成普通线下实体店一年的销售量，创造了互联网电子商务的销售神话。

张大奕目前担任如涵控股首席营销官（Chief Marketing Officer，CMO），其电子商务业务主要由大奕电子商务打理，网友戏称他们的合作关系为"你负责貌美如花、我负责赚钱养家"。

2. 案例分析

（1）淘宝模特，转型卖家

2009年之前，只有少量传统品牌在线上销售，因此在流量红利期出现了一波淘宝大卖家升级为"淘品牌"的案例，当时的张大奕还在给淘宝店做模特。2013年"出淘"（即脱离淘宝）热掀起，同时淘品牌也面临洗牌，拉夏贝尔收购淘品牌七格格，茵曼并购初语，裂帛并购天使之城、Lady Angel等。此后，张大奕从淘宝模特转型开淘宝店，借势社交媒体做网红卖货。2014年，她开了自己的淘宝店"吾欢喜的衣橱"，刚开店时，微博粉丝只有20多万，上线不足一年做到四皇冠，年销售额过亿元。2015年"双十一"，跻身淘宝女装TOP商家。2018年10月粉丝已经达到800多万，是个名副其实的微博"网红"。她的粉丝追求时尚，认可张大奕的穿衣风格，复购率几乎是100%。张大奕凭借良好形象与独特穿搭风格迅速爆红，吸引了大批粉丝成为其店铺的拥趸。

（2）签约如涵，团队运作

2014年7月，模特出身的张大奕和自创女装淘品牌"莉贝琳"事业上遇到瓶颈的冯敏，合作开了一家淘宝网店，开始了张大奕淘宝店铺的团队运作，只用一年时间就摘得淘宝女装销量冠军。2016年5月，淘宝正式推出"淘宝直播"平台，卖家可以通过直播向用户推荐商品。张大奕当时在淘宝直播上创造了2小时内成交额近 2000 万元的淘宝纪录。2016 年"双十一",成为淘宝首家销量破亿元的女装类店铺;2017 年"双十一",销售额超 1.5 亿元;2018 年"双十一",破亿元只用了 28 分钟。

尝到甜头的冯敏专心打造"网红",成立如涵公司。如涵采用闭环模式,从挖掘、培养新意见领袖,到广告代言、品牌营销,进行全产业链运作。很快,如涵控股发展为当时国内最大的网红孵化摇篮,签约了大量"网红"。2019 年 4 月 3 日,网红电商如涵控股在美国纳斯达克上市。

（3）流量变现,品类延伸

由于张大奕超级网红的身份,她的店铺可谓"自带流量"。公司化运作的目的是知识产权（Intellectual Property,IP）价值最大化,实现多渠道变现。她的第一家淘宝店"吾欢喜的衣橱",以非常"亲民"的价格,出售各类由她自己设计的时尚服装。在开店的第一年,张大奕曾尝试着另开了一家主卖衬衫的男装店,延伸品类。但此后几次"上新"的结果证明,这似乎并不是一个明智的决定。事后张大奕把男装店失败的原因总结为"网红"经济本身需要粉丝驱动,需要有代入感,需要自己"以身试法"。因为推荐了内衣,应粉丝们的需求强烈,张大奕的内衣店开张。接下来,口红店、生活馆的出现也因粉丝而诞生。2018 年 6 月 1 日,张大奕 BIG EVE 天猫美妆店正式上线。当下,张大奕旗下经营多家店铺,合计年销售额约为 10 亿元。

如涵控股在 2017 财年、2018 财年和 2019 财年前三季度,分别实现营收 5.77 亿元、9.47 亿元和 8.56 亿元。其中,"网红"张大奕不仅贡献了大约一半的营收,还贡献了大部分的利润。

（4）网红易老,长红不易

目前我国最主要的"网红"类型还是以"高颜值"受到网民关注的年轻女性为主,其主要变现方式为电子商务、广告、打赏和演艺等,例如张大奕和冯提莫。但是值得注意的是"爆红容易、长红不易"。因此,网红也面临"转型升级"的现实问题,主要体现在两个方面:一是如何"长红";二是如何"变现"。

如果"网红"是虚拟人物（例如"小猪佩奇"）而不是现实人物,则可以使其"青春永驻",长期吸引某一特定年龄段的网民粉丝,从而延长"网红"的生命周期。此外,如果现实人物"网红"（例如"张大奕"）随着其年龄增长不断变换其穿衣风格,则可以不断吸引与其同年龄段的网民粉丝延长消费期。在变现方式上,IP 价值最大化才是网红经济发展的方向。例如,迪士尼可以通过动画片广告、授权产品生产、游乐场门票等多样方式实现旗下虚拟卡通人物形象价值的长期变现。再如,"三只松鼠"除实物零食产品外已经推出动画片等虚拟产品,据说未来还将谋划"三只松鼠"主题乐园等更多 IP 的变现方式。

5.1.3 社群电子商务实验：真爱月饼

在一群有共同兴趣的网友之间能否通过电子商务实现盈利？"真爱月饼"曾经通过实验给出了答案。

1. 简介

自媒体（We Media）又称"公民媒体"或"个人媒体"，是指私人化、平民化、普泛化、自主化的传播者，以现代化、电子化的手段，向不特定的群体或者特定的个人传递规范性及非规范性信息的新媒体的总称。国内目前知名的自媒体当数罗辑思维。

罗辑思维主体公司北京思维造物信息科技有限公司成立于 2014 年 6 月，主要产品有两个，分别是"罗辑思维微信公众号"和"得到 App"。罗辑思维，自称为互联网知识社群，包括微信公众订阅号、知识类脱口秀视频及音频、会员体系、微商城、百度贴吧、微信群等具体互动形式，主要服务于"80 后""90 后"等有"爱智求真"强烈需求的群体。罗辑思维的口号是"有种、有趣、有料"，倡导独立、理性的思考，推崇自由主义与互联网思维，凝聚爱智求真、积极上进、自由阳光、人格健全的年轻人。得到 App 目前有会员付费的"听书"业务和订阅付费的"大咖专栏"。其中"听书"业务的会员费用是一年 365 元，订阅专栏是 199 元包年，订阅数比较多的专栏已经超过 20 万。2017 年公司利润过 1 亿元，2018 年年初估值超过 70 亿元，已经成为国内估值较高的自媒体。

2014 年中秋节期间，"真爱月饼"由罗辑思维发起，并通过网络来寻找合作伙伴，最终在其微店与顺丰优选上架销售。本次活动将互联网思维植入月饼的生产、设计、营销等环节，经过 100 天的销售，最终以 40380 盒月饼的销量为活动交上了完美的答卷。

2. 案例分析

（1）大量用户，活跃参与

"真爱月饼"营销活动获得巨大成功的基础在于罗振宇（自称罗胖，罗辑思维创始人）的知名度与罗辑思维庞大的活跃用户基数。罗辑思维当时拥有 256 万微信订阅用户和 25000 名会员，日活跃用户（Daily Active User，DAU）为 30 万～40 万人。在这样一个用户众多、活跃度较高的社群环境中进行电子商务实验，短短 13 天内参与人数达到 2698790 人，参与次数高达 8000972 次，月饼商品页面分享次数达到 1036059 次。

（2）众筹众包，互动游戏

在整个"真爱月饼"的营销中，众筹模式起了很大的作用。"真爱月饼"通过众筹合作伙伴选出了顺丰优选，通过众筹设计师选出了王杨，通过众筹合伙人选出了 200 名罗辑思维会员。根据约定，罗辑思维要在销售完成后给众筹的合伙人进行利润分成，但本次众筹对象只针对罗辑思维的会员。此次众筹可谓"一箭双雕"：一方面可以促进罗辑思维会员的增加；另一方面众筹到的设计师、战略合作伙伴、合伙人都会尽力为月饼做宣传，扩大了活动的宣传面。这种基于"关系"的众筹、众包营销方式，可以让所有参与者同时为一件事情付出心力，承担责任；而在任务完成时，合伙人则可将参与感转化为自豪感。

"真爱月饼"进行了全程 100 天的记录，众筹战略合作伙伴、合伙人、月饼包装设计等环节都在网上一一曝光，每一个都是话题的引爆点。罗辑思维的这种线上征集，既能维护与用户的良好互动（让每个人都有发言权，是自媒体的典型特征，也是对用户的尊重），又能为活动进行宣传造势。

（3）把握心理，娱乐营销

在月饼销售期间，罗辑思维还同时推出多个小游戏，以增加活动的趣味性。例如，邀请设计师与合伙人登上"月饼地图"、发行"节操币"、集齐 10 张"节操币"就可以召唤"罗胖"喝咖啡；"节操王"可以在农历八月十六日跟"罗胖"晒太阳。上述社交性很强的游戏，不仅提升了用户黏度，而且让用户体验到消费后的增值服务，牢牢抓住了消费者的心理。

在活动期间朋友圈铺天盖地的刷屏转发"求真爱"，足以证明活动的成功。尤其是争当"节操王"这一具有很强社交属性的游戏，大家为了占领前排，动用自己的各种社交群体，比如白鸦（真名朱宁），有赞（本次活动合作方之一）创始人兼 CEO，曾一天内收到 70 盒月饼来提升自己在"节操王"排行榜的名次。

（4）付款方式，一再创新

活动初期，用户可以在罗辑思维的店铺内选定月饼的数量，填写用户信息和地址并下单，然后选择找人代付，再将付款的链接发送给朋友或者分享到微信朋友圈，等待其他人来付款，以此来"测试品行、检验真爱"。但是由于此次活动月饼的价格（每盒 199 元）较高，再加上微信朋友的弱社交性（指微信社交中的大部分好友并非生活中的真实好友），导致了活动初期付款率非常低。

于是，主办方根据市场情况迅速调整，"真爱月饼"的付款方式一再创新：单人代付（即单人付全款）、多人代付（即多人分担全款）、送礼（即自己付款送他人）等，都是罗辑思维与口袋通（后改名为"有赞"）团队在活动进行中根据用户反馈不断增加的功能。每一种付款方式的出现都是一个话题引爆点，都能为活动进行一次宣传，甚至后来很多用户都在猜测"罗胖"到底还有多少种"付款方式"可以推荐。

罗辑思维"真爱月饼"如图 5-2 所示。

扫一扫，听一听作者如何分析真爱月饼。

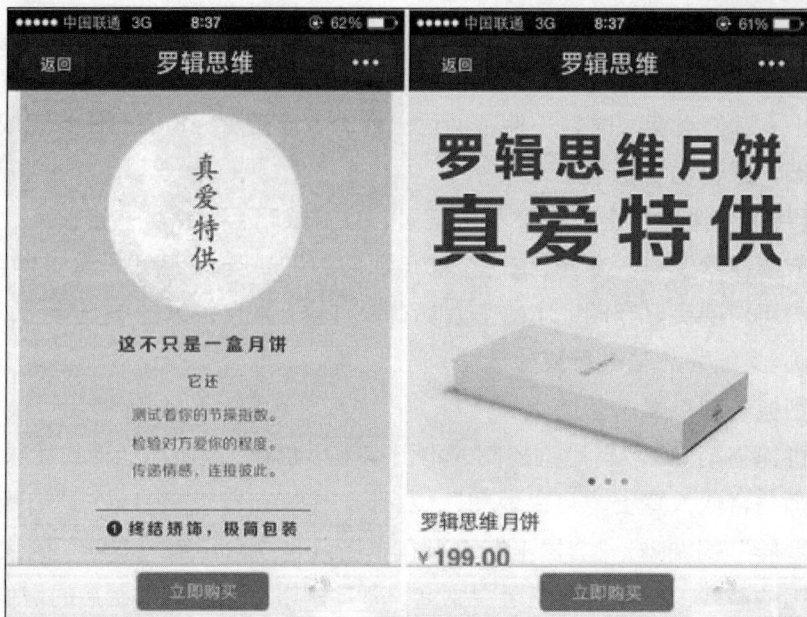

图 5-2 罗辑思维"真爱月饼"

5.1.4 合作共赢：川航免费巴士

150 辆巴士为乘客提供市区与机场之间的免费接送服务，运营方却还能每年营收过亿，这就是资源整合、合作共赢的商业模式的神奇魅力。

1. 简介

四川航空公司（以下简称"川航"）购置了 150 辆巴士，在成都机场为购买了川航五折以上机票的旅客提供 24 小时机场往返成都市区任何地点的免费接送服务。由于车辆选用 8 座车辆，满座即发，因此比机场大巴更能节省旅客的等待时间，还可以为旅客人均节省约 150 元（以出租车打车费用计算）的交通费，自然大受欢迎。然而，资源投入各方如何实现盈利呢？事实上，此举为旅客提供了机场往返市区的免费接送服务、为司机带来了稳定的收入来源、给汽车厂家带来了体验式广告渠道、为川航大幅增加了机票销量，堪称资源整合、合作共赢商业模式的经典之作。

2. 案例分析

（1）体验广告，百万受众

该模式可以为汽车厂家提供每年百万级受众的体验式广告渠道，自然值得汽车厂家让利出售车辆。川航一次性从风行汽车订购了 150 台风行菱智 MPV 休旅车。原价每台 14.8 万元的 MPV 休旅车，川航以每台 9 万元的价格一次性集中购买了 150 台。而川航给风行汽车的条件是川航将要求司机在载客途中向旅客介绍车辆的优点与车商服务，即在旅客的车辆乘坐体验中帮助风行汽车做广告。正是因为每年有超过 200 万人次的受众接受体验式的营销，风行汽车才愿意折价向川航出售 150 台休旅车。

（2）特许经营，收入稳定

该模式可以为巴士司机带来每天过千元的稳定收入，自然值得其高价买入车辆。川航向社会征召上述免费巴士的司机，并迅速获得了许多原出租车司机的响应。四川大部分的出租车司机需要先缴纳一笔与车价相当的保证金才能开始营运，而且只能获得出租车的使用权，并不获得车辆的所有权。川航以一台风行菱智 MPV 休旅车 17.8 万元的价格向征召的司机出售车辆（司机可获得车辆的所有权），并以搭载每位旅客 25 元的标准向他们支付劳务报酬。司机为什么愿意以高于市场价格（每台 14.8 万元）向川航购买车辆呢？因为对司机而言，比起一般出租车"扫马路"式找客，川航为他们提供了一条客源稳定的路线。这样的条件当然能吸引司机来应征。

（3）失之东隅，收之桑榆

该模式最大的赢家是川航，表面上亏钱的买卖却被做成了赚钱的生意，川航从中获得的利益可谓最多。仅从免费巴士业务层面来看，川航为每位乘客支付 25 元的车费是亏钱的；但是川航却可以通过其他方面的收益弥补这方面的损失，甚至实现盈利。首先，川航仅从车辆进销的差价即可获利；其次，川航平均每天因此多售大量机票，大大提高了营收；再次，150 台印有"免费接送"字样的休旅车每天在成都市区与成都机场之间往返，为川航的品牌营销做足了广告；最后，川航在与车商签约期满之后还可以通过车体广告出租盈利，如图 5-3 所示。

图 5-3 川航免费巴士

据不完全统计，免费巴士使川航平均每天线上线下多售出 1 万多张机票，此举为川航带来了超过 1 亿元的营收。

（4）资源整合，合作共赢

川航免费巴士通过商业模式的创新打造了一个平台，达到了资源整合、合作共赢的效果。川航免费巴士在商业模式的设计上整合了利益相关者联合提供服务。乘客因为购买了川航五折以上的机票而获得了成都机场往返成都市区的免费接送服务，对乘客而言可谓"买一送一"；而司机也获得了相对可观的经济利益；汽车厂家在让利卖车的同时，司机实际上兼任了车辆广告业务员的角色，让乘客变成了潜在消费者；航空公司投入的资源最多，同时也通过车辆差价、多售机票、广告收益等获得了较多的利益回报。在这一模式中，乘客、司机、汽车厂家、航空公司四方的利益都得到了满足，可谓各取所需、合作共赢。

事实上，许多互联网公司也致力打造资源整合、合作共赢的开放平台商业模式，并从中获得了巨大的商业利益。例如，苹果公司打造的 iOS（苹果公司的移动操作系统）平台提供数万个第三方应用软件（即 App，大部分免费、少部分收费）的下载，在开发者盈利的同时，苹果公司可以在软件的付费下载中抽取一定比例的佣金（一般比例为 30%），年营收通常可达数十亿美元。

// 5.2 电子商务营销推广

电子商务营销推广是借助互联网完成一系列的营销环节、达到推广目标的过程。因为网络快速、高效、低成本等特点，所以在互联网上进行营销推广，较之传统渠道具有明显的优势。从营销角度讲，网络上生产者和消费者一对一的互动沟通，有利于企业精准获取消费者动态、满足个性化需求；从推广角度讲，网络的快速传播有利于品牌被迅速推广、做强做大。

电子商务营销推广的方法需要创造性的思维，在学习借鉴他人做法的同时，要不断地利用各种工具营销产品，利用各种渠道推广品牌。例如，通过文案的创作，继而引发品牌产品热销的江小白；通过体验营销，使消费者产生购买兴趣的"三只松鼠"；通过将各类优惠商品的信息精准推送给潜在消费者，进而进行优惠商品推广的"什么值得买"；通过优质内容吸引粉丝、分享生活方式，来进行商品营销推广的小红书。

5.2.1 心理互动营销：江小白

"攻城为下，攻心为上"。江小白通过互动营销抓住消费者的心理，从而成就了销售奇迹。

1. 简介

江小白，2012 年由陶石泉创立，是重庆江小白酒业有限公司旗下江记酒庄酿造生产的一种自然发酵并蒸馏的高粱酒（中国白酒的品种之一）品牌。江小白致力于传统重庆高粱酒的老味新生,以"我是江小白,生活很简单"为品牌理念,坚守"简单包装、精制佳酿"的反奢侈主义产品理念,坚持"简单纯粹,特立独行"的品牌精神,以持续打造"我是江小白"品牌 IP,与用户进行互动,持续推动中国传统美酒佳酿品牌的时尚化和国际化。经过 7 年的发展,江小白已经成为畅销的酒类品牌,并远销20 多个国家和地区。

2．案例分析

（1）传统白酒,青春概念

江小白品牌的价值观是把传统的白酒推销给年轻人,江小白赋予白酒青春的概念。

传统文化需要与时俱进,传统产品需要结合当代文化,传统产品面临着消费者升级的机遇和挑战。江小白意识到,新生代喝白酒总体来看比例不是很高,关键的问题在于口感和品牌两方面。一是传统白酒口感太辛辣,刚刚接触酒饮料的年轻人初次体验都不太好;二是传统白酒的品牌让年轻一代感觉太沉重和老气。江小白就是行业里率先定位和践行新生代口味的企业,老味新生,适应了年轻用户的需求。

（2）品牌形象,标新立异

与一般的白酒公司不同,但和饮料公司的做法类似,江小白精心塑造了品牌卡通人物形象,即白 T 恤搭配灰色的围巾,外套是英伦风的黑色长款风衣,下身配深灰色牛仔裤和棕色休闲鞋,俨然一个普通青年的形象。江小白的品牌形象如图 5-4 所示。"小白"的名字,简单且容易让人记住。此外,白酒被称为"小白",顺理成章。以人名来命名酒类品牌,将白酒拟人化,不仅形象易记,而且十分新颖,容易与年轻消费者产生共鸣并被接受。

图 5-4　江小白的品牌形象

（3）包装文案,触动人心

江小白为了将白酒卖给年轻人,面对新青年群体主张简单、纯粹的生活态度,放弃了豪华的外包装,瓶身文案清新真挚,俘获并牢牢抓住了年轻人的心,火爆整个营销领域。江小白的产品包装如图 5-5 所示。

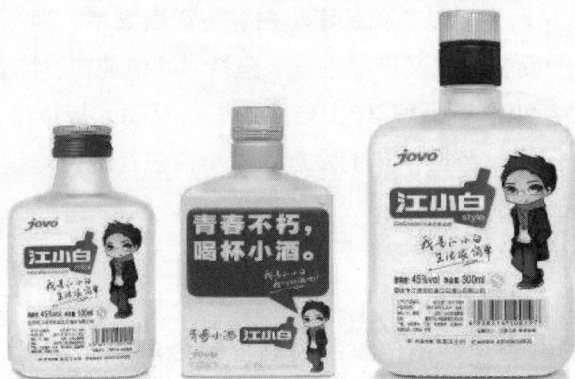

图 5-5　江小白产品包装

　　江小白的营销文案包括"明天的事，后天就知道了""最想说的话在眼里，在草稿箱里，在梦里和酒里""人生在世哪会一辈子没曲折，开路的先锋打破旧的规则""不要失望，生活总是不如想象"等，字字动情。由此，江小白开始在网络上大受欢迎，也被称为文案营销的典范。江小白让白酒不再代表一种酒桌文化，而是一种真实情感的宣泄。年轻人喜欢喝江小白，喝完了可以发语录照片，借此顺势表白、吐露心声，江小白引发了属于年轻人的酒文化。

　　江小白心声语录文案举例如图 5-6 所示。

图 5-6　江小白心声语录文案举例

　　（4）线上线下，互动营销

　　江小白线上线下的社交媒体互动营销特点鲜明，微博、微信都是其主要营销渠道。江小白将微博的运营完全拟人化，在社会热点事件发生时主动发声，表明自己的态度，每时每刻不忘及时与消费者进行交流，宣传自己的品牌。

　　此外，江小白利用微博作为线上工具，组织线下活动，并与线上形成互动，以增强粉丝黏性。比如，举办"寻找江小白"活动，要求粉丝将生活中遇到的江小白拍下来，上传至互联网。被粉丝找到的江小白，有餐单上的、餐馆里的、单瓶酒里的，也有地铁广告上的，让人感觉江小白无处不在。又如，举办"小约在冬季"约酒大会活动，实现用户的广泛参与，体现出品牌的关怀，给消费者有温度、有格调、有情感的用户体验。

江小白"小约在冬季"约酒大会活动现场如图 5-7 所示。

图 5-7　江小白"小约在冬季"约酒大会活动现场

5.2.2　体验营销：三只松鼠

三只松鼠是耳熟能详的互联网零食品牌，其凭借体验营销在短短几年时间成为线上零食知名品牌。

1. 简介

三只松鼠股份有限公司成立于 2012 年，总部位于安徽芜湖，是中国第一家定位于纯互联网食品品牌的企业，主营产品覆盖了坚果、肉脯、果干、膨化等全品类的休闲零食。截至 2019 年，三只松鼠已经成为中国销售规模较大的食品电商企业。创立 7 年来，累计销售坚果零食产品超过 200 亿元。

三只松鼠品牌商标如图 5-8 所示。

图 5-8　三只松鼠品牌商标

2．案例分析

（1）零食网销，迅速崛起

三只松鼠主要以互联网技术为依托，利用 B2C 平台进行线上销售。凭借这种销售模式，三只松鼠迅速开创了一个快速、新鲜的新型食品零售模式。这种特有的商业模式缩短了商家与客户的距离，让客户能享受到新鲜的食品。三只松鼠开创了中国食品利用互联网进行线上销售的先河，也是现代制造业与农业结合的典型代表。三只松鼠以其独特的销售模式，在成立当年的"双十一"活动中，当日销售额在淘宝天猫坚果品类中跃居第一，达到 766 万元；在成立第二年销量就突破 3 亿元，其发展速度之快创造了中国电子商务发展历史上的一个奇迹。

2018 年 5 月的第二个"中国品牌日"，《人民日报》评选产生了最受公众欢迎的中国品牌榜，三只松鼠荣登最具潜力榜，被誉为"下一个国货领头羊"。

（2）萌宠文化，情感共鸣

三只松鼠的创始人兼 CEO 章燎原先生，花名"松鼠老爹章三疯"。三只松鼠品牌形象辨识度高，卡通形象独树一帜，符合"80 后""90 后"网购主力军的审美标准。此外，三只松鼠的取名偏口语化，好记易传播。品牌形象中的松鼠"小贱"爱卖萌，代表坚果类产品；松鼠"小酷"是技术宅，代表干果类产品；松鼠"小美"则是现代女性的典型代表，代表花茶类产品。三个形象深得人心，在赢得消费者喜爱的同时还拉动了产品的消费。

三只松鼠在各个消费环节不断强化萌系品牌形象，从线上店铺的网页介绍、动漫、广告植入，到线下的包装、赠品、快递盒等，全部保持一致的风格，在消费者心中不断强化萌系品牌印象，在无形中传递品牌理念，拉动产品的销售。三只松鼠不仅品牌标识采用了三只"萌萌哒"松鼠，甚至在与消费者沟通时也采用了松鼠的可爱口吻，迅速俘获了大量年轻人，尤其是女性消费者的心。

三只松鼠的赠品包括开果器、果壳袋、湿巾等，既实用又贴心，在很大程度上提升了消费体验。三只松鼠的部分赠品如图 5-9 所示。

图 5-9　三只松鼠的部分赠品

（3）线上线下，融合发展

三只松鼠坚持线上线下融合发展，建立了线上线下联动的立体销售网络，形成"一主两翼三侧"的立体全渠道覆盖格局，成为新商业模式的典型代表。2016 年，三只松鼠在芜湖开设首家线下投食店，至 2019 年已在全国落地超过 70 家线下投食店；2018 年 5 月，三只松鼠正式入驻阿里巴巴零售通，以线上赋能线下的新零售模式，将产品铺向线下沿街商铺；2018 年 9 月，三只松鼠推出松鼠联盟小店，通过小店主个人 IP 与松鼠品牌 IP 的联盟，打造各具特色的零食便利店。

（4）研发新品，打造平台

三只松鼠不断致力于产品的创新，强化"造货+造体验"的核心能力，通过"风味""鲜味"和"趣味"构建起独特的"松鼠味"。三只松鼠在产品研发上持续投入，通过建立南京研创中心与江南大学共建院士工作站等方式，用不断创新的单品和更好的体验，重新定义新零食，让消费者吃得更安全、更健康、更开心。经过 7 年的时间，三只松鼠的销售呈现突飞猛进的发展之势，除了主要通过天猫商城、京东等第三方平台销售，还不断通过自营 App、团购、线下体验店等方式拓展多元化的销售渠道，最终成为电子商务领域具有一定代表性的品牌。

三只松鼠抓住了电子商务的红利期，快速崛起，但其上市之路却一波三折。三只松鼠从 2017 年 3 月开始申请上市，历时两年多，终于在 2019 年 7 月 12 日正式登陆深交所创业板。2019 年 8 月，三只松鼠的市值约为 190 亿元。公司未来计划加快从电子商务品牌向数字化供应链平台的转型，一方面通过数字化系统连接中国众多的食品生产企业，另一方面通过更广泛的渠道连接消费者，缩短两者之间的距离。

相关链接

内容营销

电子商务营销的主流平台层出不穷，不断变化，从论坛到微博，从微信到抖音……唯一不变的是其本质——内容营销。内容营销是指以文字、图片、音频、视频等介质传达有关企业的相关内容，从而给客户信息，促进销售。即通过合理的内容创建、发布及传播，向用户传递有价值的信息，从而实现网络营销的目的。

电子商务中常见的内容营销包括软文营销、口号营销、趣图营销、视频营销、活动营销等形式。

5.2.3　导购电子商务：什么值得买

2018 年，天猫"双十一"第一次出现了"推荐购买"超过"搜索购买"的现象，意味着"货找人"已经取代"人找货"成为营销推广的主战场，导购电子商务"什么值得买"就是这一领域的领先者。

1．简介

"什么值得买"，别名"张大妈"，是一个网购产品推荐网站，同时也是集媒体、导购、社区、工具属性于一体的消费决策平台，其因中立、专业而在众多网友中树立了良好口碑。该网站成立于 2010 年 6 月 30 日，公司全称为"北京值得买科技股份有限公司"，创始人隋国栋，以"什么值得买，帮你买得值"为口号。早期以优惠信息为主，后来逐渐加入海淘、原创（原晒物、经验）、资讯、众测百科等多个频道，其内容大部分来自网友推荐，每天通过网站本身、简易信息聚合（Really Simple Syndication，RSS）、各手机客户端及各浏览器插件推送商品特价信息，帮助网购消费者买到性价比高的产品。

什么值得买希望帮助中国消费者更多地了解商品信息，更好地判断商品品质，确认什么商品值得买，并通过优质商品改善自己的生活品质。从创立之日起，什么值得买一直都是以"商品导购"作为主打，通过图文、视频等形式向用户推介价格实惠、值得购买的商品，并附上各类优惠券、商品链接等。2019 年 7 月 15 日，什么值得买正式在深交所创业板上市，成为国内电子商务导购第一股。

什么值得买 App 首页如图 5-10 所示。

图 5-10　什么值得买 App 首页

2．案例分析

（1）优惠推荐，用户沉淀

从 2010 年成立开始，什么值得买就因为向用户介绍高性价比的商品，成为用户购买前的参考"数据库"，平台沉淀了大批忠实用户。持续不断的优惠信息是什么值得买吸引并留住用户的核心手段之一，大部分用户几乎每天都要上平台看优惠信息，通过"值友"（什么值得买对其用户的昵称）的爆料下单。而且大部分用户看重的并不只是优惠信息，还有达人们写的购物攻略、商品评测等。与拼多多、有赞、云集等社交电子商务不同，什么值得买并不直接售卖商品，购买链接最终会跳转至京东、天猫等电子商务平台。有用户评价什么值得买："它就像电子商务界的'大众点评'，告诉我某件商品是不是打折，怎么买最划算，是不是历史最低价。"

什么值得买人均单日使用时间长、用户黏性高。根据统计数据，虽然什么值得买的月活跃用户数量为 300 万～400 万（移动 App 端），与电子商务巨头淘宝 5 亿～6 亿的体量差距悬殊，但从人均单日使用时长来看，什么值得买达到 25.51 分钟，甚至超过淘宝的 22.95 分钟。

部分电子商务网站用户规模与单日使用时长对比如图 5-11 所示。

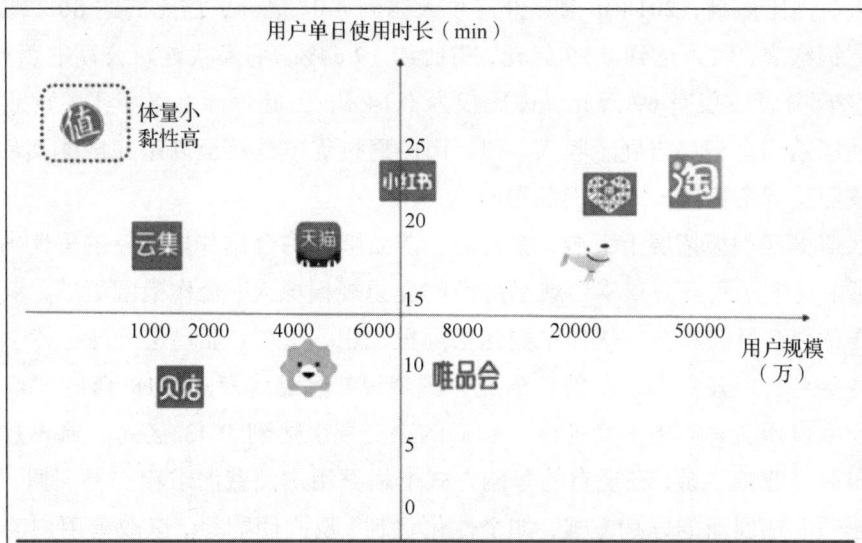

图 5-11　部分电子商务网站用户规模与单日使用时长对比

（2）注重内容，引发互动

什么值得买一方面除了商品导购内容，还有其他内容植入，创造"逛"的氛围；另一方面，从发现好物到完成购买实现闭环，比一般的内容导购多了交易环节，因此较易建立用户友好形象。在综合电子商务流量增长瓶颈明显的背景下，内容导购价值凸显，且由于平台定位、平台内容与其他平台存在差异，在差异化竞争下，竞合关系更显微妙。内容导购平台既要充分把握与头部电子商务的合作尺度，又要化被动为主动，探索以内容为基础的多元化变现方向，以满足消费者的需求。因此，用户的活跃度、互动性已成为什么值得买的核心竞争优势之一。

什么值得买把以"商品"为中心转向以"人"为中心，增强品牌价值输出；将商品变成内容，利用优质的内容将品牌的价值和内涵传递给消费者；同时注重用户间的互动，让用户把优质的内容分享出来。什么值得买的大部分内容是用户的贡献，然后才是专业编辑、商家、机器人贡献的内容。对优惠信息的审核也很严格，比如是否用词不当、是否为时令热点、爆料方是商家还是个人等。此外，平台的用户激励机制完备，个人用户推送的优惠信息一旦被选中，可以额外获得 10 个金币或优惠券。正是这种模式，通过打造温情互动社区，构建良好的人际关系，增强实时互动，突出社群分享氛围，充分调动了用户参与的积极性，提升了用户的参与感和场景感，突出了推荐内容的可信度，营造出沉浸式的消费氛围。

（3）共赢模式，积极拓展

什么值得买的商业模式是以内容运营为核心，以社区话题打造为手段，以品牌推广为盈利点，达到品牌方、平台方、用户三方共赢，建立品牌商与用户间的深度连接。其主营业务为信息推广、海淘代购和互联网效果营销三类服务。其中，信息推广服务规模最大、占比最高，2018 年信息推广收入达到 4.07 亿元，占比高达 80.22%。互联网效果营销次之，收入达到 0.99 亿元，占比约 19.64%。海淘代购对公司的贡献最小，2018 年该部分营收仅有 69 万元，占比仅为 0.14%。因此，什么值得买主营业务收入来源于销售返佣金和广告展示收入，即当用户通过优惠链接至商家完成购买后，导购平台会按照交易金额的一定比例获得收入。

什么值得买积极拓展上下游，加大与上游品牌方的合作并拓展新的导购方式。一方面，谋求与电子商务交易平台或品牌商的交易规模更大、合作范围更广，积极拓展新的合作伙伴。目前其合作伙伴主要包括阿里巴巴、京东、亚马逊全球、苏宁易购等电子商务平台，以及华为、美的、耐克、戴森等知名品牌商。2018 年的"双十一"活动，什么值得买导向电子商务及品牌商的净交易额达到 9.43 亿元。另一方面，公司积极布局产业链下游，在现有的导购方式上根据用户消费需求和交易习惯，与合作伙伴一起适时拓展新的导购方式，如个性化定制、反向团购等，以改善用户的购买体验，提高用户黏性。

（4）另类发展，顺利上市

自成立以来，什么值得买的营收和毛利率都较为可观。作为一个小而美的导购平台，企业在电子商务普遍缺流量、缺内容的形势下找到了自己的价值点，即为用户提供消费决策，同时赚取佣金和广告费。什么值得买通过另类发展（卖信息不卖货物），声势逐渐壮大，已成为著名的导购平台。

2019 年 7 月 15 日，"中国导购电子商务第一股"什么值得买正式在深交所创业板上市，上市首日市值即突破 20 亿元。

5.2.4　内容社区营销：小红书

"物以类聚、人以群分"，共同的爱好与兴趣是社交的前提和基础。小红书以内容聚集人群、以社交传播商品，可以称之为内容社区营销。

1. 简介

与其他电子商务平台不同，小红书是一个生活方式分享社区平台，由毛文超和瞿芳创立于 2013 年，以"标记我的生活"为口号。一开始，小红书的用户注重于在社区里分享海外购物经验；到后来，小红书上出现了关于美妆、个护，运动、旅游、家居、旅行、酒店、餐馆的信息分享，涉及消费经验和生活方式的方方面面。截至 2018 年 10 月 15 日，全球有超过 1.5 亿的用户在小红书 App 上分享"吃穿玩乐买"的生活方式，其中"90 后"是最活跃的用户群体。

社区已经成为小红书的壁垒，也是其他平台无法复制的地方。在小红书社区，用户通过文字、图片、视频笔记的分享，记录了这个时代年轻人的正能量和美好生活的点滴。小红书社区每天产生数十亿次的笔记曝光，内容覆盖时尚、护肤、彩妆、美食、旅行、影视、读书、健身等各个生活领域，同时通过机器学习，小红书对海量信息和人进行了精准、高效的匹配。小红书旗下设有社区电子商务平台——"小红书商城"。2017 年 12 月 24 日，小红书商城被《人民日报》评为代表中国消费科技产业的"中国品牌奖"。

小红书 App 商城首页如图 5-12 所示。

图 5-12　小红书 App 商城首页

2．案例分析

（1）社区起家，用户年轻

小红书从社区起家，一手搭建起一个独具特色的社区平台。发展至今，这个以购物分享起家的社区已经成长为国内较大的互联网社区，拥有过亿的用户。小红书这样定义自己的社区平台，将其比拟为"一座虚拟的城市"，在这座花费五年时间搭建起来的"城市"里，用户就像居民，"潮起潮落，人来人往"；而小红书的思考，也围绕着如何吸引更多的"居民"，留下那些旅途中经过的"游客"，以及如何守住自己的"城市精神"展开。

小红书的用户定位以"90后"群体为主，具有高度的用户黏性。"90后"作为最年轻的、最活跃的消费者群体，表现出极强的个性需求，追求精致生活，对各类新兴商品接受度最高，同时也注重商品的社交性、娱乐性以及便利性。小红书正是迎合了这群用户的需求，使得这个社区平台在年轻群体中"爆红"，成为年轻人居住生活的"城市"。小红书把真实、美好和多元这三种最为看重的城市精神，融入这个年轻人聚集的"城市"。那些最先进入社区的用户一手缔造出这些优质的社区文化，反过来这些社区文化也会影响陆陆续续进入社区的新人。

（2）内容分享，商城模式

小红书内容的主要来源是用户原创内容分享，每天都有大量的用户生产笔记，小红书因此搭建了用户成长体系，鼓励用户生产内容。小红书还以内容话题的分类作为划分依据，开设了多个垂直官方账号，主要针对热门网络现象、原生内容、重大事件做专题策划。小红书的内容偏向休闲娱乐，推送时间会避开上班时段，消息通知一般在中午、晚上及休息时间进行，结合"干货"满满的分享内容来吸引受众。

2014年10月，小红书的电子商务平台"福利社"上线，旨在解决海外购物的一个难题——买不到。小红书凭借已积累的海外购物数据，分析出最受欢迎的商品及全球购物趋势，并在此基础上把全世界的最好的商品，以最短的路径、最简洁的方式提供给用户。小红书福利社后来更名为"商城"，商城模式使用户不仅可以直接搜索到品牌店铺，还能在笔记里插入商城的链接，较之先前的模式大大缩短了交易环节，形成了闭环。小红书迎合了电子商务行业"国际化、社区化、年轻化"的发展趋势，跨境销售、内容为王的特性使其成为众多年轻网络购物用户的首选。

（3）口碑力量，品牌纽带

没有任何方法比真实的用户口碑更能提高转化率，就如用户在淘宝购物之前一般会去看用户评论，而小红书就是一个有真实用户口碑分享的社区，整个社区其实就是一个巨大的用户"口碑库"。在小红书上，来自用户的数千万条真实的消费体验，汇成全球最大的消费类"口碑库"，这也让小红书成为品牌方看重的"智库"。欧莱雅首席用户官 Stephan Wilmet 说："在小红书，我们能够直接聆听消费者真实的声音。真实的口碑，是连接品牌和消费者的最坚实的纽带。"

小红书成为连接消费者和优秀品牌的纽带。通过小红书，消费者可以了解到国外的好品牌。比如，Tatcha（美国品牌，创始人是美籍华人 Victoria Tsai）在美国口碑很好，在中国却默默无闻；用户在社区分享消费体验后，它渐渐受到中国消费者的关注和青睐，小红书因此成为 Tatcha 在中国的唯一合作方。小红书也致力于推动中国的品牌走向世界，聚集在小红书上的一批优秀的中国品牌，借助小红书社区的口碑模式，不必将大量的资源投入广告营销中，而是更加专注于设计和品质。小红书创始人瞿芳说："我们相信，只要将最好的设计、最优的品质与消费者对接，一个具有市场潜力的中国品牌就会冉冉升起。"

（4）艺人代言，精准匹配

艺人代言历来是提高品牌影响力的有效方式。知名艺人入驻小红书，吸引众多粉丝使用小红书，分享的威力在艺人效应之下被无限放大，千千万万的"小红薯"（小红书的用户）争着要在小红书商城"剁手"。小红书成功借助艺人的知名度打开市场，提升了自己的品牌知名度。

此外，小红书启用结构化数据下的选品，精准匹配用户群。2016 年年初，小红书将人工运营内容改成机器分发的形式，通过大数据和人工智能技术，将社区中的内容精准匹配给对它感兴趣的用户，从而提升用户体验。新用户进入首页后，小红书会首先推荐一些艺人的笔记；当小红书获得用户越来越完整的数据包后，会更倾向于根据用户的喜好推荐不同的内容。如用户的浏览、点赞和收藏等行为，会产生大量底层数据，通过这些数据，小红书可以精准地分析出用户的需求，力求推荐的商品是用户最需要的。

相关链接

网络营销专业术语

（1）每行动成本（Cost Per Action，CPA）。CPA 是一种按广告投放的实际效果计价的广告方式，即按回应的有效问卷或注册来计费，而不限广告投放量。现在很多电子邮件营销（EDM）是以 CPA 的方式进行计费的。

（2）每销售成本（Cost Per Sales，CPS）。CPS 是一种以实际销售产品的数量来计算广告费用的广告。这种广告适合购物类、导购类、网址导航类网站，需要精准的流量才能带来盈利转化。

（3）每千人成本（Cost Per Mille，CPM）。CPM 是一种展示付费广告，只要展示了广告主的广告内容，广告主就为此付费。

（4）每时间段成本（Cost Per Time，CPT）。CPT 是一种以时间来计费的广告，国内很多网站都是按照"一个星期多少钱"这种固定收费模式来收费的。

（5）每点击成本（Cost Per Click，CPC）。CPC是一种点击付费广告，根据广告被点击的次数收费。如关键词广告一般采用这种定价模式，比较典型的有Google广告联盟的AdSense for Content和百度联盟的百度竞价广告。

（6）搜索引擎营销（Search Engine Marketing，SEM）。SEM是根据用户使用搜索引擎的方式，利用用户检索信息的机会，尽可能地将营销信息传递给目标用户。简单来说，搜索引擎营销就是基于搜索引擎平台的网络营销，利用人们对搜索引擎的依赖和使用习惯，在人们检索信息的时候将信息传递给目标用户。

（7）搜索引擎优化（Search Engine Optimization，SEO）。利用搜索引擎的规则提高网站在有关搜索引擎内的自然排名，包括站外SEO和站内SEO两方面，目的是为网站提供生态式的自我营销解决方案，让其在行业内处于领先地位，获得品牌收益。

本章小结

本章侧重讲述电子商务业务运营与营销推广案例的分析，具体包括诺誉、张大奕、真爱月饼、川航免费巴士四个电子商务业务运营案例和江小白、三只松鼠、什么值得买和小红书四个营销推广案例。

业务运营是为了占据并巩固自身的市场地位，努力形成核心竞争力，定位、呈现、社群、冷门都是可能的切入点。营销推广是为了在激烈的竞争中脱颖而出，迅速形成口碑，获取消费者的信任，文案、体验、导购、内容都是可能的推广路径。

思考

搜集两家业务运营和营销推广比较典型的电子商务企业（一家侧重业务运营，另一家侧重营销推广）的资料，分析其业务运营与营销推广情况，用类似上文的形式概括其电子商务业务运营或营销推广的要点（至少4点），并指出其各自的不足之处，提出改进方法，填入表5-1的相应位置。

表 5-1　电子商务业务运营或营销推广认知练习

企业名称	业务运营要点	营销推广要点	不足之处	改进方法

06 Chapter

第6章
电子商务品牌创建与衍生服务案例分析

概述

品牌是消费者用以识别产品的最简单的标记，是占领消费者心智的利器。了解品牌的定义与作用，学习电子商务品牌的创建方法，有助于商品通过品牌在品类中脱颖而出。服务是不同于货物的无形商品，衍生服务的发达程度是判断一个行业成熟与否的标志之一。掌握服务的定义，学习电子商务衍生服务的开拓路径，有利于为经营活动拓展边界。本章主要介绍电子商务品牌创建与电子商务衍生服务。

学习目标

知识目标：

1. 理解品牌是占领消费者心智的利器

2. 理解服务是不同于货物的无形商品

3. 掌握电子商务品牌创建的一般方法

4. 掌握电子商务衍生服务的开拓路径

技能目标：

1. 能够参与创建电子商务品牌

2. 能够参与开发衍生服务

引例

乡村客运线路衍生电子商务物流服务

临近春节，黑龙江省富裕县龙安桥客运站的电子商务派件员赵越特别忙碌。上午 10:00，他已在龙安桥镇龙安桥村派送第 7 件商品了。赵越在客运站成立的电子商务服务站找到了新工作，而镇里人的生活也因为电子商务物流的畅通有了新变化。

随着电子商务向农村市场的普及，该省以富裕县为试点，发挥乡村客运班车行政村通车率 100%的优势，让密集的乡村客运网成为物流网，填补了该省农村电子商务物流体系的空白。

1. 乡村客运助力电子商务物流

今年 66 岁的吴全江，是龙安桥村村民，也是有 1 年网龄的"新网民"。他过去购物要去供销社，后来去小卖部；要是想买点大件物品，就需要去县城，去一趟就要折腾一天。随着网购的流行，他想让孩子帮着上网买点东西。可是因为居住在农村，网购的商品送不到，收货比较费劲。自从客运站成立了电子商务服务站，现在坐在家里就能收货了，既省心又省力。因为收货方便，所以村里网购的人越来越多了。

随着农村电子商务市场的开发，农民对网络消费的认识逐渐提高，物流量逐年增加。但购买的商品只能邮寄到县里，农民要自己去县里取。为解决这一难题，富裕县通达客运站整合了 9 家快递公司，利用 53 条客运班线辐射 90 个村屯，客运班车在村村通的各个线路共设有 100 个电子商务网点。在发往乡村的同时，联系信息随时跟踪，货物运到村屯的电子商务网点，由工作人员取货送货。县、乡、村 3 级客运城乡物流体系已经建立，村民们足不出户就能收到网购产品。

2. 电子商务物流破解经营困局

农民网购方便了，多年来城乡客运经营的困局也得到了解决。

在私家车日渐普及、旅客出行方式多元化的今天，村镇客流逐年下降。在富裕县，一个乡级客运站平均每天能卖 30 张票，每张票的利润是 6 角，一天才挣 18 元。多年来，国家、省、市对乡镇客运站点持续扶持，增强了其自身优势，但并不能扭转当前的经营困局。从 2015 年开始，富裕县将现有的客运班线组成了运力网络，车辆分工到村，明确物流配送范围，在乡镇村屯建立物流送达网点，不仅带活了电子商务物流，也给客运企业带来了新的生机。

　　客运城乡物流体系建立后，形成了县级客运站、客运车主、乡镇客运站三方组成的业务结构。财务由县客运站统一管理，按月结算利润，村屯代理网点按件由乡镇客运站支付酬劳。通过整合客运系统资源，开展客运城乡物流业务，把全县的快递业集中整合到客运站经营，建立统一的物流分拣中心。在车辆运力上，客运站通过57台客运班线班车，划分班车的责任区，让闲置的资源得到充分利用。客运城乡物流业务成为县、乡客运逐步扭转困难局面、增加收入的一个有效途径。

3．互联网+交通，商品买卖全国

　　农村电子商务物流网络不仅让农民购物更加方便了，更为农民搭建了一条增收渠道，带火了富裕县的农产品。

　　据悉，富裕县与神州买卖提（富裕）电子商务有限公司开展合作，利用乡镇客运站地理位置好、房屋标准高、专人运营等优势，开办乡镇农产品网络销售店，商城主要经营富裕县的农副产品。村民把腌制的酸菜、河套鸭蛋、小米等特产都放到了网上售卖，每天订单比较可观。

　　富裕县创建了"智慧农业+农村电子商务+县域物流"的"富裕模式"。现在又通过"电子商务+农村物流"的模式，改变了过去的生活生产方式，农村卖也难、买也难的问题解决了，还能把自己的农产品以最好的价格、有选择性地卖向全国，在家门口也能实现买遍全国的目标。农民通过这种方式，增收十分有效。

　　如今，"富裕模式"已经成了当地农村电子商务的一个品牌，也为其他农村地区发展电子商务提供了可供借鉴的经验。

讨论

　　针对"乡村客运线路衍生电子商务物流服务"案例，分析电子商务企业运营的开拓思路，"跳出电子商务卖货思维、开发电子商务周边服务"，例如电子商务物流、电子商务摄影、电子商务培训、电子商务包装、电子商务资讯、电子商务会议等。

　　根据现代营销学之父科特勒在《市场营销学》中的定义，品牌是销售者向购买者长期提供的一组特定的特点、利益和服务。品牌是给拥有者带来溢价、产生增值的一种无形的资产，它的载体是用于和其他竞争者的产品或劳务相区分的名称、术语、象征、记号或者设计及其组合，增值的源泉来自消费者心智中形成的关于其载体的印象。品牌更多承载的是一部分人对其产品以及服务的认可，是一种品牌商与消费者购买行为间相互磨合衍生出的产物。

　　衍生服务是由基本商品交易衍生出来的无形劳务或有形实物需求，比如网络游戏衍生出代练服务，电子商务衍生出快递物流服务、进而衍生出包装耗材需求等。电子商务发展到一定阶段，行业操作各环节的专业化程度不断提高，衍生出代运营、物流、摄影、培训、纸箱、包装耗材等众多服务领域。

// 6.1　电子商务品牌创建

电子商务以"电子"为手段、"商务"为目的，与传统商务的区别只是手段与渠道的不同，在商业本质上并无差异。因此，电子商务与传统商务在品牌建设方面十分类似，需要创建品牌与竞品形成差异化。一般来讲，电子商务的销售半径远远大于传统商务，品牌集中度更高，所以品牌创建的意义和作用也更大。而电子商务品牌建设的终极目标是占领消费者的"心智"，在消费者心中实现"品类即品牌"的效果。例如，一般网购消费者提到"服装"会不假思索地想到"淘宝"，提到"家电"会想到"京东"，提到"化妆品"会想到"聚美优品"，提到"品牌特卖"会想到"唯品会"，提到"外卖"会想到"饿了么"等。曾有某豆浆机品牌在某电子商务平台竞价关键词"豆浆机"的排名，没想到大量消费者直接输入某品牌名称去搜索"豆浆机"，直接导致其推广效果不佳。

6.1.1　手工辣椒酱：倪老腌

辣椒酱是一个传统产品，但是其中用手工制作、网络销售的并不多见，而"倪老腌"却把它做成了网络知名品牌。

1. 简介

有一款辣椒酱，一瓶仅有 400 克，而它的"淘宝价"却高达 40 多元一瓶。在淘宝万店的激烈竞争中，这款比其他同类产品高出近一倍价格的辣椒酱却卖到了年销800 万元的业绩，这就是互联网知名辣椒酱品牌——倪老腌。

2. 案例分析

（1）专注单品，匠心打造

倪向明先生是"倪老腌"辣椒酱品牌的创始人，曾经当过公务员、卖过珠宝、开过茶楼。因为他爱吃辣椒酱，自制辣椒酱已经有 10 多年，所以人称"倪老腌"。电子商务业内公认单品网店的成功率很低，但是倪向明的"倪老腌"重视产品品质与客户体验，成功地坚持了下来。

众所周知，市场对于天然生态农产品有明显的偏好，这也正是农产品电子商务的发展方向之一，"倪老腌"的亮点就在于它是纯手工、现做现卖，每日销售量控制在200 单左右。在"倪老腌"的网店首页，页面设计相当有视觉冲击力，很吸引人，其中有一行醒目的大字："我们只做辣椒酱，立志做互联网辣椒酱第一品牌。"事实上，"倪老腌"用实际行动践行着"小而美"的匠心精神。"倪老腌"背靠丽水生态原材料产地，用上等的农家有机线椒、美人椒、朝天椒，以及蒜、黄姜、花生油等原料，纯手工剁椒，确保辣椒成段，生姜和蒜头充满颗粒感。其中，线椒调颜色，美人椒调口感，朝天椒调辣味，这样做出的五彩辣椒酱，不仅有着很好的辨识度，还保证了产品的唯一性和独特性。

倪向明认为"一定要把产品做好，因为客户不傻，收到的宝贝好不好，一吃肯定心里有数。"多年以来，"倪老腌"始终坚持"好产品才是王道"的理念，一直用优质产品来维持客户群。倪向明认为，在流量稀缺的时代，去开发一个新客户远不如去维护一个老客户来得划算。

（2）保鲜物流，确保品质

对于农产品而言，消费者最关注的就是安全卫生。为此，"倪老腌"打出了不添加任何防腐剂的口号，这种做法在淘宝还是首创。传统的辣椒酱不但要添加防腐剂，而且大多腌制而成。为了确保安全，倪向明取而代之用烧开的油来浇制，这样做不仅让辣椒酱色泽更鲜亮，还能增加生姜、大蒜的香味，但同时也给保鲜物流带来了一定的难度。为了让如此优质的产品不打折扣地被消费者体验到，"倪老腌"抱着对客户负责的态度，针对线下的保鲜物流可谓是做足了功课。"倪老腌"在夏季快递时采用冰袋冷链运输，以确保每一位消费者都可以收到最新鲜的辣椒酱。辣椒酱的保鲜物流成本比一般的农产品要高，与其他类别的农产品相比，物流成本最起码要高出一倍，"倪老腌"的物流和包装成本约占总成本的一半。

下一步，倪向明还希望攻克"植物防腐"的难题，让"倪老腌"从生产到物流更加平稳发展。

（3）极致体验，脱颖而出

目前，我国农产品电子商务同质化竞争比较激烈，"倪老腌"能在互联网上众多辣椒酱品牌中脱颖而出，必有其独特之处。首先从视觉元素和客户体验角度出发，"倪老腌"在选材、制作和包装等各方面的细节上都力求做到极致。以其中一个细节举例，辣椒酱制作完毕，装好瓶，盖上盖子，最后还要扎上一个漂亮的蝴蝶结。每一瓶辣椒酱上的标志和系上的蝴蝶结都必须朝向前面。"倪老腌"辣椒酱产品及包装如图6-1所示。

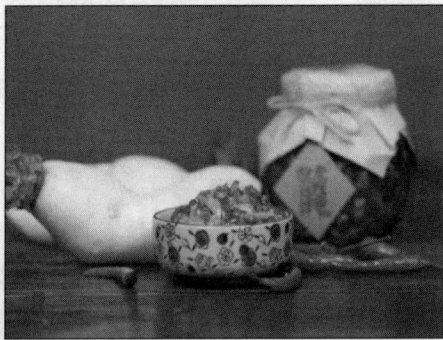

图6-1 "倪老腌"辣椒酱产品及包装

网上模仿"倪老腌"的不计其数，但表面上的模仿容易，本质上的模仿却很难。因为纯手工产品的品质体现在许多细节之处。例如"倪老腌"辣椒酱瓶盖上面的盖章都是人工制作的，而这一步骤大多数模仿者都是用机器来完成的。

（4）线上线下，同步推广

"倪老腌"精心拍摄的微电影《疯狂的辣椒酱》，通过寻找辣椒酱秘方等碎片式的素材让消费者了解"倪老腌"辣椒酱的用心。"倪老腌"的制作车间位于浙江丽水著名景点"古堰画乡"一幢几百平方米的古宅里面，从食材的收集分拣到制作装瓶都聘用当地农民参与并对游客开放。游客可以参观"倪老腌"的手工加工制作过程，品尝辣椒酱，并参与到某些制作环节中，还可以通过手机扫码支付完成线下购买自己亲手制作的辣椒酱。

通过线上品牌的传播和线下景点的体验，线上线下同步推广，"倪老腌"逐步扩大品牌知名度和影响力，促进产品销售。

6.1.2　茶点网红店：赵小姐的店

"赵小姐的店"是厦门众人皆知的网红店，主要经营茶点。由于其首家店铺所在的鼓浪屿是著名的景点，游客的重复购买使其成为线上著名的茶点品牌。

1. 简介

"赵小姐的店"由旅居海外的陈女士（赵小姐的孙女）出资开设，委托朋友林先生和潘先生开办和经营。店主陈女士从小在国外生活，特地回到福建省厦门市鼓浪屿开店，以此纪念她的祖母——赵小姐。"赵小姐的店"室内布置红沙发、白瓷器、绿植物、流苏台灯、青花餐具、古典书籍，刺绣织品……每一样摆设都独具匠心，像走进闺中小姐的绣房，精美雅致，招人欢喜。"赵小姐的店"某门店实景如图 6-2 所示。

图 6-2　"赵小姐的店"某门店实景

2．案例分析

（1）景点起步，连锁经营

2008 年，"赵小姐的店"的第一家门店在鼓浪屿龙头路 298 号开张，2010 年在厦门最具历史的商业街中山路开设门店，截至 2018 年已在厦门开设 7 家门店（鼓浪屿 4 家、中山路 2 家、曾厝垵 1 家），如今已经成为厦门旅游的一张名片，成为许多游客厦门之旅的美好回忆和必去体验的"网红店"。

据不完全统计，近些年来鼓浪屿景点每年接待游客数量均超过了 1000 万人次，是目前福建省游客数量最多的景点，特别是在 2017 年申请"世界文化遗产"成功之后，游客数量更是有增无减。鼓浪屿作为"赵小姐的店"的发源地和大本营，更是借由此处 4 家门店每年所接待的数十万游客声名远播，成为当之无愧的"网红店"。

（2）茶与馅饼，堂食外卖

"赵小姐的店"的主打产品是福建特色的茶与馅饼，主要包括厦门馅饼（绿豆馅饼、红豆馅饼、蜜柚馅饼、肉松馅饼等）、凤梨酥、桂圆酥、锡兰红茶、福建名茶等，兼营各式茶点茶器。这些特色产品既受到当地民众喜爱，又受到外地游客的欢迎，于是逐渐形成了"赵小姐的店"的金字招牌。各家门店既做堂食又做外卖，力求将昂贵的店租成本摊薄，提高单店利润率。店铺装修复古，颇具特色，以"纪念儿时的鼓浪屿"为口号唤起消费者记忆，促使消费者购买。

（3）线下扬名，线上销售

"赵小姐的店"借助其在厦门鼓浪屿这一热门旅游景点的多家门店扬名之后，为了方便消费者不到店也能购买，于 2011 年 4 月 9 日在淘宝开设了"鼓浪屿赵小姐的店"，主营"赵小姐的茶与馅饼"。线下较高的知名度为线上产品销售引来了流量，截至 2018 年 8 月 20 日，该店铺已经成为"五皇冠"店铺，累计积分在 35 万分左右，成为淘宝上的著名店铺。此后，"赵小姐的店"又在天猫开设了"赵小姐旗舰店"，进一步扩大影响力、提高知名度。"鼓浪屿赵小姐的店"淘宝店铺截图如图 6-3 所示。

图 6-3 "鼓浪屿赵小姐的店"淘宝店铺截图

（4）食品礼品，两者兼顾

早年出生于鼓浪屿的赵小姐，20 世纪中叶随家族移居海外。时光飞逝，相隔近半个世纪，在中西文化交融的鼓浪屿，"赵小姐的店"承载着那个年代的鼓浪屿风情和对家族的温暖记忆，每件商品都坚持着属于那个时代的朴素与优雅。

"赵小姐的店"的主营产品属于食品类目，天然具备了快消品"高复购率"的特性；由于旅游景点网红店的属性，使得品牌溢价更加明显，产品具备"高客单价"的特点。同时由于该品牌产品具备"鼓浪屿"这一热门景点的相关标签与故事情怀，兼顾自用食品与馈赠礼品的需求，甚至可以满足作为旅游纪念品的需求，使得其网购群体较普通食品更加庞大。

6.1.3　极致三亚旅游服务：赶海的螃蟹

一般的经营者都想做大，而做大的前提是做小、做深和做透，"赶海的螃蟹"把三亚旅游这一地方旅游小产品做成在线旅游大市场，靠的就是极致服务。

1. 简介

退伍军人曾毅在而立之年选择了自主创业之路，成立了三亚赶海的螃蟹旅行社有限公司。创业以来，他把一家不起眼的淘宝小店发展成为海南的电子商务奇迹，"赶海的螃蟹"已经成为业界知名旅游品牌。"赶海的螃蟹"旨在为游客专项"定制"旅游服务，公司从最初的 2 人发展壮大到如今约 60 人，近些年来每年销售额都超过 1 亿元，在三亚旅游业竞争白热化的市场环境中脱颖而出，成为海南本土专注网络"直客"市场的业界龙头。

2. 案例分析

（1）从业多年，转型线上

曾毅曾是一名光荣的潜水兵，退役后在三亚一家五星级酒店工作，由此对旅游产生了浓厚的兴趣并确定了事业发展方向。当时海南大多数旅行社都只集中做线下产品，缺乏活力且运行不够灵活，他从中发现了一个巨大商机——旅游电子商务。2002年，曾毅创立了自己的第一个旅游咨询网站——潮起潮落网，主要提供旅游咨询服务。然而，曾毅的旅游咨询网站并未获得成功。他在创业过程中体会到成功并非易事。

（2）专攻淘宝，皇冠卖家

在自建网站失败之后，曾毅意识到年轻人是旅游消费的主力。他于 2007 年在淘宝注册了店铺，开始针对年轻客户细致策划品牌和运作模式。此后，他很快组建了公司，专门从事网络旅游咨询、门票酒店预订、旅游路线专项定制等服务。此后"赶海的螃蟹"淘宝网店不断发展壮大，从 0 发展到 4 皇冠，好评率高达 99.99%。但是在很长的一段时间里，公司为了控制运营成本只开淘宝店，并未进驻天猫商城。

（3）三亚旅游，极致服务

"赶海的螃蟹"定位于只做三亚旅游产品，主打在线散客市场，是它能够快速成功的关键因素之一。大部分海南旅游供应商都是兼营三亚与海口两大城市的旅游产品，但是"赶海的螃蟹"放弃海口旅游产品，只做三亚旅游产品。由于公司所在地就在三亚，更能对三亚旅游产品进行深度开发并提供极致服务，反而有利于将产品做深、做透、做出特色。

曾有一位客户因在订购的旅游套餐中吃到了不新鲜的螃蟹而投诉，曾毅不是退餐费而是全额退了团费，这一举动引发了多位现场知情客户的口碑传播。另有一位客户通过"赶海的螃蟹"淘宝店预订了三亚某酒店的客房，当时产品注明了"酒店可上网"。客户入住酒店后投诉卖家，原因是该客户把"酒店可上网"理解成"酒店提供可上网计算机"，而实际上是该酒店只提供"网络"，不提供"计算机"。曾毅接到电话投诉后，直接将家里唯一的一台台式计算机送到了客户的酒店房间供其上网使用。而这位客户恰巧是媒体记者，当时正急着用计算机工作。此事经媒体报道之后，"赶海的螃蟹"声名远播。

（4）酒店机构，代理运营

曾毅认为公司应该永远坚持"以顾客为中心"这一服务宗旨，体现在产品资源前期调研、客服体验、产品设计、预订交流、客户消费、后续跟进、活动推广等服务环节。曾毅还通过及时处理客户的超常规投诉，使"赶海的螃蟹"建立了诚信服务的良好口碑，为其带来了大量潜在客户。2007年以来，公司销售额从最初的月入千元发展到如今的月入上千万元。

曾毅店铺的发展一直紧跟着阿里巴巴的变化，目前店铺已经升级加入阿里巴巴的飞猪平台。曾毅没有合伙人，整个店铺只有他自己管理，所以可以不以利益为重，他很享受把产品和服务做好、让消费者满意的过程。作为第一批淘宝旅游电子商务，曾毅具有的平台经验和行业洞察力是颇具价值的。目前，他已成为飞猪平台的TP服务商（淘拍档），代理运营着三亚5～6家的五星酒店和一家旅行机构。

"赶海的螃蟹"淘宝店铺截图如图6-4所示。

图6-4 "赶海的螃蟹"淘宝店铺截图

扫一扫，听一听作者如何分析赶海的螃蟹。

6.1.4　消费电子智造：海翼

当大部分跨境电子商务企业还停留在制造阶段时，海翼已经发展到了智造阶段，成为境外消费者心中高度认可的中国高端消费电子品牌。

1. 简介

湖南海翼电子商务股份有限公司是一家充满活力的跨境电子商务零售及产品研发企业。公司总部坐落在湖南长沙，在深圳、美国、日本分别成立了分公司，形成"1+3"的国际化架构体系，于 2016 年 10 月在新三板挂牌上市。

海翼旗下运营的"Anker"（德语，意为"锚"）品牌，是在欧美和日本最受欢迎的消费电子品牌之一，主要生产和销售笔记本电脑充电器、充电电池、键盘、鼠标等数码周边产品。市场重点目前是北美、欧洲、日本和中国，业务覆盖全球，多款产品在亚马逊、易贝等线上市场稳居前列，近年来持续保持高速增长。2016 年、2017 年和 2018 年公司营收分别为 25 亿元、39 亿元和 52.3 亿元；净利润分别为 2.2718 亿元、3.2857 亿元和 4.2678 亿元。

2. 案例分析

（1）需求驱动，创新产品

Anker 以用户需求为驱动，在能源管理、新型连接设备、输入输出装置、家庭网络等领域为用户提供优质的创新产品。对于习惯线上购物的智能数码用户来说，Anker 是严谨可靠、体贴周到又不失幽默的智能生活好帮手。它崇尚硅谷精神，创新产品是 Anker 工程师执着的追求；它专注于为最优秀的智能产品提供周边支持；它的每一个小创意，都尽力为解决用户的实际问题，让用户体验更多便捷和乐趣。

（2）整合资源，全球运营

由于海翼总部所在地湖南长沙（创始人阳萌的家乡）并非消费电子产品的优势产地，所以海翼采用了整合资源、全球运营的方法。美国、日本分公司瞄准业界前沿，严格按照国际标准和境外消费者喜好研发产品；深圳分公司负责整合供应链，将产品由深圳口岸出口境外市场。海翼产品的设计研发采用欧美标准，符合境外市场的需求；生产环节在境内完成，降低了制造成本；通过深圳口岸海运出口，降低了物流成本。

当大部分的跨境电子商务企业还在用包裹跨境寄送商品的时候，海翼与美国一家公司合作设立了海外仓库。依靠美国的仓储中心、物流网络，美国消费者拍下一件 Anker 的产品，1～5 天就能收到货品。例如一款 Anker 的笔记本电脑电池售价约为 30 美元，而戴尔的类似产品售价要 80～100 美元。此外，加上快捷的物流和本地化的售后服务，Anker 的销售额直线上升。

（3）自有品牌，屡获大奖

海翼的创始人阳萌，毕业于北京大学计算机系，2003年留学美国，2006年进入谷歌公司，曾获谷歌内部颁发的员工最高荣誉奖"Founder's Award"（创始人奖）。2011年，阳萌回国创立湖南海翼电子商务股份有限公司，并在全球注册了"Anker"品牌。Anker品牌自问世以来，多项产品屡获国际大奖（包括"亚马逊杰出中国制造奖""红点设计大奖"等）。2017年1月，在"BrandZ™中国出海品牌30强"榜单中，Anker位列第8名，在消费电子品类仅次于联想、华为和小米，成为较具国际知名度和影响力的中国品牌之一。2017年5月，Anker成为Google Assistant首批10家硬件合作伙伴之一。

此后，海翼又先后推出了智能家居品牌Eufy、车载智能品牌Roav、智能投影品牌Nebula等多个自有品牌。

（4）自主研发，高速成长

Anker系列产品售价高于北美市场平均价30%，市场占有率却高达30%，这主要归功于公司出色的研发设计能力。海翼电子商务拥有员工约700人，其中研发人员超过400人，每年研发投入超过1亿元，公司在国内已有约200项专利，每年新增60～80项知识产权。

2016年海翼销售了2000多万个充电宝，线上获得亚马逊、谷歌等合作方认可，在北美、欧洲、日本等地区的线上市场稳居品类销量第一；线下打入沃尔玛（Walmart）、百思买（Best Buy）等传统商超渠道，产品畅销全球80多个国家和地区，用户超过3000万。近年来，Anker年营收依然保持20%以上的增长速度，已经成为国内营收规模最大的科技型跨境电子商务出口品牌之一。

扫一扫，听一听作者如何分析海翼。

相关
链接

跨境电子商务

以往我国的外贸出口大都是"大批量、少批次"的大额订单，通过进口商、批发商、零售商的层层分销到达境外最终消费者手中，终端价格往往是出厂价格的5～10倍。此前我国的外贸进口情况与此类似，境内最终消费者也因为渠道层级过多，需要支付数倍于原产地的价格才能买到同样的产品。

2008年，全球外贸形势发生了巨大的变化，"小批量、多批次"成为外贸订单的主旋律。消费者纷纷开始"海淘"，无论是境内消费者购买境外商品，还是境外消费者购买境内商品，跨境电子商务成为一种新兴的购物渠道并逐渐流行起来。

　　跨境电子商务是指分属不同关境的交易主体，通过电子商务平台达成交易、进行支付结算，并通过跨境物流送达商品、完成交易的一种国际商业活动。

// 6.2　电子商务衍生服务

　　商品一般包括有形商品（如货物）和无形商品（如服务与技术）。有形商品是指具有实物形态、通过交换能够带来经济利益的劳动产品。无形商品是指对一切有形资源通过物化和非物化转化使其具有价值和使用价值属性的非物质的劳动产品以及有偿经济言行等，包括软件、电影、音乐、电子读物、信息服务等可以数字化的商品。

　　以往电子商务大多售卖有形商品（俗称"卖货"），较少售卖无形商品（俗称"卖服务"）。但是，随着电子商务产业的发展和成熟，越来越多的企业开始跳出"卖货"的思维禁锢，拓展到"卖服务"的领域。事实上，我国互联网三巨头——百度、阿里巴巴和腾讯，没有一家是售卖有形商品的。具体地讲，这三家的主打产品分别是信息搜索、商业信息和信息通信。从经济学角度来看，它们都是通过占用大量信息、进而用于出售来获利，即它们三家都是"卖服务"，而非"卖货"。随着电子商务行业的发展和成熟，由此衍生出许多新的细分服务项目，也成就了一批业内服务企业。

6.2.1　品牌代运营：宝尊

　　当传统企业需要低成本运营电子商务，当电子商务企业可以低成本输出运营体系，代运营便契合了上述需求和供应，而宝尊就是代运营的代表性企业之一。

1. 简介

　　宝尊电子商务于 2007 年年初成立，是一家为品牌企业和零售商提供包括营销服务、IT（信息技术）服务、客户服务和物流服务等在内的专业的整合式电子商务服务商。宝尊电子商务始终坚持以品牌为中心，根据品牌的需求来提供有效的电子商务服务方案。2015 年 5 月，宝尊电子商务在美国纳斯达克（NASDAQ）上市，股票代码为"BZUN"，2019 年 8 月市值约为 24 亿美元。

　　2016 年，宝尊与韩国 CJ（希杰）集团成立合资公司；宝尊旗下新一代物流子公司宝通易捷宣布成立。2017 年，宝尊荣获"2017—2018 年度国家电子商务示范企业"称号；成立数字营销独立团队，为品牌实现"品销合一"。2018 年，宝尊品牌升级，公布了新品牌标识及视觉形象，推出了全新的品牌口号"科技成就商业未来"，向技术与研发领域不断升级转型。

2. 案例分析

（1）背靠阿里，服务品牌

在宝尊电子商务的发展过程中，阿里巴巴发挥着极其重要的作用。在其 2010 年 8 月的 A 轮融资中，阿里巴巴战略入股 3270 万元。此后，在其 B 轮、C 轮、D 轮融资中，阿里巴巴继续投入或引来诸如高盛、软银这种重量级风投加入。雄厚资本的持续注入和巨头的信用背书为宝尊电子商务的快速发展创造了良好的外部环境。经过三次入股之后，阿里巴巴在宝尊 IPO（Initial Public Offerings，首次公开募股，俗称"上市"）前持股 23.5%，IPO 后持股 18.2%，成为宝尊电子商务第一大股东。

公司目前服务超过 150 个国际与国内一线品牌，涵盖多项类目（服饰、3C 数码、汽车、家电、食品、保健品、家居建材、美妆、快消、互联金融等）。宝尊的运营服务涵盖全网，包括平台店铺（如天猫、京东、小红书、亚马逊等），品牌官网、社交电子商务（微信商城、小程序）和 O2O 等全渠道运营。公司主要客户是国际品牌，国内品牌客户占比很低，国内品牌客户与国际品牌客户的比例为 1∶8。2017 年前三大客户贡献了商品成交总额的 51%，前十大客户贡献了 GMV 的 74%。导致这种结构是由于国际品牌对中国电子商务环境较为陌生，宝尊提供的全网服务对他们有很强的吸引力；同时由于国内电子商务门槛较低，国内品牌大多选择自建渠道、自营电子商务，而不是外包给电子商务代运营公司。

2018 年"双十一"宝尊全网总成交额超 65.5 亿元，同比增长 31%，其总订单量超过 1800 万个，同比增长近 50%。在宝尊服务的品牌中，耐克（NIKE）、飞利浦、松下、飒拉（ZARA）、华为等超过 15 个品牌店铺成交额破亿元，另有 12 个品牌破五千万元，36 个品牌破千万元。而在手机类目 TOP10（前十名）中，宝尊合作品牌占 3 席；进入各个类目 TOP10 的还有飞利浦、星巴克、ZARA、松下、比亚迪、UGG、匡威等。值得一提的是运动品牌 NIKE，2017 年与 2018 年"双十一"成交额均过 10 亿元，稳居天猫运动户外类目第一名。

（2）经销模式，脱颖而出

宝尊电子商务的主要业务模式包括服务模式与经销模式，两种模式对比如表 6-1 所示。

表 6-1　宝尊电子商务服务模式与经销模式对比

模式名称	内容	权限与风险	盈利方式
服务模式	信息技术 店铺运营 线上推广 客服 仓储物流	有代理权 无定价权 无经销商选择权 无商品所有权 不承担库存风险	固定收费 佣金收费

续表

模式名称	内容	权限与风险	盈利方式
经销模式	线上销售全套服务	有经销权 有定价权 有经销商选择权 有商品所有权 承担库存风险	进销差价

电子商务发展初期，1000 元保证金即可网上开店。低门槛导致电子商务代运营公司数量不断增加，前端领域的同质化竞争不断加剧，缺乏技术含量。当时，那些能够设立仓储物流，甚至买断经营的代运营公司反而更容易从竞争中脱颖而出。究其根本原因，是因为上游厂商的核心诉求是实现货物的销售，买断经营的业务模式能够降低上游厂商的经营风险。

宝尊的管理层抓住了这种心理，也看到了整个代运营行业高度分散的同质化竞争环境，立足经销模式，从而快速打开市场局面，不断提高口碑与规模效应。2012—2017年，宝尊 GMV 年均复合增长率达到了惊人的 67%。GMV 的高速扩张对宝尊极其重要，因为品牌电子商务代运营服务的关键是规模效益，代理业务越多，单位成本越低，对下游物流链的议价话语权越大。截至 2017 年年底，宝尊共运营 11 个物流仓，合计仓储面积 28 万平方米，每天可处理订单 170 万单。

（3）服务模式，盈利翻番

宝尊电子商务的营收增长率在近三年出现了明显放缓的迹象，这与电子商务行业性的红利逐渐消失有关，这也正是阿里巴巴与京东等电子商务巨头开始向线下渠道延伸的核心原因。宝尊为了适应该形势的变化，调整了两种业务模式结构，增加服务模式，减少经销模式。宝尊电子商务 2015—2017 年的主要经营指标如表6-2 所示。

表 6-2　宝尊电子商务 2015—2017 年的主要经营指标

年度	GMV 总量 （亿元）	品牌客户数量 （个）	收入 （亿元）	增长率	净利润 （亿元）	增长率
2015	67.4	113	25.98	64%	0.23	−139%
2016	112.6	133	33.90	30%	0.85	270%
2017	191.1	152	41.48	22%	2.09	146%

规模效应的积聚与业务结构的调整终于在 2016 年给宝尊带来了质的变化，轻资产高利润的服务模式比重大幅增加到 46%。大大提高了利润水平，净利润率从2016 年的 2.5%上升至 2017 年的 5%。宝尊电子商务 2015—2017 年收入结构如表6-3 所示。

表 6-3　宝尊电子商务 2015—2017 年收入结构

年度	经销收入占比	服务收入占比
2015	75%	25%
2016	64%	36%
2017	54%	46%

宝尊电子商务 2018 年总净营收为 53.93 亿元，其中经销收入为 25.17 亿元，服务收入为 28.76 亿元。至此，宝尊服务收入占比超过 50%。

（4）科技赋能，增长可期

经销模式与服务模式的盈利能力差距明显，2017 年宝尊经销业务利润率仅为 1.21%，而服务模式利润率为 9.55%。公司未来主营业务将由经销模式转向服务模式，并通过科技手段降低成本、提高效率，希望以此来持续改善经营业绩、提高盈利能力。宝尊于 2017 年上半年成立创新中心科学实验室，加强其数据采集和分析、图像处理和识别、人工智能等领域的研发投入，希望利用新技术手段优化业务流程，减轻销售、管理等费用负担。未来品牌电子商务服务行业核心竞争力是其 IT 技术、数字营销、物流等核心服务环节的效率，持续在核心环节加大投入有利于构建竞争壁垒，适应品牌客户精细化运营要求，从而获得高于行业整体的发展增速。

作为品牌电子商务服务领域的领先者，宝尊近几年的业务模式调整持续提高了公司的盈利水平，业绩持续改善，从 2014 年亏损 0.59 亿元到 2017 年盈利 2.09 亿元。2018 年宝尊电子商务交易总额为 294.26 亿元，同比增长 54.0%；总净营收为 53.93 亿元，同比增长 30.0%。

由于宝尊业务重心转移至服务模式，预计服务模式 GMV 占比将持续提升，2020 年预计将接近 90%。在服务模式的高利润率及成本费用端规模效应的带动下，宝尊的盈利能力将持续上升，预计 2020 年净利润率达到 8.50%，净利润达到 6.12 亿元。

6.2.2　拉链纸箱：一撕得

电子商务越发达，纸箱消耗量就越大。我国目前每年大约消耗 100 亿个纸箱，如何在这一电子商务衍生出来的快消品行业中做强做大，一撕得给出了答案。

1. 简介

北京一撕得物流技术有限公司是一家专注于一站式包装供应链的创新型互联网公司，致力于帮助品牌及电子商务企业建立简单、高效且环保的整体包装方案，自创立以来连续多年的高速健康成长得到投行认可，获得知名风投公司投资。一撕得是拉链纸箱的创造者，为创造独特的用户体验，在生产设计、黏胶、机器设备等方面获得

40 余项国家级技术专利。一撕得不仅提供拉链纸箱，也为客户量身定制整体包装解决方案，时至今日获得包括顺丰、唯品会、天猫、苏宁、小米、锤子等百余家客户认可，年营收超过 5 亿元。

一撕得秉承开放、共赢、诚信的合作理念，与全国优秀合作伙伴共同打造"互联网+包装"新型产业链。一撕得首创行业双向软件即服务（Software-as-a-Service，SaaS）智能服务平台，实现供应与生产的高度配合，提高与供应商的合作效率，真正通过包装为产业赋能。

2．案例分析

（1）淘宝卖家，发现商机

一撕得创始人邢凯原为橡果国际高管，2012 年，他与合作伙伴戴晓杨在淘宝上开设化妆品店铺"悠刻"，一年时间销售额过千万元。"悠刻"当时在淘宝化妆品类目中位列前三，店铺的三项评价（描述相符、服务态度和物流服务）均达到 4.9 分，其中物流的贡献非常突出。

作为淘宝的重度使用者，邢凯憎恨五花大绑的物流纸箱，厌恶一切难开的包裹。于是，他们自己定制纸箱，尽可能减少透明胶带的使用，为此不惜增加成本使用 3M 胶，并设计了拉链式开口，让消费者见到商品之前的开箱过程成为一种愉悦的体验。在此过程中，很多淘宝电子商务向邢凯提出购买纸箱。当时，化妆品店投入 1000 万元还没有收回成本，但询问纸箱的电子商务卖家却越来越多，邢凯意识到卖纸箱可能是一个比卖化妆品更大的生意！

（2）研究市场，开创品类

邢凯研究发现，每年中国包装产业的整体市场规模在 1 万亿元以上，纸包装在 6000 亿元以上，是其中成长性最好的细分市场。纸包装市场中约有 30 万家从业者，其中体量最大的不过年销 30 亿元，市场占有率还不到 1%。大多数纸箱厂 50%的产能是冗余的，原因在于大部分厂商受限于 200 千米的运输半径，无力拿下全国性电子商务客户。在过去的 100 年中，纸箱的结构没有发生颠覆式的变化。邢凯决定，要以互联网思维再造这个传统产业，成为巨大的蚂蚁市场（蚂蚁市场是指体量庞大、集中度很低的市场）中的一头狮子。

邢凯发现，传统纸箱的使用是一个高度依存于他力的体验。没有胶带不能封装，没有剪刀和开箱器不能打开。这不仅让用户体验差、效率低，并且由于胶带的使用，造成纸箱的使用非常不环保。于是，邢凯设计出第一个拥有"拉链"的纸箱（"拉链"为形容词，实际是一个带有拉链外观的撕拉条）。对最终用户而言，相比原来起身拿剪刀、剪开、撕开的三步开箱流程和 1 分钟以上的耗时，新的拉链纸箱让用户的开箱步骤简化为"一撕得"和 3 秒的耗时。由此，一撕得在传统纸箱行业中开创了一个全新的品类——拉链纸箱。一撕得拉链纸箱如图 6-5 所示。

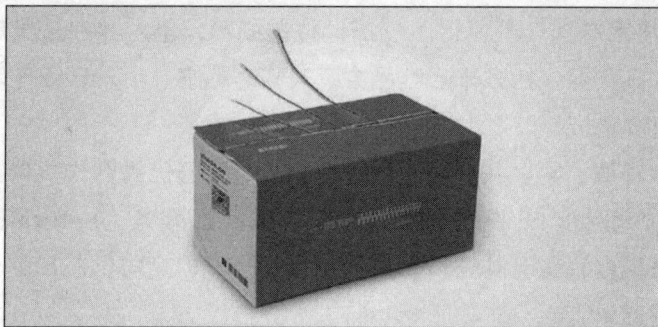

图 6-5　一撕得拉链纸箱

（3）产品设计，注重细节

邢凯是一撕得的创始人，也是一撕得的首席产品经理。邢凯认为他们发现的一切商机都是基于用户思考得来的，好产品一定要简单实用，"拉链"的设计就来自于与用户的深度互动。在发明拉链纸箱后，很多用户不知如何使用，经过上百次设计，一撕得在纸箱开启处印上拉链，这既是最简单的使用说明书，也成为一撕得的标志。这让用户靠直觉就能做出判断，并且左手与右手一样好开，可以照顾到中国 1.3 亿左利手的需求。提升封箱效率 50%以上的波浪双面胶设计，对于商业用户有着巨大的价值。一撕得采用了一秒揭开的"波浪双面胶"，这条波浪双面胶可以在一定压力下保证黏合牢固，同时可经受极寒与极热环境（-40℃～80℃），保证 15 天以上不开裂。如此一来，平均每个纸箱用胶量减少了三分之二。同时，波浪边的设计可实现"秒揭离"，使封箱效率至少提升一半以上。锯齿边缘与圆角设计，是为了防止用户的手被刮伤。一撕得所有产品在不允许消费者接触到的地方产生的直边必须是齿边。因为一撕得产品的用户是人，不是物，其设计中充满了人性化元素。一撕得纸箱还具备防盗功能，整个纸箱充满了圆角，只要不是从拉链处开启箱子，圆角处必会留下痕迹。隐形的防盗刀口设计，一次性封箱方式，一旦被打开，则无法复原。在快递运输过程中，用户不仅可以安心收包裹，不用担心昂贵的商品在途中被串货，供应商也能根据纸箱上的痕迹判定责任方。

一撕得纸箱的"拉链"设计如图 6-6 所示，一撕得纸箱的波浪双面胶设计如图 6-7 所示，一撕得纸箱的齿边设计如图 6-8 所示，一撕得纸箱的防盗设计如图 6-9 所示。

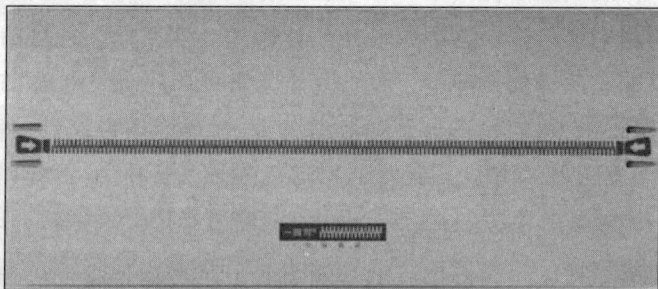

图 6-6　一撕得纸箱的"拉链"设计

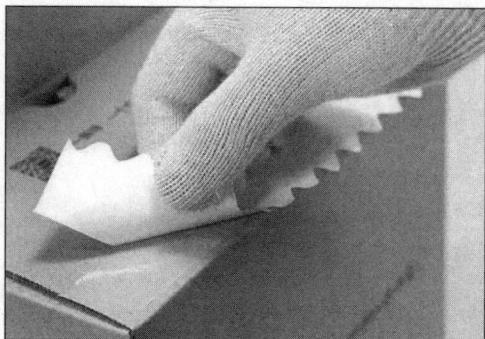

图 6-7　一撕得纸箱的波浪双面胶设计

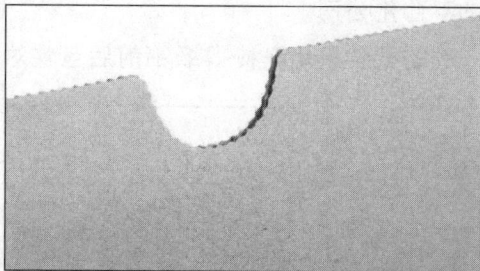

图 6-8　一撕得纸箱的齿边设计

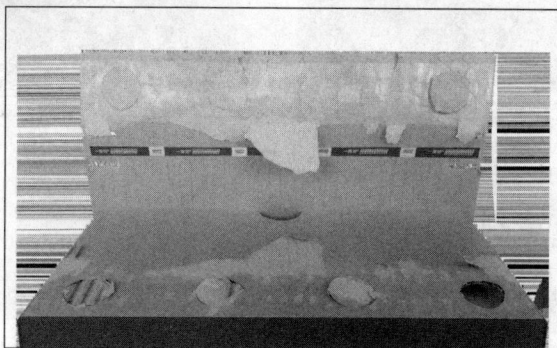

图 6-9　一撕得纸箱的防盗设计

（4）成本控制，模式升级

一撕得纸箱刚刚面世时，用户体验很好，但是生产成本过高，在市场上"叫好不叫座"。起初每只一撕得纸箱生产成本高达 3～4 元，如今已经降低到 1 元左右。公司通过数学模型将包装数字化，选用不同材料进行虚拟实验，大大降低了试错成本。学医出身的邢凯和自学高分子化学的合伙人，在一位老教授的帮助下，研发出了一款 -20℃～60℃ 都能有效黏合的全温胶，使得纸箱可以适应全中国各地的气候。后来，他们又研发了波浪双面胶，用量少黏性大且无毒易分解，在保障包装强度的同时不会带来环境的污染。在制造成本控制方面，邢凯的策略是接受 OEM（贴牌生产）的报价，先把产品做出来，然后把制造成本中的每一个过程进行深度的数字化分析，找到控制成本的关键环节再加以优化。

邢凯发现包装行业的枷锁竟然是物流，200 千米的运输半径，就是传统纸箱行业的边界，一旦越界，就变得规模不经济。为了突破这个边界，邢凯开始了商业模式 1.0（产品）到商业模式 2.0（产品+服务）的升级。为此，一撕得开始了全国范围内的资源整合。一撕得将生产设备提供给加盟厂商，而加盟厂商需要从一撕得购买辅料。通过供应链整合，一撕得做成了一家"没有围墙的工厂"，实现了"一张订单、全国交货"，打破了行业原有的边界。目前，一撕得通过"SaaS+云供应链"为中小企业提供一站式包装供应链服务，帮助中小企业获得成功。邢凯认为一撕得各类包装产品有望成为入口级产品，在大数据与广告等领域均大有可为，未来将成为一家依靠产品驱动的平台化公司。

劲霸男装采用一撕得纸箱前后包装对比如图 6-10 所示。

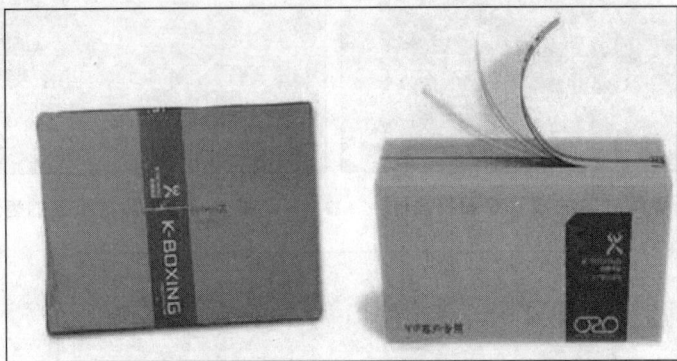

图 6-10　劲霸男装采用一撕得纸箱前后包装对比

6.2.3　高品质定制：必要

以往的电子商务追求的是到达最终消费者手中渠道，即如何"2C"。如今"C2"成为电子商务新的发展方向之一，即由最终消费者来发起销售行为。"C2"是"先销售、后生产"，较之"2C"的"先生产、后销售"，这改变可以大大降低库存率，必要商城（简称"必要"）已经成为这一方向尝试的先行者。

1. 简介

必要由原百度市场总监、乐淘董事长毕胜先生投资创立。必要是用户直连制造商的电子商务平台，采用用户直连制造（Customer to Manufacturer，C2M）模式实现用户到工厂的两点直线连接，去除所有中间流通环节，连接设计师、制造商，为用户提供大牌品质、工厂价格、个性专属的商品。必要商城打破传统电子商务运营模式，一头连接大量消费者，一头连接大牌制造商，让消费者与大牌制造商直连，其口号为"买大牌制造商产品　上必要"。

2015 年 7 月 30 日，必要宣布正式上线。仅上线一年，必要的订单已经从起初的每月 2000 多单发展到每月 30 多万单。只有 70 个人的小公司运营的必要 App，已经成为时下白领钟爱的电子商务 App，一度跃居 App Store（苹果应用商店）热门搜索第三，购物排行榜第九。必要于 2016 年年底实现盈利，在 2017 年的中国电子商务价值榜评选中，荣获"年度消费者口碑奖"（天猫、京东荣获"年度电子商务平台大奖"，苏宁易购荣获"年度智能客服奖"）。

2. 案例分析

（1）流通链短，性价比高

在电子商务持续冲击下，性价比消费已经成为消费主流，特别是刚需高频消费的主流；同时性价比消费开始向品牌化消费渗透，品牌不再只讲究溢价率，也开始追求性价比。例如，高端汽车品牌纷纷推出更加大众化的新系列产品，高档化妆品针对年轻消费者推出新版本和试用装，一些大牌在奥特莱斯开设"工厂直销店"，而小米这样的新兴品牌更是把性价比推向极致，并以"感动人心、价格厚道"作为价值观。

"一件做工非常好的衬衫，生产成本是 100 多元，在商场要卖 1000 多元！"这并不是网络上流行的段子，而是市场上常见的现象，因为中国线下商场零售业的普遍加价率是 8～12 倍。一般人对上述现象已经司空见惯，毕胜却不甘心，决心通过电子商务来改造制造业和零售业。他希望创办一个平台，通过闭合的"直连"，杜绝假冒伪劣商品；通过缩短流通链条，提高商品流通效率。同时，C2M 是从用户端发起交易，用户通过必要平台下单后工厂才生产，即"先有订单后生产"，从而在很大程度上减少了库存、压缩了账期。此外，由于跳过了经销商和品牌商环节，产品又都由大牌制造商生产，使必要商城里所出售商品的性价比大为提高。

传统渠道商品流通链如图 6-11 所示。

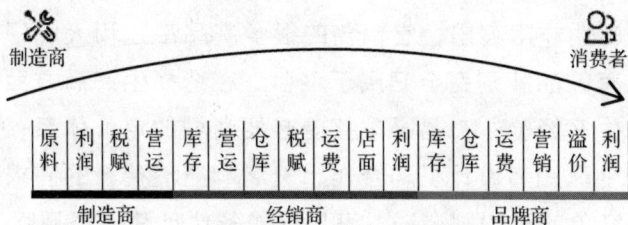

图 6-11　传统渠道商品流通链

必要商城商品流通链如图 6-12 所示。

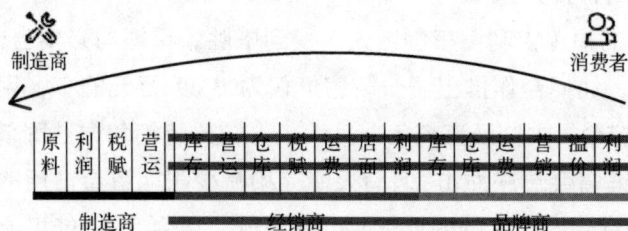

图 6-12　必要商城商品流通链

（2）顺应大势，定位年轻

麦肯锡《2017 年中国消费者报告》显示，"90 后"正成为消费新引擎，他们的视线已经从外国品牌逐渐转向了本土品牌，开始密切关注主打性价比的品牌。如今消费者对自己的购物需求非常明确，依次是物有所值、品质优良、满足个人偏好、售后服务到位。

必要商城的主打客户群体是"以质量为标准、不是很在乎品牌，接受客单价在

100～1000 元，年龄在 20～35 岁的人群"。他们为了品质能够有耐心等待生产，对生活有合理的安排，不会很紧急地购买某个商品。这种类型的客户在心理学上被称为"自由型消费群体"，他们态度随和，生活方式比较注重品质，选择商品标准多样化；既考虑质量，也很注重外观，却不盲从于品牌。上述顺应大势的客群定位使得必要在激烈的电子商务红海竞争中找到了一片蓝海，即"为有品质需求、无品牌偏好的人群提供超高性价比的商品"。

（3）重塑渠道，重构生产

过去几年零售市场渠道变化的最大特征是电子商务崛起，电子商务的最大作用是消解传统渠道层层加价的不透明价格体系。渠道从原来只有交易属性，只是供求双方的成交场所，开始具备一定的生产属性——一方面通过大数据驱动生产商精准生产；另一方面，渠道商直接参与对供应链的深度改造，推动定制化生产。而这些"新生产"的产品，有的就以渠道商品牌来命名，变成渠道商的自有品牌产品。例如线下屈臣氏大量销售自有品牌产品，无印良品（MUJI）和名创优品所售商品全部来自自有品牌，渠道商已经变身品牌商。

必要的生产属性非常突出，它销售的很多产品都是和大牌厂家深度合作、独家定制的产品，有的品牌则完全归属于平台。在选择生产商方面，一是必须有为全球著名品牌的生产经验；二是必须接受必要商城的定价体系；三是必须拥有原创设计能力或与全球知名设计机构合作，灵活响应消费者的需求变化；四是建议拥有支持个性化订单的柔性制造链。满足这些条件且获得产品委员会 80%以上投票通过后，如果出现"退货率超过 5%，差评率超过 1%，或者触碰了任何一道红线"，产品立即下架。

（4）个性定制，提升效率

2015 年，李书福（吉利汽车创始人）找到毕胜，希望与必要合作通过 C2M 方式来解决库存顽疾。他们合作推出了一款售价仅为 3.69 万元的车，用户可以个性化选择车身颜色、操控台、内饰及座椅等。虽然车价较传统销售方式降低了 2 万多元，对吉利其他车型的销售会造成冲击，但消灭库存和减少账期资金占用的利益足以对冲降价的损失。C2M 对厂商最大的好处就是"先收款、后生产"，能极大提升资金的使用效率。

必要平台的所有商品均为"接单生产、款到发货"，一般生产周期为 7～20 天，用户愿意为了性价比而等待，工厂愿意为提升效率而生产。许多大牌制造商都有自己的品牌，但苦于没有知名度而沦为大品牌的代工工厂，赚取产业链最微薄的利润；而同时消费者却要为商场和品牌的层层费用买单，以很低的性价比来消费同等质量的商品。必要商城的某些商品甚至提供个性图标定制，比如消费者可以直接下单将衬衫命名为自己的牌子，在袖口绣制自己的姓名，打造出一件个性专属的商品。

著名财经作家、著名音乐人、著名主持人都是必要的常客，曾多次在公开场合为其背书宣传，引发了更多消费者对必要的关注。

6.2.4　极简快消品：Brandless

快消品天然具有高频次消费的特点，通常是容易做出大市场的小商品。而剔除艺人代言、奢华包装和品牌溢价等费用之后的极简快消品已经开始在年轻消费者中流行，Brandless 正是主营这类商品的电子商务企业。

1. 简介

对于想打造快速消费品（Consumer Packaged Goods，CPG）品牌的商家来说，各种社交媒体为品牌商建立了天然的分销渠道，商家直接可以在线上精确定位目标客户，用户自然也可以轻易地在网上了解到自己想要的商品。蒂娜·夏基（Tina Sharkey）与伊多·莱弗勒（Ido Leffler）均为连续创业者，他们希望利用这个时代的网络环境，彻底改变消费者购买日常快消品的方式，将消费者喜欢在线下店铺购买日用品的囤货行为，变成直接在线购买。基于此，他们在美国硅谷创立了一家全新的快消品电子商务公司——Brandless（直译为无品牌）。

2017 年正式开始运营的"Brandless"直接面对全美消费者，为他们提供高质量的、价格适合的自有品牌商品。Brandless 将客群定位为"千禧一代"，所有商品价格均为 3 美元一件，具体包括食品、家居厨房用品、美妆个护用品、文具等。刚刚上线一年的 Brandless，迅速吸引了一大波粉丝，成为 2017 年硅谷最火的创业公司。2018 年 8 月 1 日，软银（曾成功投资阿里巴巴的世界著名风投公司）宣布向美国电子商务公司 Brandless 投资 2.4 亿美元，认可其估值超过 5 亿美元。

Brandless 网站首页如图 6-13 所示。

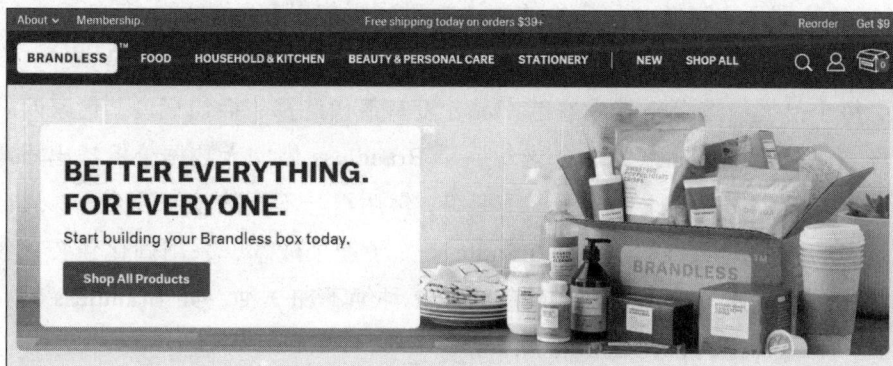

图 6-13　Brandless 网站首页

2. 案例分析

（1）无品牌税，无中间商

Brandless 声称其所有商品只卖 3 美元一件的原因是其平台上出售的产品都没有

任何品牌（也有人认为其实就是采用单一自有品牌——Brandless）的，消费者不用缴纳商品的"品牌税"。Brandless 把品牌或公司为其产品的广告代言、营销推广以及在大型商超的场租所支出的费用统称为品牌税，国内称为流通费用。他们认为现在市场上多数产品的附加值远远超过了产品本身的价值。该公司估计，与他们自有产品质量相当的产品比较，消费者一般至少要多花 40% 的钱，护肤系列里的洗面奶有时甚至需要消费者支付 320% 的溢价。

Brandless 主营无品牌商品，致力于突出每个产品的细节，比如食品中有没有添加糖、富含多少蛋白质、是有机食品还是无机食品等。公司直接面向消费者销售产品，去除了所有的中间经销商环节。综合上述因素，Brandless 的产品价格平均要比同类产品低 40%。

Brandless 模式与传统品牌模式对比如图 6-14 所示。

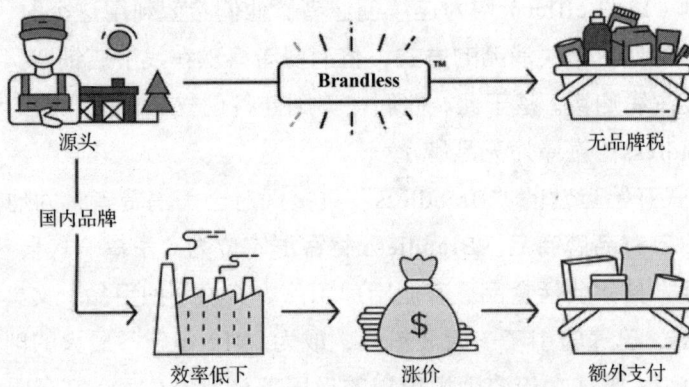

图 6-14　Brandless 模式与传统品牌模式对比

（2）更少品类，更好选择

Brandless 另一个降低商品售价的秘诀就是减少售卖商品的最小库存量。

选品方面，Brandless 崇尚极简主义。Brandless 的在售商品品类很少，只有数百个品类，每个品类只选择一款最好的产品，没有替代选择；换句话说，这家网站只销售一种牙膏、托盘或者厕纸等。在这背后是 Brandless 借助大数据分析找出日常生活中消费者最常买的产品，比如牙刷、厕纸等；然后再与不同的生产商合作，进行产品测试，挑选出最佳的配方和产品。Brandless 为了严控成本，采用简化包装，包装上没有品牌图标；采用简化配方，如配料可用 2 种绝不加 3 种，如 Brandless 的有机花生酱中就只有 2 种原料：花生和盐。

"少而全"的品类使 Brandless 获得了规模效应，从而赢得了与供应商的议价话语权，大幅度降低了商品的进货成本，同时简化的品类还免除了消费者挑选商品时的烦恼。更少品类意味着更好选择，Brandless 替消费者选品，在一定程度上治愈了消费者在海量商品前面的"选择困难症"。比如，Brandless 只会出售一种类型的花生酱，所以消费者就不用在堆满不同种类的花生酱货架前踌躇犹豫、无从下手。

（3）严格测试，确保优质

Brandless 承诺只出售天然有机的食品和物品，所售全部商品都是自产自销、自有品牌，由美国的数十家供应商独家生产加工，彻底实现商品由工厂直达用户。低价的 Brandless 非常注重产品质量要求，每件产品都会进行严格的测试、调整和反复试验，确保其产品质量达到最高要求。比如，Brandless 在食品方面强调非转基因和有机；在家居用品方面，非常注重环保（可降解），并通过了美国环境保护局（Environmental Protection Agency，EPA）的环保认证；在文具方面，主张健康的诉求，并通过了美国森林管理委员会（Forest Stewardship Council，FSC）的健康认证。通过上述具有公信力的美国国家标准的认证和背书，使消费者相信"Better doesn't have to cost more"（更好不一定更贵），即"低价也可以优质"！

Brandless 项目于 2017 年 7 月 11 日正式启动，网站第一周试运营期间，就接到了来自美国 48 个州的订单；运营的第二个月，复购率就达到两位数。

（4）多种策略，运营推广

Blandless 深知售卖低价产品需要严格控制运营成本，否则难以实现盈利，所以公司通过各种方式严控成本、提高利润。

在 Brandless 购物单笔订单满 39 美元包邮（即至少需要单笔购买 13 件商品才可以免运费），否则单笔需要支付 5 美元的运费；消费者如果不想付出高昂运费，则需要缴纳一年 36 美元的会费。这样一来，要么多买，要么成为会员，无论消费者怎么选择，都能提高 Brandless 的获利率。此外，Brandless 获取新用户（拉新）的方式运用了互利互惠原则，当你将产品分享给你的朋友（必须是 Brandless 的新用户），你的朋友完成第一次下单购买后，你和你的朋友都能获得 6 美元的奖励。良好的体验与利益的刺激引发了口碑传播，既为公司节省了推广成本，又为公司扩大了消费客群。

Brandless 每季会给用户寄"省钱报告单"，上面列有同一件产品在 Brandless 购买和在其他零售商购买的价格对比。用户通过价格对比，就能明白在 Brandless 消费究竟为他们省了多少钱。这种方式不仅让 Brandless 找到与用户互动的机会，还让用户感受到 Brandless 是真的在替用户着想，确实在帮他们省钱。Brandless 与美国慈善组织 Feeding America（喂养美国）合作，每成交一笔订单就会为有需要的人提供 1 顿食物。如果是 Brandless 会员的订单，一次将捐赠 2 顿食物。2018 年 2 月，Brandless 因捐赠 25 万顿食物给 Feeding America 而获得 NewCo Honors 的年度最佳新公司奖（该奖项颁发给那些拥有创新产品以及业务中有独特使命的公司）。做公益不仅彰显了 Brandless 的社会责任感，用户在购物的时候，想到自己的消费将产生公益价值，还会对 Brandless 产生好感。公司运行半年之后，已经在社交媒体照片墙（Instagram）

上有了超过 5 万名粉丝。

**本章
小结**

　　本章侧重讲述电子商务品牌创建与电子商务衍生服务案例分析，具体包括倪老脯、赵小姐的店、赶海的螃蟹、海翼四个品牌创建案例和宝尊、一撕得、必要和 Brandless 四个衍生服务案例。

　　品牌创建是为了与竞品和友商形成区别，使消费者可以迅速识别并选择自身的货品或服务，手工、选址、极致、科技都可能是关键要素。衍生服务是在常规市场之外提供货品或服务，这些领域往往具有事半功倍的效果，体系、专利、渠道、创新都有可能形成突破。

思考

　　搜集两家知名电子商务企业（一家卖货为主，另一家卖服务为主）的资料，分析其品牌创建道路与衍生服务领域，用类似上文的形式概括其品牌创建或衍生服务的要点（至少 4 点），并指出其各自不足之处、提出改进方法，填入表 6-4 相应位置。

表 6-4　品牌创建与衍生服务认知练习

企业名称	品牌创建要点	衍生服务要点	不足之处	改进方法

07 Chapter

第 7 章
电子商务物流快递与交通出行案例分析

概述

　　电子商务与物流密不可分，电子商务促进物流快递业的发展，物流快递业是电子商务的重要保障。了解电子商务与物流的关系，学习电子商务物流快递行业的经营模式，寻找更具优势的物流，节省快递成本，以获得更高盈利。电子商务的发展，改变了人们的交通出行方式，利用平台及大数据优势，让交通出行变得越来越便利。学习交通出行的电子商务模式，了解电子商务与交通出行深度融合态势，抓住数字经济发展红利，做强电子商务产业经济。本章主要介绍电子商务物流快递行业的经营模式与交通出行的电子商务模式。

学习目标

知识目标：

1. 理解电子商务与物流快递的关系

2. 理解交通出行融合电子商务的优势

3. 掌握电子商务物流快递行业经营模式

4. 掌握交通出行的电子商务模式

技能目标：

1. 能够借助物流快递服务提升电子商务运营能力

2. 能够在交通出行中找到更多电子商务盈利点

引例

货拉拉载客事件

货拉拉于 2013 年成立，是一家主营线上到线下（Online To Offline，O2O）同城、即时、整车货运业务的"互联网+物流"企业。货拉拉用户可以通过手机 App 一键呼叫在平台注册的附近货车来获得同城即时货运服务。

2018 年 7 月，货拉拉载客事件备受关注。货拉拉被当作网约车用来拉人是因为大城市一到下雨的时候，打车的人就比较多，拦不到出租车，叫网约车排号在百名之外，需要等 2 个小时以上的情况较多。某网友想起之前用货拉拉搬过家，就叫了一辆，车大概 10 分钟到达，向司机师傅说明情况后，司机并没有因为拉的是人而不是货拒绝接单，最终该网友乘坐"货拉拉"的车辆顺利回家。

不讨论事件的对错，近年来网络技术与电子商务应用带来的便利十分明显。电子商务与物流的关系越来越紧密，而且电子商务跨界运用到交通出行方面，给人们的生活带来了无限的便利。一方面，电子商务给物流和交通出行的发展提供了广阔的发展前景和技术支持；另一方面，电子商务又给现代物流、出行方式提供了新的发展方向和客户需求。因此，电子商务在物流、交通出行方面的商业应用层出不穷。

讨论

根据上述案例，结合自己用过的电子商务物流或交通出行经历，谈谈使用感受，并总结各电子商务物流或出行平台的优劣势。欢迎分享个人的体验经历，最好能用数据说明电子商务物流和交通出行的发展现状。

电子商务与物流快递如同"孪生兄弟"，电子商务带动了物流快递的发展，物流快递也促进了电子商务的进步。正是因为全国性物流快递体系的建立才使得电子商务可以继续高速增长，也正是由于电子商务的持续行业应用才为物流快递带来了不断的市场红利。

电子商务应用于交通出行，推动了一批创新型企业的发展，自行车、电动车、汽车都可以分时共享，动车票、高铁票、飞机票都可以在线销售。电子商务交通出行在未来将会创造出更多的重量级企业和现象级应用。

// 7.1　电子商务物流快递

随着电子商务行业竞争的白热化，物流——电子商务中的瓶颈环节，已经成为电子商务巨头决心打造的新核心竞争力，甚至一度有人喊出"得物流者得天下"。电子商务物流出现了多种不同的模式，包括自营物流配送模式、第三方物流配送模式、联盟物流配送模式、"O-S-O"物流配送模式（物流外包—自建渠道—渠道外包模式）、第四方物流模式等。

电子商务物流模式还在发生着变化，快递业也不断发展，模式、方式层出不穷。例如，顺丰速运凭借其投递速度方面的竞争力，保持着快递中的"王者"地位；唯品会的自建企业物流品骏快递，凭借其直营模式的高效管理，不断发展壮大；京东物流凭借自营仓配模式，在物流行业游刃有余；第四方物流模式——菜鸟，凭借其物流聚合的大数据优势，以创新联合打造智能物流服务共享平台。

7.1.1　快递"王者"：顺丰速运

中国快递行业主要包括申通、圆通、中通、百世快递、韵达、顺丰、天天等快递行业头部企业，但说到价格最贵、服务最好，非顺丰速运莫属。

1. 简介

顺丰速运由王卫于 1993 年 3 月 26 日在广东顺德成立，总部设在广东省深圳市，是一家主要经营国内、国际快递及相关业务的服务型企业。1996 年，随着客户数量的不断增长和国内经济的蓬勃发展，顺丰将网点进一步扩大到广东省以外的城市，逐步打开国内市场；2006 年年初，顺丰的速递服务网络已经覆盖国内 20 多个省及直辖市，101 个地级市；经过 10 余年的发展，2018 年顺丰速运服务网络几乎遍布全国乃至世界各地，成为中国快递行业的龙头企业，年营业收入有望在业内首家过千亿元。

2. 案例分析

（1）网点密布，规模优势

自成立以来，顺丰速运网络全部采用自建、自营的方式，建立了庞大的信息采集、市场开发、物流配送、快件收派等业务机构，建立服务客户的全国性网络，网点众多。据官方统计，2017 年年底，顺丰速运已拥有 38 家直属分公司、5 间分拨中心、近 200 个中转场、逾 7800 个基层营业网点，覆盖 31 个省（自治区、直辖市）、近 300 个大中城市及逾 1900 个县级市或者城镇；拥有超过 29 万名职员，1.2 万多台运输车辆，15 架自有全货机及 9100 多个营业网点，形成规模优势。同时，顺丰速运也积极拓展国际件服务，开通新加坡、韩国、马来西亚、日本及美国等跨国业务，利用"最后一千米"的优势，在行业中一直占据领先地位。

（2）全天服务，形式多样

从服务时间上，顺丰速运向客户提供一年 365 天全年无休、不分节假日的 365 天全天候寄件服务，实行两班制，即昼夜不间断的营运机制。为满足客户需求，顺丰自 2009 年 7 月 1 日起新增夜晚收件服务，延长了收取快件时间，在北京、天津以及山东、江浙沪、广东以及安徽部分服务地区推出夜晚收件服务，保证客户的快件能够在第一时间进行中转派送，广受好评。

顺丰的服务形式多样，提供代收货款、保价等通知派送、签回单、代付出/入仓费、限时派送、委托收件、短信通知、免费纸箱供应等多项增值服务，在客户心中树立良好的口碑服务品牌，凭借优势的服务，一直是快递行业中的"王者"。根据国家邮政局 2018 年所做的快递服务时限准时率调查，顺丰快递位列行业第一。

（3）设备先进，提速增效

顺丰速运拥有自营的运输网络和信息监控系统，运用手持终端（Hand Held Terminal, HHT）设备和通用分组无线服务技术（General Packet Radio Service, GPRS）全程监控快件运送过程。顺丰的快件运送速度快，并且顺丰拥有自己的航空公司以及属于自己的专运货机；2018 年年初，顺丰自有专机和 400 余条航线的航空资源以及庞大的地面运输网络，保障快递在各环节最快发运，在正常情况下可实现快件"今天收明天到"。在机动性和快件时效性上富有主动性，有效地保障了顺丰在速度方面的竞争力。

顺丰自有专机，如图 7-1 所示。

图 7-1　顺丰自有专机

顺丰速运不断投入资金加强公司的基础建设，积极研发和引进具有高科技含量的信息技术与设备，不断提升作业自动化水平，实现了对快件流转全过程、全环节的信息监控、跟踪、查询及资源调度，促进了快递网络的不断优化。比如顺丰的呼叫中心，客户可以通过呼叫中心快速实现人工、自助式下单、快件查询等功能；呼叫中心还提供了方便快捷的网上自助服务，客户可以随时登录顺丰网站以及微信公众号或 App 享受在线自助下单和查询服务。

（4）市场认可，借壳上市

顺丰速运用心做物流，了解供应链需求及行业客户的痛点，以"承诺，为每一份托付"为品牌口号，提供同城、跨地区，甚至跨国界的物流服务。在"速递第一"的品牌形象之下，以"成就客户，推动经济，发展民族速递业"为自己的使命，以"成为最值得信赖的，基于物流的商业伙伴"为企业愿景，成为电子商务物流知名品牌，深受客户好评。

2017 年 2 月 23 日，顺丰借壳鼎泰新材正式在深圳证券交易所敲钟，且鼎泰新材于 24 日正式更名，证券简称由"鼎泰新材"变更为"顺丰控股"，顺丰控股上市，意味着创立 24 年的顺丰快递正式亮相资本市场。"上市并不代表上岸。"顺丰创始人王卫感慨，"作为公众公司，将承担更大的社会责任，更需要谨言慎行。""顺丰快递的上市，是这轮中国快递公司登陆资本市场的收官之作。"中国快递协会会长高宏峰表示，顺丰的上市标志着快递业发展到新的阶段。2019 年 8 月，顺丰市值约为 1500 亿元。

7.1.2　直营物流：品骏快递

电子商务企业为了延伸服务、确保质量，也开始自建物流，唯品会旗下的品骏快递便是其中之一。

1. 简介

品骏控股有限公司，原名广州品信投资控股有限公司，是唯品会（中国）有限公司旗下一家面向社会提供物流配送服务的全资子公司，简称品骏快递，成立于 2013 年 12 月 9 日，注册资本约 10 亿元，总部设在广东省广州市，面向国内外企业及个人提供高端物流配送一体化服务，主营业务包括快递、运输、落地配及普通货运。

品骏快递为电子商务平台唯品会的自建物流，承接唯品会约 80% 以上的物流配送服务，经营模式秉承"全直营、不加盟"原则。随着品骏快递业务范围的不断扩大，经营成本也越来越高，为了实现规模化经营并进一步降低物流成本，在 2017 年 5 月，唯品会宣布重组物流业务，将快递业务独立。至此，品骏快递从"企业物流"转型成为"物流企业"。品骏快递致力于为客户提供优质、快速、安全的配送服务与体验。截至 2018 年年底，品骏快递的日包裹量快速增加，年投送包裹超 4 亿件；配送范围不断扩大，目前已涵盖全国 31 个省（区、市），现有直营站点近 4000 个；品骏快递的企业规模也不断扩大，员工数截至 2018 年年底达 30000 余人。

2. 案例分析

（1）自建物流，服务标杆

唯品会自成立到上市的短短 4 年间，迅速成长为国内第三大电子商务平台。在电子商务产品高度同质化和价格战日趋激烈的情况下，唯品会如何脱颖而出，实现快速发展？业界普遍认为，这与其自建物流——品骏快递密不可分，优质的快递服务正在提升平台整体形象，为后者带来更多流量。与传统快递企业相比，品骏快递作为企业自建物流，从成立之日起，就采取差异化的市场定位，并努力为客户提供高质量的快递服务。

网购已经成为人们日常生活中不可分割的一部分，但支撑网购落地的快递服务却因速度慢、服务态度差、暴力分拣等问题受到客户的诟病，快递服务逐渐成为电子商务平台消费体验的重要一环。对于唯品会自建物流的初衷，唯品会高级副总裁、品骏快递总经理唐倚智表示："当下各大电子商务平台的产品越来越趋向同质化，谁能把快递做好，谁就能赢得竞争中的主动权。"物流服务质量关系到客户的消费体验，关系到平台经营是否成功。唯品会很早就意识到物流服务的重要性，并在经过 5 年运营后全资建立了品骏快递，确保在最短的时间内将商品送到客户手中，品骏快递很快成为电子商务物流服务标杆。

（2）直营模式，高效管理

与加盟制的快递企业不同，品骏快递采取全直营的发展模式，直营机构甚至下沉至县域一层，由此，总部对地方的管控力大大增强。品骏快递在全国收购优质落地配企业以拓展网络，同时买地建仓、发展车队、开发系统，通过自建省公司、干线班车、直营站点等举措，实现对快递业务流程的高效管理。高效的管理带来高速的配送和稳增的业务量，品骏快递作为唯品会的自建物流，其效用发挥十分明显，至 2017 年 8 月，平均配送时间较之前缩短了 10 个小时左右，加上社会化快递业务，日均业务量已经突破 120 万件。

全直营的快递网络无疑会带来巨大的成本支出，但与传统快递企业相比，品骏快递所提供的开箱验货、当面试穿、当场退换业务是其他快递所无法比拟的，这正是唯品会的竞争力所在。全直营的管理模式保障了经营举措和政策制度的快速落实，能够从组织上保证服务质量。快递行业的兴盛，离不开电子商务的推动，在庞大电子商务交易量增长的同时，连带背后快递行业一同增长，在唯品会成熟的电子商务模式下成长起来的品骏快递，依托唯品会的互联网基因，自主研发了操作系统，为业务增长下的系统稳定提供了有力支撑。

（3）仓储支撑，服务提升

对电子商务自建物流来说，仓储系统管理效率直接决定了快件时效。目前，品骏快递共设立了东北、华北、华东、华中、华南和西南 6 大仓储运营中心，13 个前置仓，6 个跨境电商物流中心，10 个海外仓，80 个分拨中心，拥有直营站点 4500 个，自有车辆 2000 台，网络覆盖全国 31 个省（区、市）主要城市和乡镇。这表明，唯品会已经建立了较为全面的仓配物流系统，有力支撑了其平台各品类产品的销售，同时也给品骏物流提供了强大的仓储支撑，使品骏物流的配送效率、服务品质得到全面的提升，具有了领先于业界其他快递的优势竞争力。

现代物流服务的核心目标，是在物流全过程中以最小的综合成本满足消费者需求，仓配一体化逐渐成为客户供应链整合的最佳选择。物流本应为客户提供一体化的仓储、配送以及安装服务，但这个体系中大部分物流企业的业务都是相对独立、彼此分割的。仓配一体化无论是在降低成本，还是提高效率方面都是物流业发展的一个趋势。商家把货物放到唯品会的仓内，平台负责线上对接客户，品骏快递则提供线下"门到门、面对面"的快递服务。

（4）设备先进，开放发展

为了提高效率，品骏快递引入国内先进的自动化生产设备。以前，通过人力来对货物进行筛选，所需要的时间比较长，大大影响快递流通的速度。如今，利用自动化生产设备中的蜂巢系统，通过智能多层穿梭车代替人力，大大提高了货物筛选的速度，相当于过去效率的 3～6 倍，体现在消费者上，则是更快的收货速度。在其他部分，包裹自动分拣机、搬运机器人等先进硬件设备以及用户端的 App、小程序等软件程序，共同组成品骏快递先进的现代化自能快递系统。整套系统方便智能，十分高效。

品骏快递蜂巢系统如图 7-2 所示。

图 7-2　品骏快递蜂巢系统

虽然品骏快递是唯品会的自建物流，但双方均为独立法人、实现单独核算。从电子商务自建物流的"自给自足"，到重组后的开放共享，品骏快递正利用其优势，经历自我革新。总经理唐倚智说："品骏快递目前已初步实现盈利，不排除在未来谋求独立上市。公司将积极拓展非唯品会业务，以开放合作、互利共赢的态度为其他客户提供高品质的物流配送服务。"品骏快递面向所有商家提供线上线下、多平台、全渠道、全生命周期、全供应链一体化的物流服务产品。

2019 年 11 月，唯品会宣布将终止旗下品骏的快递业务，同时与顺丰达成业务合作，由顺丰公司提供包裹配送服务。此举是唯品会为了降本增效、聚焦主务做出的重大战略调整，是其为了提高物流效率、降低履约费用、提升用户体验，在物流模式上采取的放弃直营快递、转向外包合作的策略。

7.1.3 自营仓配：京东物流

与大部分的电子商务企业不同，京东将其运营模式总结为"亚马逊+UPS 快递"，即电子商务+物流仓配，也就是说，京东是一家"重资产运营"公司，物流既是其投资重头戏，又是其核心竞争力。

1. 简介

京东物流隶属于京东集团，是京东集团在 2007 年自建的物流服务；2017 年，京东物流宣布独立经营，面向社会全面开放。2017 年 4 月 25 日，京东集团宣布，为了更好地向全社会输出京东物流的专业能力，帮助产业链上下游的合作伙伴降低供应链成本、提升流通效率，共同打造极致的客户体验，京东将正式组建京东物流子集团。京东物流子集团将拥有更加独立的经营权和决策权，并致力于与商家和社会化物流企业协同发展，以科技创新打造智慧供应链的价值网络，并最终成为中国商业最重要的基础设施之一。

京东物流宣称，以打造客户体验最优的物流履约平台为使命，通过开放、智能的战略举措，促进消费方式转变和社会供应链效率的提升，将物流、商流、资金流和信息流有机结合，实现与客户的互信共赢。京东物流通过布局全国的自建仓配物流网络，为商家提供一体化的物流解决方案，实现库存共享及订单集成处理，可提供仓配一体、快递、冷链、大件、物流云等多种服务。

2. 案例分析

（1）自建物流，自营仓储

京东物流属于自建物流，但仓储优势明显。从京东物流创建开始，就顶着市场的巨大压力建立实体仓储，为发展全国物流布局做好准备，在全国各大城市建造仓库，形成华北（北京）、华东（上海）、华南（广州）、西南（成都）、华中（武汉）、东北（沈阳）、西北（西安）等七大京东物流仓储中心，并且围绕它们发散的城市，布置配送站，与自提点相互配合，京东物流仓储呈辐射式遍布全国。同时，京东物流还斥巨资建造以"亚洲一号"命名的现代化仓库设施，2017 年 10 月，京东物流首个全流程无人仓正式亮相。

截至 2018 年 12 月 31 日，京东在全国运营超过 550 个大型仓库，总面积约 1200 万平方米，共有超过 21 万个签约商家，超过 17.8 万名正式员工，带动间接就业超过千万。京东物流持续提升其在中国电子商务领域的物流网络仓储优势，客户收到包裹的时间越来越快、配送的品类越来越多。

（2）配送方式，灵活多样

京东物流虽为自建物流，物流配送体系除了自营配送外，还以与第三方物流结合的形式作为补充。在全国一二线城市主要实现京东物流的自营配送，至于三四线城市，因为订单密度低、自建物流中心的成本相对比较高，京东采用与第三方合作的经营策略，让第三方物流负责这些地区的物件配送，解决物流辐射的由点到面的问题，让其物流服务网遍布全国各地。

作为独立经营的物流与大型电子商务的结合体，京东物流还开发了比一般物流公司更丰富的配送服务方式。例如，京东夜间配是在 19:00—22:00 送达，可以在客户下班后进行配送；京东"极速达"服务，是在 3 小时之内送达；还有京东 211 限时"当日达""次日达"服务，当日上午 11:00 前提交的现货订单可当日送达，当日 23:00前提交的现货订单可次日 15:00 前送达；除此之外，京东物流推出的以预约精准时段至 30 分钟的"京准达"，专为高端配送需求的客户推出的"京尊达"，可以预约 40天内送货上门的"长约达"等多样化的配送服务，深受广大客户的好评。

（3）体验为本，效率制胜

2019 年 1 月 19 日，京东物流举行的 2018 年评优颁奖会暨 2019 年展望大会上，京东物流 CEO 王振辉明确京东物流未来的核心战略：体验为本，效率制胜。2019 年京东物流制定了对内要从运营、财务和组织三方面全方位打造效率至上的竞争体系；对外要用产品和服务全面提升客户体验，基于效率驱动为 B 端和 C 端创造价值最大化。

（4）生态平台，科技引领

京东物流自建立以来，结合云计算、大数据、物联网和人工智能等多项技术优势，逐步搭建"物流+互联网+大数据"相融合的一体化产业生态平台。随着无界零售时代的到来，京东物流作为无界物流的引领者和实践者，以降低社会物流成本为使命，致力于成为全球供应链基础设施服务商。通过智能化布局的仓配物流网络，京东物流为客户提供全方位的物流产品和服务以及物流云、物流科技、物流数据、云仓等物流科技产品。截至 2019 年年初，京东物流"亚洲一号"仓储设备已投入使用超过 20座，投用了全国规模最大的机器人仓群，无人机在全国 9 省份实现常态化运营，配送机器人则落地全国 20 多个城市。智能物流技术输出海外，无人机实现在印度尼西亚首次飞行，联手日本乐天开展无人配送合作等。

京东物流无人机如图 7-3 所示。

图 7-3　京东物流无人机

由京东供应链、京东快递、京东冷链、京东快运、京东跨境、京东云仓组成的产品体系，在运用高科技搭建的京东物流生态平台中，一直以市场和客户需求为导向优化物流服务，通过不断创新以适应市场、商家用户及客户的需求变化，让京东物流经过十余年的打磨深受客户的信任。京东首席执行官刘强东在 2018 年"双十一"结束后接受采访时表示："京东在国内最大的优势就是客户的信任"。

相关链接

京东首架重型无人机起飞

2018 年 11 月，由京东自主研发的首款原生支线无人货运飞机在陕西正式完成首飞。根据设计规划，这款名为"京东京鸿"的无人机起飞重量超过吨级，可装载京东标准化货箱，承载干线与末端无人机网络的转接，在未来能够与京东物流仓储设施实现无缝对接。

据京东透露，这架无人机翼展超过 10 米，具有全天候全自主飞行能力，巡航高度 3000 米，巡航速度超过 200 千米/小时，可连续飞行 1000 千米以上，起飞重量 840 千克，能够携带 5 个标准立方的航空箱。截至 2018 年 11 月，京东无人机已累计申请 500 余项专利，实现智能、结构、导航、飞控、视觉等多项核心技术突破。这款无人机如果能够运用到物流货运上，无疑会推动物流业产生巨大改革。

刘强东表示：京东无人机重在解决农村偏远地区物流问题，很多偏远的山村，一件货物需要一个物流人员专程进行奔波；未来，京东将在四川、陕西建设 100 多个无人机机场，省内物流成本将会因此降低 70%。

7.1.4　第四方物流：菜鸟

号称不做物流的马云做了物流，而且是联合多家企业来做，一做便是"巨无霸"，却起了谦逊的名字——菜鸟。

1. 简介

菜鸟网络科技有限公司成立于 2013 年 5 月 28 日，是由阿里巴巴集团、中国银泰投资有限公司联合复星集团、富春控股集团、顺丰速运、三通一达（申通、圆通、中通、韵达快递）、宅急送、汇通等九家公司，以及相关金融机构共同组成的"中国智能物流骨干网"项目，由马云任董事长，定位为"一家创新的、没有经验可循的企业"。

时任阿里巴巴集团首席运营官（Chief Operating Officer，COO）、菜鸟网络 CEO 张勇强调，菜鸟不是一家物流公司，其做的事情是让仓储、快递、运输、落地配送等各环节的合作伙伴获得更清晰的业务场景，用数据让它们获得更好的生产能力。

2．案例分析

（1）搭建平台，赋能物流

马云 2013 年就强调，阿里巴巴集团永远不做快递，菜鸟网络的"中国智能物流骨干网"建起来后，不会抢快递公司的生意。马云说："因为我们没有这个能力，中国有很多快递公司做快递做得比我们好，但这张网可能会影响所有快递公司今天的商业模式。"阿里巴巴集团副总裁李俊凌也表示，阿里巴巴完全不懂物流、快递以及传统仓储，阿里巴巴专长的是互联网，就是把大量在互联网之前原本各自独立的信息连接起来。菜鸟的商业逻辑也是如此，即搭建平台，让物流供应链条上不同服务商、商家和消费者可以实现高效连接，从而提升物流效率和服务品质，降低物流成本。

因此，菜鸟是一家互联网科技公司，专注于物流网络的平台服务。通过大数据、智能技术和高效协同，菜鸟与合作伙伴一起搭建全球性物流网络，提高物流效率，加快商家库存周转，降低社会物流成本，提升消费者的物流体验。通过菜鸟与合作伙伴的努力，截至 2018 年年底，全球智慧物流网络已经覆盖 224 个国家和地区，并且深入中国 2900 多个区县，其中 1000 多个区县的消费者可以体验当日达和次日达的极致配送。

（2）物流聚合，数据取胜

菜鸟是在互联网和大数据的新时代环境下应运而生的产物。菜鸟总裁童文红认为，菜鸟的长板就是数据，不仅有客户、商家、消费者的数据，还有物流信息路由的数据，凭借这些数据，菜鸟做的是物流订单的聚合工作。按阿里巴巴的社会化协同策略，传统物流企业借阿里巴巴的大数据赋能和海量业务流量的支持，快速完成技术优化和管理升级，形成竞争优势，从而成为阿里巴巴大生态中最坚实，也可能是最有活力的业态"底层"和大物流联合体。

菜鸟的愿景是打造极致的消费者物流体验、高效的智慧供应链服务和技术创新驱动的社会化协同平台。菜鸟的使命是与物流合作伙伴一道，致力于实现中国范围内 24 小时送货必达、全球范围内 72 小时送货必达。阿里巴巴统计数据显示，2017 年中国已经进入日均包裹 1 亿个的超级繁忙时代，物流行业唯有引入智能、开放的互联网协同模式，才能更好适应未来的物流需要。以历年天猫"双十一"为例，菜鸟网络成立以来，通过智慧物流的支持，虽然单日物流订单量从 1.52 亿攀升到 8.12 亿，但是配送 1 亿个包裹的时间却从 9 天下降到 2.8 天，创造了世界物流业的奇迹。

（3）创新模式，天地人和

菜鸟的成功，除了有九大集团联合的雄厚资金和实力外，其创新的平台化物流模式，使得天地人和，形成了"天网""地网""人网"的优势。

"天网"是指网络上各方资源、信息和数据。菜鸟通过对淘宝的数据进行分析可以得到货物在各地的基本流向，从而利用大数据对商品货物进行预测，在用户点击购买之前，商品已经在最近的仓储里，从而减少货物送达的时间。菜鸟网络通过检测各个地方的拥堵情况，协调调度各个物流公司选择合适的路线和发货方式。

"地网"是指仓储物流。菜鸟通过在全国各地建仓，合作的商家将货物送到附近的菜鸟仓库，菜鸟仓库对货物进行检验和登记，待买家下单后，由菜鸟统一发货。现代仓储中也需要网络资源的支撑，菜鸟仓储系统会根据数据将货物数量和储存位置等调控，进行合理的分配。

"人网"是指"最后一千米"的配送。作为人网建设的途径之一便是"菜鸟驿站"。菜鸟驿站通过与个体户、连锁超市、物业和学校的合作，以代收代发的方式使三方同时获益。这种形式使菜鸟驿站获得收益，减少了快递员等待客户或者客户不在家导致的时间浪费，对于上班族或者不愿泄露住址信息的客户来说，菜鸟驿站的建立也给予了他们取货的方便和隐私的保护。

（4）顺应趋势，智能服务

菜鸟的物流模式属于第四方物流，即是为物流业者提供一个整合性的物流，包括金融、保险、多站式物流配送的安排。第四方物流专门为第一方物流、第二方物流和第三方物流提供物流规划、咨询、物流信息系统、供应链管理等活动，符合未来社会化物流体系的发展趋势。同时，菜鸟的物流拥有智能化的服务，其通过电子面单、智能仓储等智能化服务为商家减轻了大量的负担，也使仓储变得更加便捷。

菜鸟的电子面单服务，帮助商家快速处理大量的订单，区别于传统纸质面单，电子面单更高效环保。使用电子面单，使一件包裹在上亿的包裹中被识别、处理、录入、配送；通过数据系统可以自动在发货商家、快递公司与消费者之中更新数据信息，智能化的下单大大节约了录单时间，提升了整体的发货效率和准确率。菜鸟的智能仓储，利用智能化系统和机器人，从消费者下完订单到包裹生成的过程中，将不必要的人力转化为用智能机器代替，节约了时间和人力成本。当消费者下达订单后，机器人会发现订单所在的货品位置，自动走到货品所在区域，大大减轻仓库内操作人员的工作强度，提升拣货操作的效率，这是传统物流所不能达到的。

// 7.2 电子商务交通出行

电子商务时代的到来使人们的交通出行方式发生了巨变，"互联网+交通"的新模式激活了无限的智能要素，电子商务与交通出行的跨界思维，让电子商务与智能交通逐步融合。

随着网络技术的发展，电子商务在交通出行领域快速获得应用。例如，约车神器——滴滴出行，用其创新的互联网思维，改变传统的交通出行方式；摩拜单车借共享经济发力，开启免押金服务，智能共享单车；铁路12306借高科技，为春运分忧，成为超人气国民应用；航旅纵横利用其行业权威优势，提供超预期服务，成为航服"黑马"。

7.2.1　约车神器：滴滴出行

滴滴出行凭借在网约车领域的先发优势、融资规模和并购重组，一度成为网约车的代名词，堪称"约车神器"。

1. 简介

滴滴出行（原名滴滴打车，简称滴滴）原是基于出租车的叫车服务，用户可以随时发送自己的所在地和目的地，快速呼叫附近的出租车，后来发展成为涵盖出租车、专车、快车、顺风车、代驾及大巴等多项业务在内的一站式出行平台。滴滴成立于2012 年 7 月 10 日，隶属于北京小桔科技有限公司；2013 年获得腾讯 1500 万美元投资后，发展迅速；2014 年与微信达成战略合作，同年获得中信和腾讯 1 亿美元投资；2014 年 8 月 19 日，滴滴专车正式在北京公测，主打中高端商务租车；2015 年 4 月 1日，滴滴打车与快的打车合并；2015 年 5 月 7 日，滴滴在杭州正式上线。在巨额资本支持下，2014 年滴滴用户过亿，司机达百万，日均订单量过 500 万单；2016 年滴滴收购优步（中国）；2018 年与日本软银成立合资企业，进军日本市场。

2018 年 1 月 17 日，滴滴宣布共享单车平台上线；10 月 18 日，滴滴 App 版本更新，试运行"黑名单"功能。滴滴积极开展自查、整改及寻求社会共建，利用电子商务思维及大数据等互联网技术，确确实实为用户提供了更好的交通出行方式选择，也为全社会"节能减排、低碳出行"做出了贡献。

2. 案例分析

（1）创新思维，改变传统

利用互联网打车是滴滴最受称赞的品牌创新点，创新了互联网思维，扩展了电子商务优势。从本质上讲，滴滴是乘客感官的延展，使乘客能够更大范围地实现"招手"功能，而不局限于某个十字路口。相对以往打车方式的弊端，一方面是乘客打车困难，另一方面也导致司机扫街辛苦。滴滴有乘客端和司机端，从而优化了司机资源配置，缩短了乘客叫车时间，通过电子商务实践共享经济。

在移动互联网时代，滴滴实现了电子商务与交通出行的大融合，将线上与线下相融合，从线上打车、线下上车、线下下车，再到线上付费，形成一个乘客与司机紧密相连的 O2O 闭环，最大限度地优化乘客打车体验，改变出租车传统招租方式，让司机根据乘客目的地按意愿"接单"，节约司机与乘客的沟通成本，降低空驶率，极大地节省司乘双方的资源与时间。滴滴出行引领着用户现代化的出行方式，不仅带动了新型打车方式的兴起，也改变了出租车运营模式，深刻地改变了人们衣食住行中"行"这件大事。

（2）共享经济，潮汐战略

共享经济（Sharing Economy）指个人、组织或者企业，通过社会化平台分享闲置实物资源或认知盈余，以低于专业性组织者的边际成本提供服务并获得收入的经济现象。其核心是使大量的闲置资源与别人共享，实现共同获益。滴滴所体现的经济模式就是共享经济，"取之于民，用之于民"，以用户为核心。滴滴以乘客、司机为核心，听取需求，构建并完善各方需要。同时，用户分享滴滴优惠券，自身产生内容传播，也在一定程度上推广了滴滴。

滴滴于 2015 年 5 月提出了潮汐战略，即整合社会上的专业运力和零散运力，通过分档运营手段，灵活满足高峰、低谷不同时段的人们出行需求。滴滴基于潮汐战略，对于自身的每一项业务都重新进行定位。在出租车方面，目标是做到"100%应答"，通过动态调价体系和服务升级调节不同时段、不同空间的运营需求，同时让服务好的司机获得更多收入。在快车方面，滴滴降低了车辆配置的标准，希望其能够变成像酒店领域的汉庭一样便捷、经济的选择。在专车领域，则为有较高需求的乘客推出增值服务，让他们享受更好的出行体验。2016 年 3 月 21 日，滴滴公布了潮汐战略实施后的首份大数据报告：每日订单量突破 1000 万，每秒完成 115 个订单。目前，滴滴成为仅次于淘宝的中国第二大互联网交易平台。

（3）跨界营销，塑造品牌

如果仅靠共享经济，不足以让滴滴脱颖而出。没有有效的连接、调度和匹配，即使再共享也没有意义。滴滴联合创始人兼 CTO（首席技术官）张博表示，在研发的路上，大数据不仅是滴滴产品的心脏，还是滴滴商业营销的心脏。滴滴不只做打车，在这过程中，滴滴不断完善功能，保持稳步上升的用户使用量，获取更多流量，成为新型流量入口，具有强大的自媒体性，这为滴滴的进一步发展——跨界营销提供了保证。

利用各自品牌的特点和优势，将核心的元素提炼出来，与合作伙伴的品牌核心元素进行契合，从多个侧面诠释一种共同的用户体验，这种营销方式称为跨界营销。而跨界营销对于品牌的最大益处，是让原本毫不相干或偶有关联的元素，相互渗透、相互融合，从而给品牌一种立体感和纵深感。滴滴从 2015 年年初开始，利用其强大的用户流量优势，从与蒙牛合作开始，陆续与多家企业进行合作，合作从形式表面到内在方向统一，发展出自身独特的"滴滴+"跨界营销模式。

（4）媒体生态，全网传播

滴滴建立了一个立体的社会化媒体生态圈，此生态圈包含三个主要圈层，分别为企业官网群、自有媒体矩阵及触点媒体。企业官网群作为企业信息的核心源，是生态圈的中心，驻扎在这里的用户是价值最高的用户；以微博、微信、App 等构成的自有媒体矩阵是生态圈中与企业互动最为活跃的圈层；分散在各种社交平台的触点媒体将整个生态圈延展到全媒体平台。滴滴产品及其营销正在搭建一个生态圈，在三个主要圈层都有相对应的行动，发展企业官网群，黏合自有媒体矩阵，联合触点媒体。

滴滴通过媒体生态、全网传播，可以为企业带来口碑沉淀、用户关系维系以及用户共享与转化。另外，移动互联网思维强调互动，借助上述媒体生态圈，可以开展持续的互动营销活动，持续产生与品牌、产品和服务相关正面信息并形成积极分享，从而沉淀企业的良好口碑。同时，搭建完善的生态圈，可以实现企业和用户的直接沟通，持续维系用户的忠诚关系。对生态圈的持续运营，可以通过品牌联合，找准切入点，不断将不同品牌的用户转化为滴滴用户，促进企业销售。

7.2.2　智能共享：摩拜单车

"要想喝牛奶、不必养奶牛"道出了共享经济的核心思想，通过时间和空间的拆分和让渡，可以实现人们"不曾拥有、时常使用"某些货物或服务的想法。摩拜单车就是借助用户智能手机等终端设备，使人们轻松共享单车。

1. 简介

摩拜单车（mobike），是由胡玮炜创办的北京摩拜科技有限公司研发的互联网短途出行解决方案，是无桩借还车模式的智能硬件。摩拜单车倡导绿色出行的方式，人们通过智能手机就能快速租用和归还一辆摩拜单车，用合理负担的价格来完成一次数千米的市内自行车骑行。

2014 年 12 月，胡玮炜组建初创团队；2015 年 1 月，北京摩拜科技有限公司正式成立；2016 年 4 月 22 日，摩拜单车进入上海；2017 年 7 月 18 日，摩拜单车入选 2016 年度中国媒体十大新词；2017 年 12 月 5 日，摩拜单车获 2017 年度联合国"地球卫士奖"之"商界卓识奖"；2018 年 3 月 8 日，摩拜单车进入智利首都圣地亚哥；2018 年 4 月 3 日，美团以 27 亿美元的作价全资收购摩拜；2019 年年初，摩拜全面接入美团 App。

摩拜单车车型如图 7-4 所示。

图 7-4　摩拜单车车型图

2. 案例分析

（1）共享时代，促生摩拜

不可否认，一个共享的时代已经到来。无论是网络、信息，还是知识都可以共享，而共享单车正是这一时代的代表性新生行业之一。如今在城市街巷、乡村道路，共享单车已经随处可见，而行业典型代表——摩拜单车应共享时代而生、顺数字经济而为、为共享经济而用、借电子商务而营。

早在 2007 年，由国外兴起的公共单车模式就已经被引进国内，只是当时多为有桩单车。有桩单车虽易管理，却有颇多限制，消费者体验不佳，因而未被广泛接受。在共享单车之前，市场上也有以娱乐健身为主要目的的自行车租赁行业，但唯独没有出现以"共享经济"为核心的自行车电子商务运营模式。随着共享经济的出现，受到滴滴的鼓舞，大量投资者开始关注共享经济领域，解决"最后几公里"出行问题的摩拜单车受到了资本的青睐。

（2）市场推动，流量接入

想法、产品和盈利模式不足以支撑一个行业，而支撑起一个行业的最重要因素是市场。我国是自行车王国，也是世界上较大的自行车生产与消费市场，几乎每个成年人都会骑自行车。这一现状可以使共享单车快速被市场接受，不需要教育消费者却具备了良好的消费者效应。共享单车完美地解决了交通出行"最后几千米"的交通难题，成为大量上班族迫切需要、经济实惠、借还便捷的交通工具。这些为摩拜单车奠定了市场根基。

共享单车与移动支付相辅相成，共享单车需要移动支付完成付款，移动支付需要共享单车维系用户。支付宝和微信支付已经成为我国移动支付领域的两大巨头，为了争夺用户，各家都需要借助强力且方便的支付场景推广自己。共享单车是一个用户使用频率高、决策快、习惯良好的新场景，正好符合它们的需要。有了支付宝和微信支付两大平台的流量接入，共享单车曝光量大增，这成为摩拜单车在短时间内风靡全国的重要原因。

（3）精心设计，安全耐用

共享单车的运作模式和使用场景，决定了它不能是普通的自行车。摩拜单车创始人胡玮炜带领摩拜团队做的第一件事，就是重新"发明"一辆自行车，使它能够满足"共享"的需求。除了带定位和网络功能的二维码智能锁，胡玮炜在设计上还提出了几个特别的要求：一是实心轮胎，不用担心爆胎；二是没有链条，不用担心掉链子；三是车身要全铝，不用担心生锈。但这些要求，传统自行车厂商都无法满足，最后胡玮炜干脆自己成立了一家工厂来生产摩拜单车。

为了方便换胎，摩拜单车还借鉴了汽车轮胎的设计，将车胎套在一个坚固的轮毂上，轮毂中心拧上五枚螺丝就能固定到自行车上。这些用心的设计，也让一台单车的造价从预估的 800 元上升到 3000 元。在 2016 年摩拜上线之初，打开手机搜寻附近的单车，骑着这种充满科技感的橙色自行车上下班，一度成为一种时尚。

（4）免除押金，注重服务

2018 年 6 月，摩拜单车宣布在全国 100 个城市免押金；7 月 5 日，摩拜单车又在全国推出无门槛免押金服务。至此，全国超过 2 亿的摩拜用户可以享受免押金骑行，零限制免押金，不论新老用户，无关芝麻信用分高低。摩拜单车在全国范围内推出无门槛免押金骑行，这是共享单车行业首次完全不受任何条件限制的免押举措，为共享单车行业树立了"零门槛、零负担、零条件"的免押新标准。

摩拜的成功与它对于产品的定位和优质的服务密不可分。考虑周全的设计和辨识度极强的外观，使摩拜单车在自然磨损和人为破坏（包括偷盗）两方面的风险大大降低，这与主要竞争对手 ofo 小黄车形成鲜明对比。此外，摩拜还发明了一套信用体系，如果出现不文明用车行为，会扣除相应的信用分，如果信用降为一般等级，未来摩拜将会以当前单价的双倍收取骑行费等措施来约束用户的使用行为。这在某种程度上已经超越了自行车租赁的范畴，而是在致力于塑造一种具有内在良性秩序的城市生活方式。

7.2.3　国民应用：铁路 12306

截至 2018 年年底，中国高铁营业里程达到 2.9 万千米以上，高铁动车组累计运输旅客突破 90 亿人次，中国铁路 12306 自然也就成为国民应用。

1．简介

中国铁路客户服务中心是中国铁路服务客户的重要窗口，其官网 12306 网站于 2010 年 1 月 30 日（2010 年春运首日）开通试运行。客户通过登录 12306 网站，可以查询旅客列车时刻表、票价、列车正晚点、余票、售票代售点、货物运价、车辆技术参数以及有关客货运规章等信息。2013 年 12 月 8 日，"铁路 12306"App 正式上线试运行，它是中国铁路客户服务中心推出的官方手机购票应用软件，与 12306 网站共享客户、订单和票价等信息，并使用统一的购票业务规则。软件具有车票预订、在线支付、改签、退票、订单查询、常用联系人管理、个人资料修改、密码修改等功能。

在铁路密布、高铁飞驰的时代，火车购票方式从传统的线下转移到线上，从网站到 App，给广大乘客带来了极大的便捷。同时，以火车购票服务为主的"铁路 12306"也成为"超高人气"的国民应用，用"铁路 12306"购票、退票，足不出户、轻点手指即可实现。数字经济时代，电子商务推动下的移动互联正日益改变着人们的出行方式，"铁路 12306"就是"互联网+智慧交通"的典型代表。

2．案例分析

（1）铁路信息，权威渠道

"铁路 12306"新媒体服务平台是中国铁路总公司在移动互联网上发布铁路资讯的权威渠道，是服务社会公众的新入口。各类新媒体渠道之间既能在新闻发布、公众服务等功能上相互补充，又可在传播模式、服务内容、受众群体上各有侧重，社会公众可以利用自己最习惯、最熟悉、最便捷的新媒体方式获得所需的信息服务。

2018 年，"铁路 12306"除提供购票及票务查询功能外，还新增设了"铁路资讯"

"自助服务""平台联盟"三项菜单功能。"铁路资讯"发布及时权威的新闻及客货运输通知公告；"自助服务"提供社会公众最常用的客运自助查询服务；"平台联盟"则打通了铁路总公司其他新媒体服务渠道入口，一键直达"中国铁路"，人民网、新华网、新浪网、腾讯网 4 个官方微博，以及全国 18 个铁路局官方新媒体渠道。"铁路12306"侧重提供客货运输信息查询服务，社会公众可以根据系统提示，通过输入字符或语音的方式进行查询。

"铁路 12306" App 首页如图 7-5 所示。

图 7-5 "铁路 12306" App 首页

（2）购票体验，不断提升

中国拥有被誉为"世界最大规模的周期性人口迁徙活动"——春运。春运期间，火车票当仁不让地成为最热门、最稀缺的商品，购票成为每年春运的难题。"铁路12306"利用互联网新技术，在购票体验上不断进行改革提升。早在 2018 年 12 月 27日，铁路部门选取 2019 年春运能力部分紧张方向列车的长途区段，在"铁路 12306"开展候补购票服务试点，以进一步改善旅客购票体验。

2019 年春运期间，"铁路 12306"实行候补购票服务试点的节前车次为北京、沪宁杭、广东地区始发，终到四川、重庆地区的所有列车；节后车次为四川、重庆地区始发，终到北京、沪宁杭、广东地区的所有列车。为确保用户的真实性，在"铁路12306"注册的用户须在网上通过刷脸认证方式，通过人证一致性核验后，方可使用该 App 的各项服务。据腾讯网发布的消息，2019 年 1 月 17 日，铁路部门一共接到候补订单 29.4 万笔，剔除旅客主动退单，待兑现的订单 19 万笔，成功兑现 11.9 万笔，车票 17.8 万张，兑现率达到 62.6%，试行效果良好。除了实行网上刷脸核验、实行候补购票，"铁路 12306"还推出了电子客票试点等多项措施，进一步优化网络购票流程，提升旅客购票体验。

（3）网络售票，海量数据

"铁路 12306"不仅让旅客方便快捷地进行手机购票，节省了排队购票时间，而且随着铁路运输能力的发展，在线火车票预订市场潜在用户规模巨大，其还具备极强的流量优势（每年春运期间，12306 网站都是我国流量最高的网站之一）。2019 年春运期间，12306 网站售票主渠道作用更加凸显，在总售票量中的占比超过 80%。统计显示，我国互联网售票占铁路售票总量的 82.8%，其中主渠道 12306 网站已经成为世界上规模最大的实时票务交易系统。12306 网站日售票能力达到 1500 万张，网页浏览量超过 1500 亿次/天。

"铁路 12306"为铁路客运快速发展积累了大量数据，这些数据产生于系统运行、业务运营、旅客出行等各环节，对它们的整合和分析可为管理部门提供决策支持，为运营部门业务开展提供支撑，为旅客用户提供更个性化、更好的社会化服务。比如基于铁路客票大数据技术，通过客流数据分析、进行出行方案制定，从而实现运行图的优化管理，为铁路客运运营工作提供全过程大数据支撑。因此，充分发掘和利用这些数据资产，可为铁路事业的发展产生巨大的价值。

（4）加大风控，延伸服务

单杏花（中国铁道科学研究院电子所副总工程师兼 12306 技术部主任）于 2018 年年初表示，"铁路 12306"在高峰时段 1 秒内就能售出近 700 张火车票，系统按照用户提交订单的时间顺序合理出票，所以为了保证公平，在计算时间时甚至会精确到毫秒。同时，针对从 2013 年春运就开始出现的抢票软件，"铁路 12306"积极构建风控系统实现风险的预判，通过大数据的存储平台实时收集网上购票用户的行为数据及第三方数据，投入大数据平台进行实时分析和计算，再对风险、决策和管理进行处置。

"铁路 12306"积极开展大数据在铁路客运延伸领域的应用，实现接送站、餐饮、旅游、租车、酒店等客运延伸服务产品的智能推荐和常旅客等客运产品的精准服务，提升铁路旅客出行体验。"铁路 12306"还与其他交通运输方式及交通以外行业密切合作，构建交通大数据业务生态圈，推动行业互联互通及数据共享，优化运输资源配置，为公众提供更加优质、便捷和高效的智慧出行服务。

7.2.4　航服"黑马"：航旅纵横

2018 年，我国民航航线总数达到 4206 条，旅客运输量多达 6.1 亿人次。面对如此庞大的市场规模，航旅纵横已经在航服领域取得优势地位。

1．简介

航旅纵横是中国民航信息网络股份有限公司（简称"中航信"）于 2012 年推出的第一款基于出行的移动服务产品，能够为旅客提供从出行准备到抵达目的地全流程的完整信息服务，通过手机解决民航出行问题。航旅纵横依托中航信 30 年民航核心系统服务商的经验，通过对行业资源的系统性整合，契合旅客追求便捷出行的时代诉求，为旅客的出行带来了实实在在的便捷。其中，行程自动导入、前序航班动态、全程动态提醒、电子登机牌、同道中人、机票验真、行李限额等一系列功能，更是将民航出行信息服务水平提高到一个新的层次。

航旅纵横 App 仅用了 3 年时间就获得超过 1000 万的活跃用户，一个几乎没有任何营销推广的应用，如"黑马"般横空出世，迅速在已有众多成熟产品的航空服务类 App 市场中崛起。如今，航旅纵横已经在中国民航超过 1/10 旅客的手机屏幕上"安家"，甚至还让许多"空中飞人"养成了出行前先查航旅纵横的习惯。航旅纵横推出当年即在 2012 年全球移动互联网大会（GMIC）上获得了"开发者星球——TOP50 应用"奖，入选中国互联网数据中心（DCCI）举办的 Mworld2012 年移动互联世界大会发布的 2012 年中国移动应用潜力榜。在由中国互联网发展基金会主办的 2017 年度"两微一端"百佳评选活动中，航旅纵横以卓越的用户体验和超高的用户口碑获得了网民和专家的一致认可，荣膺"App 用户体验十佳榜单"。

航旅纵横页面如图 7-6 所示。

图 7-6　航旅纵横页面

2．案例分析

（1）顺应需求，定位清晰

中航信是一家面向民航企业提供信息服务的公司，是一家典型的行业 B2B 公司，但其旗下的航旅纵横经营的则是 B2C 业务。民航向来以方便快捷和优质服务著称，但随着航班数量的大幅增长，受空域资源的限制，航班延误现象时有发生，延误后由于信息不对称而引起的群体性事件更是屡见不鲜。针对此种市场的需求，中航信利用自己信息服务的优势，通过航旅纵横把民航信息及时有效地传递给大众，让行业信息社会化，为大众构筑一条获取信息的权威通道。而且航旅纵横是移动终端产品，可以随身携带、随时联网，移动端特性与民航信息的时效性完美结合，让航旅纵横自诞生之日起，就被赋予"以行程管理为核心的移动服务产品"的清晰定位，颇受用户认同和好评。

（2）信息源头，优势明显

国内市场上提供类似航班信息服务的主要有三家：航班管家、飞常准以及航旅纵横。航旅纵横起步最晚，但由于有中航信的信息源头支持，信息推送速度和准确度具有明显优势。尤其是航旅纵横掌握了票务信息和航班起降信息这两个关键源头，因此乘机人进行实名认证后，系统可以自动将其行程导入，省去了诸如"飞常准"需要上传登机牌照片才能验证飞行记录的麻烦。

因其明显的信息源头优势，航旅纵横自称是率先提供航空旅行全流程信息查询和提醒的软件，在机票出票、行程变更、值机提醒、航班动态、前序航班、登机口消息等消息的推送提示上，速度堪称第一；自称是率先具备机票和行程单验真功能的手机软件，机票真假在购票后，第一时间航旅纵横会有提示信息；自称是率先支持查找同道中人，并能够进行在线交流的软件，让旅程中交友更容易。

（3）服务延伸，智能便捷

在信息爆炸的时代，航旅纵横通过"权威+创新"成为业界的"后起之秀"，然而真正让这个 App 一炮而红的却是其对趋势的判断能力。航旅纵横不断研发新的功能，让其服务得到延伸，让用户的出行变得更加智能。比如航旅纵横结合苹果公司推出PASSBOOK（一款可以存放会员卡、电影票等各类票据的工具）应用软件，开发了电子登机牌功能，让旅客省去了打印登机牌的漫长等待时间，没有托运行李的旅客可以直接使用电子登机牌在机场过安检并登机，既便捷又环保。此外，航旅纵横上的值机选座功能、登机口室内导航功能、行程轨迹功能等，更加方便了用户出行。

（4）娱乐互动，愉悦出行

鉴于旅行的枯燥和对航班延误的焦心，航旅纵横开启了旅豆积分制，推出航班"延误猜一猜"的互动游戏。旅客可以在出行前以一定的"旅豆"来判断航班是否延误，如果延误，就会获得相应"旅豆"的奖励，延误越久奖励越多。奖励的"旅豆"可以兑换航旅纵横提供的奖品，如免费机票、免费电影票等，让敏感的航班延误变得有趣，让旅客用一种近乎游戏的方式，把航班延误看得更轻松、娱乐化，以此来抵消旅客的负面情绪，让旅客的出行更加愉悦。

本章小结

本章侧重讲述电子商务物流快递与交通出行案例分析，具体包括顺丰速运、品骏快递、京东物流、菜鸟四个电子商务物流快递案例和滴滴出行、摩拜单车、铁路12306和航旅纵横四个交通出行案例。

物流快递是为了完成实物电子商务的送货或退货环节，使交易形成闭环，速度、管控、自营、整合均有可能成为其特色。交通出行是人们日常生活的刚需，其需求呈现出多样性的特点，约车、单车、铁路、航空等领域都有可能孕育出重量级的企业。

思考

搜集两家融合电子商务的物流快递行业和交通出行方面比较典型的企业（一家侧重物流快递行业，另一家侧重交通出行方面）资料，分析其物流快递行业经营模式与交通出行的电子商务模式，用类似上文的形式概括其物流快递或交通出行的要点（至少4点），并指出其各自不足之处，并提出改进方法，填入表7-1相应位置。

表7-1　电子商务物流快递或交通出行认知练习

企业名称	物流快递要点	交通出行要点	不足之处	改进方法

08 Chapter

第8章
电子商务金融服务与风险投资案例分析

概述

　　电子商务金融服务和风险投资是电子商务产业的两大类相关金融业务。电子商务金融服务是基于电子商务平台提供金融服务的模式，了解电子商务金融服务类型，比较其与传统金融服务的区别，让电子商务金融服务产品的便利、快捷优势为企业所用。风险投资是投资电子商务等高成长性企业以支持企业快速发展的金融服务，了解风险投资与电子商务企业发展的关系，助推企业发展。本章主要介绍电子商务金融服务的概念类型和风险投资与电子商务企业发展的关系。

学习目标

知识目标：
1. 理解电子商务金融的概念
2. 了解电子商务金融的类型

　　3. 理解风险投资的概念

　　4. 了解风险投资与电子商务企业发展的关系

了解技能目标：

　　1. 能够运用电子商务金融服务产品

　　2. 能够分析风险投资对电子商务发展的助推作用

引例

从电子支付巨头 PayPal 走出来的超级风投家

　　PayPal（贝宝）是美国硅谷成功的电子商务金融服务公司，提供电子支付服务。PayPal 在银行账户、银行卡等现有的金融设施的基础上建立了支付网络。PayPal 也和一些电子商务平台开展合作，成为它们的付款方式之一。PayPal 的客户通过电子邮件可以完成付款与收款操作。因为提供了安全、简单、便捷的在线付款和收款服务，PayPal 的支付业务迅速增长。

　　2002 年，PayPal 在纳斯达克首次上市，随后以 15 亿美元的价格被 eBay（易贝）收购。PayPal 中的大批员工因此获得了大量资金，实现了财务自由。联合创始人兼 CEO 彼得·蒂尔（Peter Thiel）在这笔交易中获利 6000 万美元，时任 PayPal 副总裁的雷德·霍夫曼（Reid Hoffman）成为千万富翁。

　　此后，PayPal 大部分员工选择离职创立互联网科技公司和风险投资公司，最终发展成为硅谷最有影响力的创业和风投体系，被媒体称为"PayPal 黑帮"，而彼得·蒂尔和雷德·霍夫曼则成为从 PayPal 走出来的超级风险投资家。

　　彼得·蒂尔被誉为"硅谷创投教父"。1998 年，彼得·蒂尔与他人共同创办 PayPal，通过先进的电子支付技术将电子商务推向了新的发展阶段。2005 年，彼得·蒂尔联合创办了 Founders Fund 基金，为 LinkedIn、Space X、Yelp 等十几家出色的科技创新公司提供风险投资。2004 年，彼得·蒂尔为 Facebook 提供了 50 万美元的风险投资。彼得·蒂尔的这笔风险投资所获得的 Facebook 公司股票在后来的十几年中增值超过 10 亿美元，堪称风险投资行业中的经典案例。

　　而将彼得·蒂尔介绍给 Facebook 公司创始人马克·扎克伯格并促成此笔投资的人就是原 PayPal 副总裁——雷德·霍夫曼。

　　雷德·霍夫曼是 LinkedIn（领英）联合创始人，是硅谷著名天使投资人，曾经投资过 Facebook、Digg 等 60 多家科技创业公司，被称为"硅谷人脉之王"。雷德·霍夫曼曾担任过 PayPal 副总裁。2002 年，雷德·霍夫曼与他人联合创办了首家商业领域里的在线社交网络公司 LinkedIn。2011 年，LinkedIn 在纽约证券交易所成功上市。2016 年，微软以约 262 亿美元收购了 LinkedIn。时至今日，LinkedIn 已发展成为全球最大的职业社交网站之一。

　　雷德·霍夫曼自 2002 年开始陆续进行一些风险投资。他投资的硅谷第一家太阳能面板公司 Nanosolar 已经成长为一家价值数十亿美元的企业；投资的 Zynga 公司已经是全球领先的社交游戏公司，并于 2011 年在美国纳斯达克成功上市。此外，雷德·霍夫曼还投资了 Wikia、Permuto、SixApart、Thesixtyone 以及 Shopkick 等公司。

　　在电子商务产业中，风险投资与很多科技创业公司的成功有着密切的联系。风险投资是创业企业发展的重要支撑力量。一些创业者在创业成功后会成为风险投资人并投资于创业企业，彼得·蒂尔与雷德·霍夫曼就是由企业家转型风险投资家的杰出代表人物。

讨论

　　讨论 PayPal 的电子商务金融服务为什么能获得成功？思考互联网创业企业为什么经常需要引入风险投资？

　　电子商务金融也被称作互联网金融、金融互联网、科技金融，是指互联网平台或金融机构使用互联网技术提供资金融通、支付结算、投资理财等金融服务的新型业务模式。伴随着互联网产业的迅速发展，第三方支付、网络信贷、互联网理财、互联网保险、科技金融、电子银行、网络银行等创新的电子商务金融服务层出不穷。

　　在电子商务等领域，风险投资对创业企业的发展起到了至关重要的作用，创业企业的成功也为投资者创造了丰厚的回报。风险投资（Venture Capital，VC），也译作创业投资。广义的风险投资泛指一切具有高风险、高潜在收益的投资；狭义的风险投资是指以高新技术为基础，生产与经营技术密集型产品的投资。根据美国风险投资协会的定义，风险投资是由职业金融家和行业专家投入新兴的、迅速发展的、具有巨大竞争潜力的企业中的一种权益资本。

// 8.1 电子商务金融服务

　　中国电子商务金融服务的发展历程可分为三个阶段：第一阶段是第三方支付的发展，陆续出现了网银支付、网关支付、运营商充值卡支付、手机话费余额支付、预付费卡支付、电子账户余额支付、快捷支付、代扣、组合支付、移动支付、二维码支付、刷脸支付等创新的电子商务金融服务产品；第二阶段是电子商务贷款服务的发展，分成商户贷款服务和消费者贷款服务两类；第三阶段是保险、理财、投资等新型电子商务金融服务产品的发展，随着电子账户中留存的余额逐渐增多，电子商务平台创造出了余额宝、招财宝、理财通、招财进宝等电子商务金融服务产品。

随着电子商务领域的飞速发展，电子商务金融服务模式不断创新。例如，微信支付通过红包敲开了社交推广之门，产生社交裂变，让微信支付成为移动支付巨头之一；网商银行通过网络科技提供金融服务，有效提升小微金融企业运行效率；众安保险通过首创网络保险方式，满足新时代用户的需求；挖财通过记账和理财服务，成为人人认可的普惠金融"专家"。

8.1.1 社交推广范例：微信支付

2014 年春节期间，"微信红包"火遍全国，微信支付随之普及，马云称支付宝此役宛如被"偷袭了珍珠港"。

1. 简介

微信支付是腾讯公司旗下的微信于 2013 年 8 月上线的一个产品。截至 2018 年，微信支付已实现扫码支付、余额支付、银行卡快捷支付、公众号支付、App 支付，并提供企业红包、代金券、立减优惠等营销工具，以满足用户及商户的不同支付需求。微信支付的底层支付服务由腾讯旗下的第三方支付公司财付通提供。

微信红包是腾讯旗下产品微信支付于 2014 年年初推出的一款应用，功能上实现了发红包、收红包、查收红包发放记录和提现。微信红包应用所带来的社交裂变对微信支付成长为移动支付巨头起到了至关重要的作用。

微信红包的页面如图 8-1 所示。

图 8-1 微信红包的页面

2. 案例分析

（1）巨头在前，难以逾越

2003 年，阿里巴巴为了解决电子商务平台上的信用问题，推出了支持"担保交易"的支付产品——支付宝，实现了消费者确认满意收货后才将货款打到卖家账户的功能。支付宝最初仅为阿里巴巴旗下的电子商务平台服务，与淘宝网等平台的网购场景相结合，在网购过程中充当支付工具的角色。2004 年 12 月，阿里巴巴将支付宝升级成为第三方支付产品并正式推出。在阿里巴巴旗下的淘宝网、天猫商城等电子商务平台和外部接入的电子商务平台的拉动下，支付宝的业务发展迅速。2014 年，支付宝的用户数接近 3 亿。

与此同时，腾讯曾通过建立拍拍网、QQ 网购等电子商务平台试图带动旗下支付业务的发展。因为有阿里巴巴这样的电子商务巨头横跨于前，在微信红包推出之前，腾讯一直未能在支付上有巨大的突破。面对支付领域的领头羊——支付宝，微信支付想方设法凭借微信这款国内数一数二的通信软件及其超过十亿的用户数量，试图在移动支付领域分到一杯羹。

（2）微信红包，横空出世

根据艾瑞咨询公布的数据，2013 年，支付宝以 48.7% 的市场占有率遥遥领先，腾讯的支付板块在市场上的占有率仅为 19.4%，微信红包的横空出世与成功运营深刻地改变了这个局面。2014 年 1 月 27 日，微信推出了"微信红包"应用，精准地契合了微信用户在春节发送红包的需求，一经推出，反响非凡。

从除夕开始至大年初一 16 时，参与抢微信红包的用户超过 500 万，总计抢红包 7500 万次以上，平均每分钟领取的红包达到 9412 个。抢红包的高峰时段出现在除夕夜零点时分，前 5 分钟内有 58.5 万人次参与抢红包，其中 12.1 万个红包被领取。从除夕到初八，超过 800 万用户参与了抢红包活动，超过 4000 万个红包被领取。

（3）社交裂变，红包热潮

社交裂变是微信支付迅速传播的关键，而微信红包就是点燃社交裂变这一"燎原大火"的火种。收到微信红包后，用户在提现时需要先在微信里绑定银行卡账户。微信红包吸引大量微信用户开通微信支付功能，对微信支付后续的发展起到了至关重要的作用。

2015 年，微信支付与中央电视台春节联欢晚会合作，推广微信红包。同时，微信联合外部企业共同推出"摇一摇"抢红包功能。除夕当晚有两千万微信用户参加活动，收发红包总量超过 10 亿个。在微信红包的催化下，微信支付的用户迅速增长。2015 年，微信支付用户数达到 4 亿左右。2016 年 2 月 7 日，除夕全天微信红包的参与人数达到 4.2 亿人，收发总量达 80.8 亿个，是 2015 年的 8 倍。2017 年 1 月 27 日，除夕全天微信红包收发量达 142 亿个。2018 年 2 月 15 日，除夕全天共有 6.88 亿用户通过微信红包传递了新年祝福，人数比 2017 年增长了 15%。2018 年，腾讯支付板块的全年支付笔数已超过支付宝的全年支付笔数。

微信红包充分发挥了微信作为社交通信巨头在用户基数上的优势，通过红包的社交裂变快速扩张，引导大量用户开通微信支付，为微信未来的电子商务金融服务发展奠定了坚实的基础。

（4）扫码支付，融入万众

春节红包战是微信支付崛起的开端，春节红包战不仅让微信支付在移动支付市场中攻城略地，也奠定了微信支付在移动支付业务中一席之位，同时还代表移动支付市场从电子商务主导的时代开始向以社交主导的时代转变。艾瑞咨询数据显示，在 2019 年第一季度我国第三方支付的市场中，支付宝的份额为 53.8%，财付通（微信支付）的份额为 39.9%，两者相加超过 90%，"双寡头"局面形成。

微信支付的崛起绝不仅是"红包战"后的偶然，而是移动互联网时代微信成功复制 QQ 后，所具备的移动社交基因的必然。在小额支付这一领域，微信积极推出了扫描二维码的功能，对于买卖双方而言，只要有一个简单的二维码就可以完成交易。以社交关系链为支撑的微信作为与支付宝并列的国民级 App，逐渐成为上至大酒店、下至路边摊最常见的支付方式。

8.1.2　网络科技金融：网商银行

在互联网日益普及的今天，网络和科技已经成为金融服务的核心竞争力，天然具备电子商务基因的蚂蚁金服旗下的网商银行正在这一领域不断发力。

1. 简介

网商银行是由蚂蚁金服牵头发起的中国首批试点民营银行，定位于专注服务小微企业、农村新型经营主体的互联网银行，于 2015 年 6 月 25 日正式开业。网商银行将普惠金融作为自身的使命，希望利用互联网的技术、数据和渠道创新，来帮助解决小微企业及个人创业者融资难融资贵、农村金融服务匮乏等问题，促进实体经济发展。作为一家开在"云"上的互联网银行，没有线下网点，网商银行依靠移动互联、大数据、云计算等创新技术来驱动业务发展，为更多小微企业提供金融服务。

截至 2019 年 3 月，网商银行及前身阿里小贷已累计为超过 1500 万家小微企业提供超过 2 万亿元的贷款支持，其中 96% 发放给了贷款金额 100 万元以下的小微经营者。在提供贷款的同时，网商银行也通过技术力量降低融资成本，2018 年网商银行贷款平均利率比 2017 年已经整体下降 1%。因为稳健的经营表现，目前网商银行的信用评级从 AA+ 被上调至 AAA，评级展望为民营银行的最高评级"稳定"。

2. 案例分析

（1）支持码商，服务小微

自 2015 年开业以来，网商银行从服务淘宝、天猫线上的商户，发展到服务线下未被金融服务覆盖的街头店、路边摊等。通过一张支付宝收钱码，破解了线下小微商户数字化难题。网商银行将通过支付宝收款码来收款的小微经营者称为"码商"。基于新的数字风控技术，网商银行一年就可以服务 300 万线下"码商"。

正是基于移动支付的普及和"码商"的支持，网商银行完成了服务 1000 万小微企业的"小目标"。从创新的"310"模式（3 分钟申请，1 秒放款，0 人工干预）到智能风控，网商银行通过实践探索，利用网络科技赢得了服务小微企业的巨大市场。大数据、人工智能等技术大幅拓宽了小微金融服务范围，提升了运营效率，发展了普惠金融。

（2）数据建模，科技风控

数据是信贷评估体系的基础。归功于互联网，在"全面了解客户"这点上，网商银行从一开始就拥有了数据的优势。网商银行可以采集商家在销售哪些商品、商品是否畅销、商家是否有过不诚信行为等方面的丰富数据，其丰富度、准确度远高于传统银行能采集到的贷款者信息。随着移动支付的线下普及，每个人的支付、消费、交易等点滴行为都能形成记录，哪怕是路边的煎饼摊、菜市场的蔬菜铺，都可以通过移动互联积累起自己的信用。

网商银行依托网络信息技术，汇总出 10 万多项指标，创建了 100 多个预测模型和 3000 多种风控策略。针对线下小微经营者，又创建了 20 多个线下模型、500 多个风险策略，能有效识别经营属性、判断交易有效性、预测商家经营能力。这些风控技术，一方面可以让小微企业不用担保和抵押，凭借信用就能贷款；另一方面可以将网商银行的不良贷款率控制在 1%以内。正是在这一系列技术的支持下，金融服务线下小微企业不仅成为可能，成本也大幅降低。数据显示，过去金融机构发放一笔小微贷款的平均人力成本在 2000 元左右，而网商银行每笔贷款的平均运营成本仅为 2.3 元。

（3）融入场景，快速贷款

网商银行针对小微企业资金需求高频、小额等特点，依托大数据，批量化、自动化授信，实现极致的"310"服务体验，满足了小微企业对提款用款效率的要求。

网商银行通过打通交易链、物流链和资金链的方式，帮助小微企业解决资金问题。以电子商务平台的小微商户为例，网商银行的服务已融入电子商务交易的各个场景。商户从入驻电子商务平台开店开始，网商银行就可以提供从备货、营销、仓储物流、收款到现金管理的全面金融服务，让小微企业主的贷款，像"自来水"一样，什么时候要、要多少、要多长时间，"打开水龙头即可随开随用"，在他们最需要资金的时候满足他们。同时，网商银行还结合消费周期，运用大数据、云计算等技术，满足小微企业金融需求的"弹性洪峰"。

（4）结合支付，创新服务

网商银行的数据显示，晚上 23 点至次日凌晨 4 点，有 7.1%的"码商"在营业，8.66%的商户在午夜贷款成为移动互联网时代的新风景。网商银行通过多种方式将支付和银行贷款服务有机结合，为使用支付宝二维码进行收款的"码商"客户提供了便利的金融服务。

支付宝对使用支付宝收款的码商进行补贴，支持码商免费提现。网商银行通过"多收多贷"服务，为商户周转资金、扩大经营规模提供助力。该服务根据商家的交易流水来确定提供给商家的预授信贷款额度，需要贷款的时候，通过手机操作就能获得贷款，几秒就可以到账。通过支付宝提供的"多收多赊"业务，网商银行与阿里巴巴旗下、国内最大的 B2B 网 1688 网站合作，为码商进货提供便利。在支付宝收单多、流水高的客户，可以在 1688 网站上获得更大的赊账采购额度。同时，通过支付宝的"余利宝"服务，可以在商户扩店升级的过程中提供理财服务，帮助商户增加收益。通过支付宝提供的"多收多保"服务，码商每增加一份支付宝收单即可获得一定的保额，如果发生意外或疾病时，可以通过拍照上传医疗凭据，自主获得保险理赔，让码商消除后顾之忧。

网商银行还通过与中国人民大学等知名高校合作成立的蚂蚁小微大学，让所有小微经营者都能免费读"MBA"，帮助提升经营能力。2019 年，网商银行率先开放合作，宣布推出"凡星计划"，向行业开放所有能力和技术，与金融机构共享"310"模式，即希望未来与 1000 家金融机构一起，共同为 3000 万小微经营者提供金融服务。

相关链接

电子商务金融服务专业术语

（1）联保贷款：由三家以上、签订了联保协议的企业相互担保，一起向银行申请贷款。这种形式将银行的贷款风险转嫁给联合体中的企业，同时，企业之间结成利益联盟又互相监督，能够降低不良贷款的产生。

（2）征信：由专业化的、独立的第三方机构为个人或企业建立信用档案，依法采集、客观记录其信用信息，并依法对外提供信用信息服务的一种活动，它为专业化的授信机构提供信用信息共享的平台。

（3）小贷公司：即小额贷款公司，是由自然人、企业法人与其他社会组织投资设立，不吸收公众存款，经营小额贷款业务的有限责任公司或股份有限公司。

（4）电子商务贷：为电子商务企业提供的贷款服务。

8.1.3　首创网络保险：众安保险

数字经济时代，金融服务可以通过互联网实现，保险服务自然也不在话下，作为国内网络保险的首创者——众安保险已经在这方面拔得头筹。

1．简介

众安保险财产保险股份有限公司（以下简称众安保险），是国内首家互联网保险公司。由蚂蚁金服、腾讯、中国平安等企业基于保障和促进整个互联网生态发展的初衷发起设立，并于 2013 年 9 月 29 日获中国保监会同意开业批复。众安保险业务流程全程在线，完全通过互联网进行承保和理赔服务。

2．案例分析

（1）跨界合作，资源整合

保险作为一种现代金融产品，自诞生之日起便以分散风险的职能出现。现代社会高速运转，每一个人都会面临生老病死、财产受损等问题的威胁。保险产品是降低这些风险的重要金融工具。大多数保险公司都以不同的形式开展网销业务，包括在本公司官网上销售以及与保险中介公司的网站合作销售两种模式。传统保险公司采用的网销方法主要是利用网络推介现有产品，吸引客户的兴趣并在网上下单或达成初步意向，后期由保险公司工作人员跟进。传统保险公司将互联网作为一种推广工具来使用。

蚂蚁金服、腾讯、中国平安三家巨头跨界合作设立的众安保险，根据互联网行业特性开展创新业务，通过电子商务金融的模式服务新生代人群。众安保险是中国首家互联网保险公司，集合了腾讯、中国平安、阿里巴巴旗下的蚂蚁金服三家公司的资源。阿里巴巴拥有的大量企业客户和个人客户是众安保险业务的潜在客户。同时，阿里巴巴平台上客户的交易数据、信用数据也为众安保险业务的开展提供了数据参考。腾讯拥有广泛的个人用户、媒体资源和营销渠道。中国平安有雄厚的金融资本、丰富的保险产品设计能力和强大的保险业务管理能力，旗下还有庞大的保险销售团队及理赔团队。这些都为众安保险推进业务奠定了基础。

（2）以人为本，创新产品

众安保险围绕生活消费、消费金融、健康、汽车、航旅五大生态，通过互联网服务客户。众安保险不设任何实体分支机构，产品需求来自于互联网，保险流程通过互联网的技术手段来解决，通过互联网进行销售和理赔。众安保险全线上的交易模式避免了传统保险推销员强行推销和电话骚扰的弊病。互联网保险是一种公开、透明的销售方式，主要靠产品优势去吸引人们主动了解保险。众安保险的创新之处在于以人为本，从卖保险转变为让客户自助买保险。

多年来，众安保险以用户利益最大化、为用户提供切实保障为目标推出保险产品。众安保险目前的产品结构包括健康险、车险、航旅险、意外险、特色保险等，全面覆盖了不同人群的不同需求，与其他保险品牌同类产品相比，性价比较高。以众安保险推出的健康险产品"尊享 e 生"为例，产品一年的保费约为几百元，保险期限是 1 年，年限额 300 万元，免赔额为 1 万元。购买门槛低，理赔速度快，一经推出就在市场上热销，成为行业里的爆款产品。

（3）技术驱动，拓展业务

众安保险是技术驱动型公司，运用金融科技、大数据、人工智能等技术推动业务创新。为了更好地服务生活在新经济中的年轻客户群体，提升服务体验，众安保险不断锤炼机器学习、图像识别等技术。截至 2018 年 6 月底，智能客服使用率达到 70%，航延险、退运险自动理赔率分别达到 98.75%、99.58%。

众安保险将大数据技术应用到保险业务的精细化管理中。在消费金融生态中，众安保险与近百家生态场景合作，触达 3000 多万用户，由此衍生出大量的特征衍生变量，从而构建出全面而立体的用户画像。此外，众安保险还将核心系统搭建在云计算上，以此来应对超大规模、超多渠道、超高并发的情况。在先进的互联网技术支撑下，众安保险业务拓展迅速。众安保险 2017 年全年保费收入达到 59.57 亿元，2018 年则达到 112.56 亿元。

（4）满足需求，迅速发展

新经济时代，互联网生态中隐匿的风险增多，用户的风险保障需求呈现多元化、多层次特征。基于护航互联网生态的初衷，首家互联网保险公司众安保险成立。运作中，众安保险以场景为切入点，运用大数据法则研发保障功能强大的保险产品，持续满足用户的碎片化需求。基于保险基本原理及差异化定价原则，众安保险将科技与保险相结合，解决不同场景中的保障痛点。比如，长期以来，受技术等因素限制，健康险产品遵照"被动抗病"逻辑，众安保险一改以往的设计思路，以健身场景为切入点，将可穿戴设备与运动大数据相结合，创新出主动健康管理计划——步步保。针对用户的健康保障需求，众安保险采用以运动步数抵扣保费的动态定价方式，用户只需付低保费甚至零保费就能换取一份重疾险保障，又可以以此培养"主动防病"的意识。

众所周知，互联网保险企业的主要核心目标已不是保费、利润等，而是提升用户体验，而这也正是众安保险一直在做的事业。自成立以来，众安保险不断向保险本源回归，借助海量、高频、碎片化产品连接了众多场景，打通了保险、企业及用户的关系，构建了一个良性循环的互联网生态共同体，运用互联网技术满足了新经济时代用户的需求，获得了迅速的发展。

8.1.4 记账理财"专家"：挖财

互联网的普惠特点与网民的理财需求相结合，再辅以记账这一相对刚需的功能，使得挖财在互联网记账理财这一细分市场做得风生水起。

1. 简介

挖财于 2009 年 6 月创立，是中国最早成立的金融科技企业之一，目前已发展成为行业领先的全方位综合互联网财富管理平台。挖财在中国率先推出基于移动端的个人记账应用"挖财记账理财"，此后又逐步推出"挖财宝""挖财信用卡管家""挖财基金""钱堂理财社区"等产品，布局了记账、多账户和现金流管理、财富管理、信用管理和负债管理、社保和公积金管理、信贷及理财社区等综合金融工具服务。

依托于对理财需求的深刻理解、贴近用户的产品设计、业内领先的金融技术、稳健有效的风控体系，挖财为用户提供了持续优质的互联网财富管理服务，以满足大众多层次、个性化、全方位的需求，致力让新金融助力每个人对美好生活的向往。

截至 2018 年年底，挖财是中国互联网金融协会首批会员及首届理事单位，获得了国开国际、IDG 资本、鼎晖、启明、中金、宽带资本、新天域等多家知名机构的多轮投资。

2. 案例分析

（1）记账起步，建设生态

挖财以个人用户为服务对象，致力于打造"个人财务管理—财务优化策略—投资渠道"的服务生态闭环，覆盖记账管理、现金管理、资产管理、信用管理和财商教育五大服务板块。

首先，挖财依托"挖财记账理财""挖财钱管家""挖财信用卡管家"等多款移动端工具，帮助用户实时记录个人现金收支、银行账户、第三方账户等流水信息，并在此基础上整合生成"个人资产负债表"和"个人现金流量表"。接下来，挖财基于用户的"财务报表"，从现金流、资产、负债三个维度分别提供预算规划、资产配置建议和信用评级服务。最后，挖财致力于打通投资、融资渠道，提供丰富的、风险可控的金融产品，支持用户改善财务状况。

挖财作为普惠金融的践行者，在 2013 年就着手开展大众财商教育的公益事业。挖财社区于 2017 年 3 月升级为钱堂理财社区，目前钱堂理财社区已成为国内最大的理财社区平台之一，以传播财商知识、普及财商教育为出发点，以理性、包容、分享、学习、互助为特色，为用户提供学习理财知识、提升理财技能、分享理财经验、交流互助的专业空间。

（2）智能记账，积累用户

挖财在金融科技领域经营了多年，是该领域的长期耕耘者，具有良好的大数据基础和用户生态。挖财拥有高水平的技术团队和金融团队，依托大数据技术、人工智能技术，建立了先进的用户智能营销体系、用户画像系统、风险管理系统。

个人财务账户管理平台从用户角度出发，基于云计算、大数据、人工智能技术（AI 技术）实现了多数据源财务账户管理。用户可以在平台上手工录入收入/支出数据，并且支持语音识别方式完成收入/支出记录的智能化录入。支持云端自动导入用户信用卡类、社保类、公积金类等账务数据，通过云服务自动发现账单更新，提醒用户数据变更。同时运用"大数据+AI 技术"，实现账务的自动类目预测，自动识别、管理用户的负债，提醒负债还款期限。自动化分析用户日常生活的收入/支出结构，引导用户建立消费/投资计划，帮助用户实现开源节流。

（3）技术驱动，深入金融

挖财的智能化投资理财平台，通过多层级多维度资产管理，甄别、控制资产风险，给用户提供丰富、安全、风险可控的理财类、基金类、股票类等金融资产。同时发挥"大数据+云计算+AI技术"优势，利用挖财用户在账务平台沉淀的账务数据，计算每一个用户的资产风险情况，综合用户的风险偏好、可投入的资金以及未来的预期收益给出最优的资产配置方案，并持续关注投资的全过程，对资产价格和风险持续预测，做风险提示，使投资者在完成投资后无须频繁关注也能合理控制投资风险。

挖财的金融科技创新平台，致力于金融科技创新的技术探索、尝试，给个人财富管理提供新的发展动力。挖财链是基于新技术的供应链金融（SCF）解决方案，最终成为一个去中心化的、有权限控制的区块链网络，并可以为 SCF 应用提供数据共享的数据金融服务。"金融领域专业机器人"是基于"专业金融领域业务检索+金融领域知识图谱+深度学习网络"的智能金融机器人解决方案，根据用户的输入和用户画像，对金融业务问题进行精准匹配，让每一个用户都能有一位专业的财富管理顾问。

（4）深化研究，普惠金融

挖财在理论研究方面实力雄厚，于 2015 年 5 月组建了挖财研究院，并设有国内首家互联网金融方向企业博士后工作站，研究方向为金融科技与资产管理、新经济与监管政策、新技术与模式变革等。研究院积极参与国家重大决策项目，深度参与国家相关部委、国家自然科学基金、中国银行业协会重大课题研究以及专著的撰写。同时进行数字化财富管理、美国资管行业趋势及监管等多项重大课题研究。与此同时，挖财还积极为行业发声，助力政府决策，牵头撰写的《关于杭州打造"全球金融科技中心"的建议》等专题报告。

以"智慧财富，人人可享"为使命的挖财，互联网基因深厚，金融风控扎实，创新能力突出，尤其是移动记账方面创造了多项"国内首创"，获得诸多奖项，入选"红鲱鱼全球创新百强"、毕马威中国领先金融科技公司 50 强，并被《21 世纪经济报道》《金融时报》以及新浪、腾讯、新华网等众多传统及新媒体关注报道。从记账到理财，从技术到金融，从小众到老百姓，挖财用十年的时间践行"老百姓的资产管家"的发展愿景，正在用互联网科技助力"普惠金融"。

// 8.2 电子商务风险投资

从投资行为的角度看，风险投资是把资本投向蕴藏着失败风险的高新技术及其产品的研究开发领域，旨在推进高新技术成果加快商品化、产业化，以获得高额投资回报的过程。

风险投资是具有资金实力的投资者对掌握了专业技术、拥有良好市场前景，但缺乏启动资金的创业者提供投资资助，帮助创业者达成创业梦想的行为。例如，软银投资阿里巴巴获得了千倍回报，同时让阿里巴巴成为电子商务巨头；今日资本投资京东相互成就，使京东在电子商务领域风生水起；拼多多"得道多助"，高榕资本的投资让它一飞冲天；真格基金投资聚美优品，让聚美优品在风波迭起的资本市场中成功上市。

相关链接

风险投资专业术语

（1）投资轮次：风险投资根据投资轮次的先后顺序分别被称作 A 轮融资、B 轮融资、C 轮融资、D 轮融资、E 轮融资等轮次。一家创业公司每一轮次的风险投资可以来自不同的投资机构。

风险投资行业的轮次划分在向细分化的方向发展。目前，在这些轮次划分的基础上又有了进一步的细化，企业在获得 A 轮融资之前所获得的小额投资资金也可被称作种子轮投资、天使轮投资。

（2）风险投资的过程包括募集、投资、管理、退出四个阶段。

① 募集阶段：风险投资公司从母基金、上市公司或大企业、政府引导基金、高净值人士、银行、信托、资管等渠道募集资金。

② 投资阶段：风险投资机构通过项目初步筛选、尽职调查、估值、谈判、条款设计、投资结构安排等一系列过程，把风险资本投向具有巨大增长潜力的创业企业，并获得这些企业的股权。

③ 管理阶段：风险投资公司在投资以后的管理，帮助被投资的企业发展得更好。

④ 退出阶段：风险投资公司通过出售被投资公司的股权，收回投资回报的过程，退出方式包括股权转让、回购、上市后出售等方式。

（3）投资估值：投资机构对被投资企业的整体价值的估计和测算结果。

（4）IPO 上市：企业首次公开募股（Initial Public Offerings，IPO），具体指一家企业或公司（股份有限公司）第一次将它的股份向公众出售。企业上市以后，公众就可以通过证券交易所购买该公司的股票。企业上市成功通常被认为是企业经营发展获得巨大成功的标志。

（5）私募股权投资（Private Equity，PE）：指通过私募形式对私有企业，即非上市企业进行的权益性投资，在交易实施过程中附带考虑了将来的退出机制，即通过上市、并购或管理层回购等方式出售持股获利。在风险投资领域中，投资轮次偏后的大额投资一般称作私募股权投资。

8.2.1 伯乐相马：软银投资阿里巴巴

当人们津津乐道阿里巴巴今日取得的举世瞩目的成就之时，也请不要忘记阿里巴巴的早期伯乐——软银对其巨大的推动意义。

1. 简介

（1）软银集团

软银集团（Softbank）由孙正义先生于 1981 年创立，并于 1994 年上市，是一家综合型风险投资公司，致力 IT 产业的投资。软银在全球投资过的公司已超过 600 家。软银在全球主要的 300 多家 IT 公司拥有股份。2019 年 7 月发布的《财富》世界 500 强排行榜中，软银集团位列 98 位。

软银集团及旗下风险投资公司曾成功投资了盛大网络、阿里巴巴、淘宝网、分众传媒、万国数据、银联商务等一系列优秀企业。软银集团旗下的风险投资公司软银中国资本同时管理着多个美元和人民币基金，投资领域包括信息技术、清洁能源、医疗健康、消费零售和高端制造等行业，投资阶段涵盖早期、成长期和中后期各个阶段。

软银中国资本团队拥有成功的创业经历、丰富的运营经验以及深厚的技术背景，同时具有优秀的投资业绩。除资本支持外，软银中国资本团队还在战略发展、市场开拓、资源整合、人才引进等方面助力企业发展，帮助被投企业获得成功。

（2）阿里巴巴

阿里巴巴网络技术有限公司（以下简称"阿里巴巴"）是以曾担任英语教师的马云为首的 18 个人于 1999 年在中国杭州创立的电子商务公司，现已发展成为全球市值最高的公司之一。

阿里巴巴经营多项业务，构建了基于电子商务的大型产业生态系统。阿里巴巴及其关联公司的业务包括淘宝、天猫商城、聚划算、全球速卖通、阿里巴巴国际交易市场、1688、阿里云、蚂蚁金服、菜鸟网络等。2014 年 9 月 19 日，阿里巴巴集团在美国纽约证券交易所正式挂牌上市，股票代码"BABA"，成为纽约证券交易所历史上最大的一笔 IPO。

（3）软银投资阿里巴巴

软银中国资本（SBCVC）在软银创始人孙正义与软银中国资本合伙人薛村禾的领导下，于 2000 年和 2004 年两次投资阿里巴巴。

2000 年 12 月，阿里巴巴获得 2000 多万美元的 B 轮投资，由软银中国领投，富达投资、汇亚投资、日本亚洲投资等跟投。2004 年 12 月，阿里巴巴获得 8200 万美元的 C 轮投资，由软银领投 6000 万美元，富达投资等跟投。

软银作为阿里巴巴早期最大的投资者，当年投资的数千万美元已升值超过 1000 亿美元，软银投资阿里巴巴已成为全球风险投资历史上最成功的投资案例之一。

2. 案例分析

（1）慧眼识珠，成功融资

1999 年，马云与其他创始人筹资 50 万元在杭州市湖畔花园的公寓中正式成立了阿里巴巴公司。阿里巴巴平台是专注于 B2B 的电子商务网站。供应商入驻阿里巴巴平台并发布产品信息。国内外的贸易商、采购商通过阿里巴巴平台网站找到供应商下单采购商品。电子商务平台的建立需要占用大量资金进行技术研发和业务运营。阿里巴巴创始团队自筹的 50 万元启动资金和高盛等机构投资的 500 万美元 A 轮风险投资的资金很快就将用尽。

1999 年，伴随着 UT 斯康达等科技创新企业登陆美国资本市场，中国互联网公司成为海外风险投资的"新宠"。作为 UT 斯康达的投资者，孙正义委托以薛村禾为首的 UT 斯康达高管团队筹建软银中国资本，并想"近距离"考察中国互联网公司。经过朋友的介绍，阿里巴巴创始人马云与软银创始人孙正义见面并阐述了阿里巴巴未来发展电子商务的商业规划。凭借对未来发展趋势的深刻洞察，马云在这次的短暂交流中获得了软银中国资本团队和孙正义的初步认可。孙正义从马云身上看到了中国互联网创业者对事业的热爱和执着的创业精神，颇有一种惺惺相惜的感觉。经过尽职调查后，阿里巴巴这一轮获得了 2000 万美元的投资资金。

在风险投资的支持下，阿里巴巴迅速发展。2001 年 12 月，阿里巴巴的注册用户数突破 100 万。2002 年，阿里巴巴通过收取会员年费和衍生服务费等方式增加营业收入，实现盈亏平衡。

（2）战略布局，继续跟投

电子商务创业企业在发展过程中，往往需要获得多个轮次的投资，从而继续推进业务扩展和实施进一步的战略布局。2003 年马云判断面向消费者的电子商务将会有巨大的发展机会，决定开展下一步的战略布局，建立淘宝网。软银公司在接收到这个信息后，当机立断，迅速决定继续投资淘宝网。2004 年 12 月，阿里巴巴成功获得由软银领投的 8200 万美元 C 轮投资。

马云在获得这一轮的风险投资资金支持后，加速发展淘宝网，创新性地采用了商家免费开店的策略，吸引更多商家和商品入驻淘宝网，并在管理、技术、产品、运营推广等多方面进行创新。淘宝网最终战胜了 eBay，成为中国 C2C 电子商务市场占有率较大的平台，为阿里巴巴成为互联网巨头公司打下了坚实的基础。

（3）成就巨头，千倍回报

阿里巴巴公司从 B2B 电子商务批发平台起步，在风险投资的支持下迅速发展，逐步开拓了 C2C 零售（淘宝网）、B2C 零售（天猫商城）、团购（聚划算）、跨境电子商务（速卖通、天猫国际）、O2O 电子商务服务（口碑）等电子商务业务，并建立了云计算（阿里云）、电子商务金融（蚂蚁金服、支付宝、余额宝、余利宝、网商银行等）、物流服务（菜鸟物流）等多个大型业务体系，构建了宏伟的电子商务生态系统，成长为世界级的互联网巨头。

2019 财年（2018 年 4 月 1 日至 2019 年 3 月 31 日），阿里巴巴集团收入达 3768.44 亿元，同比增长 51%。淘宝及天猫在 2019 财年新增超 1 亿用户，为品牌和商家带来超过 9000 亿元的增量生意。2019 年 8 月，阿里巴巴市值约为 4000 亿美元。阿里巴巴在商业运营上取得了巨大的成功，使软银的投资获得了千倍的回报。

（4）无界拓展，成就未来

在软银巨额投资助推阿里巴巴成为互联网巨头之后，阿里巴巴自身也成为著名投资机构，并在各个领域不断拓展。

在本地生活领域，阿里巴巴投资了便利店连锁品牌喜士多，垂直母婴电子商务宝宝树；在电子商务领域，阿里巴巴投资了共享衣橱品牌衣二三，农村电子商务汇通达；在企业服务领域，阿里巴巴投资了出口退税服务平台龙图信息，软件整体解决方案与服务供应商润和软件等；在交通出行领域，阿里巴巴投资了共享单车 ofo 和哈罗单车，车票查询与在线预订平台中国公路客票网，智慧停车运营商顺易通；在汽车电子商务领域，阿里巴巴投资了汽车新零售平台大搜车；在车联网及硬件领域，阿里巴巴投资了电动汽车生产制造商小鹏汽车；在汽车后服务领域，阿里巴巴投资了汽车后市场数据与创新应用解决方案供应商明觉科技。

风险投资与创业企业之间是相互成就的关系。风险投资在阿里巴巴发展的过程中起到了至关重要的作用。在阿里巴巴发展成为世界互联网巨头的同时，软银也凭借对阿里巴巴等公司的成功投资成为全球最具影响力的投资机构之一。

软银投资阿里巴巴这个案例给出的启示如下。创业公司在初创时需要慎重选择创业方向，不同方向的创业结果是截然不同的。风险投资机构在选择投资对象时会优先选择市场空间很大、投资回报可观的公司进行投资。软银之所以投资阿里巴巴的一个重要原因是软银预测中国的电子商务市场最终会是一个巨大的市场，而阿里巴巴的创业方向就是电子商务，一旦创业成功就会获得丰厚的投资回报。因此，创业公司在初创时应优先选择市场空间大的创业方向，这样更容易获得风险投资的青睐。

8.2.2　相互成就：今日资本投资京东

京东作为国内最大的自营 B2C 电子商务企业之一，其快速成长同样需要大量资本的支撑。今日资本投资京东，可以说是投资机构与被投企业相互成就的一个经典案例。

1. 简介

（1）今日资本

今日资本创立于 2005 年，是一家专注于中国市场的国际性投资基金。截至 2018 年年底，今日资本独立管理着 25 亿美元的基金，主要来自多家海外著名投资机构。

今日资本是高度本土化的国际投资基金团队，公司成员拥有丰富的投资经验和运营经验，曾有京东、大众点评网、美团网、赶集网、土豆网、都市丽人、益丰大药店、永辉超市、唯品会、携程网等成功投资案例。

今日资本创始人兼总裁徐新女士有 20 多年的投资工作经验，是业内公认的专业投资人。徐新曾主导和参与了对网易、京东、娃哈哈、美团网等著名公司的投资。2014 年 12 月，《福布斯》中文版因徐新对京东的成功投资案例称其为"风投女王"。

（2）京东

京东公司于 1998 年 6 月创立于北京，并于 2004 年正式涉足电子商务领域。2014 年 5 月，京东在美国纳斯达克证券交易所正式挂牌上市，是中国第一个成功赴美上市的大型综合型电子商务平台。2015 年 7 月，京东凭借高成长性入选纳斯达克 100 指数和纳斯达克 100 平均加权指数。2018 年，京东全年成交总额近 1.7 万亿元。截至 2019 年 3 月 31 日，京东在全国运营超过 550 个大型仓库，总面积超过 1200 万平方米；京东第三方平台共有超过 22 万个签约商家；京东共有超过 179000 名正式员工。2019 年 7 月《财富》杂志的世界 500 强排名中，京东位列第 139 位，居中国互联网行业第一，全球互联网公司第三。

京东致力于打造一站式综合购物平台，通过组建大快消、电子文娱、时尚生活三大事业群，服务中国客户，并以高于行业平均增长速度的发展态势满足消费者日益多元的消费需求。京东已完成全品类覆盖，消费品、3C、家电等优势品类年交易额突破千亿元大关，京东还在培育生鲜、文旅、时尚、大客户、拍卖、大汽车、家居家装、大健康等近 20 个"千亿级品类"。

（3）今日资本投资京东

京东运营电子商务业务采用 B2C 的电子商务模式，在发展过程中需要大量的资金支持。2007 年，京东获得今日资本 1000 万美元的投资。2008 年，京东获得今日资本、雄牛资本等几家机构 2100 万美元的投资。2014 年 5 月，京东在美国纳斯达克上市时，今日资本投资给京东的数千万美元已增值超过百倍。

2．案例分析

（1）网销数码，独辟蹊径

刘强东在中国人民大学读书期间已经开始创业，毕业后曾在外企工作两年；1998 年再次创业，在中关村开设京东多媒体店铺（京东前身）。京东多媒体早期销售刻录机和光碟，因经营有道和只卖正版，只用几年时间就发展成为当时国内最大的电磁产品代理商。2003 年，京东发现线上市场有着巨大的商机并于 2004 年进入电子商务领域，主要经营高客单价的数码产品。2005 年 11 月，京东多媒体网日订单处理量突破 500 个。2006 年 1 月，京东宣布进军上海，成立上海全资子公司。2006 年 6 月，京东在由第三方电子支付公司网银在线与中国计算机报联合主办的"网银杯"2006 超级网商评选活动中，荣获最受欢迎的 IT 产品网商称号。2007 年 6 月，京东日订单处理量突破 3000 个。

（2）速战速决，加大投资

在高速发展的同时，京东也遇到了巨大的资金压力。京东创始人刘强东四处奔波寻找投资机构融资。今日资本创始人徐新见到京东创始人刘强东后，只谈了四个小时就下定了要投资京东的决心。在项目评估时，徐新亲眼看到了京东后台进销存系统里的数据。京东当时销售额有 5000 万元，每个月增长 10%。评估团队时，徐新在与京东公司高管团队沟通时了解到公司每天都开例会。徐新认为当时的京东规模还很小却能每天开例会，说明具有不错的团队管理能力。徐新从人、项目、团队三个维度判断出京东是一家很有发展潜力的企业。徐新一直在寻找具有"杀手级"创业特质的创业者。徐新第一次见到刘强东的时候看到其计算机上写着"只有第一，没有第二"。徐新在了解刘强东从大学开始的创业经历、自学编程的过程、卖刻录机和光盘都卖到第一的过往历史后，就认定刘强东具有一流创业者的特质。

刘强东原本只打算融资 200 万美元。徐新根据多年的投资经验迅速判断出，京东要想获得更大的发展需要更为庞大的投资资金，当场拍板要给京东投资 1000 万美元。第二天，徐新就带着刘强东坐飞机到上海和今日资本的其他合伙人见面，现场签订了框架性协议并先给了刘强东 200 万美元作为京东的短期过渡资金，解了京东的燃眉之急。

（3）投后赋能，风生水起

京东在获得今日资本的投资时其实连全职会计人员都没有。徐新在投资京东后介绍了一位财务总监给刘强东，使其财务管理能力有了大幅提升。徐新还向刘强东介绍了管理培训生项目的运作模式。刘强东后来在京东实施管理培训生模式，从高校招聘管理培训生并在京东轮岗培养，给了管培生们很大的学习和发展的空间，这些管培生中有很多人成为京东后来发展的中坚力量。

2007 年之前，京东基本上只有 IT 产品。京东经过缜密的调查分析，决定从数码产品开始，将产品线逐步扩展到家电、日用百货和图书等领域。2008 年年初，京东以低价优势迅速扩大市场份额，并开始挑战传统家电销售巨头的市场地位。

（4）危机时刻，再投巨资

2008 年，京东在扩张产品线的同时也遇到了更大的资金压力，多方寻求融资。很多投资机构了解到京东的资金链紧张，担心京东可能倒闭的风险，不敢投资京东。危急时刻，今日资本再度出手。2008 年，今日资本、雄牛资本与投资银行家梁伯韬私人公司一起为京东投资 2100 万美元。

在风险投资的支持下，京东继续扩大网站销售的产品线，并进行开放平台建设。与此同时，京东开始大规模建设仓储物流。京东开始步入第二个快速发展时期。2010年，京东公司的销售额首次突破 100 亿元。2014 年 5 月，京东在美国纳斯达克上市时，市值达到 286 亿美元。今日资本持有京东 7.8%的股份，账面价值超过 100 亿元，投资回报率高达 150 多倍。

今日资本投资京东这个案例给出的启示如下。创业公司创始人的综合素质对创业公司的早期融资有重要影响。创业公司规模还比较小、商业模式尚不稳固时，风险投资机构评估投资对象很注重创始人的综合素质。京东的创始人刘强东毕业于中国人民大学体现出较好的学习能力和知识基础，有多年的创业经验积累体现出创业失败的风险较低，在企业规模小的时候就建设了进销存系统体现出前瞻性，在团队规模还小的时候就建立早会制度体现出领导力，对 B2C 电子商务市场将会快速发展的行业预判体现出专业能力。以上多个方面的情况体现出刘强东是一位具有优秀综合素质的创始人，这也是今日资本创始人徐新愿意投资京东的重要因素。因此，创业公司的创始人不断地提升自己的综合素质，会更容易获得早期风险投资的青睐。

8.2.3　得道多助：高榕资本投资拼多多

拼多多在社交拼团电子商务的正确发展道路上，获得了以高榕资本为代表的多方投资机构和投资人的共同支持，堪称"得道多助"。

1. 简介

（1）高榕资本

高榕资本是一家新兴的风险投资机构，专注于科技、媒体和通信行业（TMT，即Technology、Media、Telecom 的缩写词）种子期和成长期投资，管理的美元基金和人民币基金总额折合约 150 亿元。

高榕资本主导投资了多家公司，包括拼多多、虎牙直播、华米、蘑菇街、乐心医疗、美团点评、平安好医生、中融金、深鉴科技、钱袋宝、贝贝网、乐其电子商务、DotC、Nuro、依图科技、石头科技、天壤智能、追一科技、虎博科技、Oasis Labs、备胎好车、量化派、水滴互助、Testin 云测、斗米、BIGO LIVE、蛋壳公寓、钱大妈、完美日记、优客工场等。

高榕资本获得福布斯中国发布的 2018 中国最佳创投机构 Top 10 等行业奖项。

（2）拼多多

拼多多隶属于上海寻梦信息技术有限公司，创立于 2015 年 9 月，是一家致力为广大用户提供物有所值的商品和有趣互动购物体验的"新电子商务"平台。拼多多通过创新的商业模式和技术应用，对现有商品流通环节进行重构，持续降低社会资源的损耗，为用户创造价值的同时，有效推动了农业和制造业的发展。

拼多多是基于移动互联网的电子商务平台，用户可以在拼多多上发起拼团从而以更低的价格购买平台上的商品。2018 年，拼多多平台汇聚 4.185 亿年度活跃买家和 360 多万活跃商户，平台年交易额超过 4716 亿元，迅速发展成为中国第三大电子商务平台。

（3）高榕资本投资拼多多

2015 年，拼多多完成 A 轮融资，由高榕资本领投。2016 年，拼多多完成 B 轮融资，由高榕资本领投，新天域资本、腾讯产业共赢基金、光速资本、凯辉基金等跟投。之后，高榕资本继续参与了拼多多的 C 轮融资与 D 轮融资。2018 年 7 月，拼多多在美国纳斯达克证券交易所正式挂牌上市。

2. 案例分析

（1）青年才俊，初识贵人

拼多多创始人黄峥在浙江大学就读期间常在互联网上与同行业者研讨技术。网易创始人丁磊曾专门通过 MSN 向黄峥请教问题，两人就此相识。本科毕业后，黄峥前往美国威斯康星大学继续攻读计算机硕士学位。在美国读书期间，黄峥认识了步步高的创始人段永平。毕业后，黄峥加入谷歌公司。在谷歌工作三年后，黄峥顺利兑现了价值数百万美元的期权并回到中国创业。

2015 年，黄峥观察到以微信为代表的社交流量增长迅猛，社交电子商务有巨大的商业发展空间。之后，黄峥上线了自营水果电子商务平台"拼好货"。拼好货是以"拼单"为切入点，通过微信朋友圈等社交平台邀请好友参团，达到规定的人数之后拼单就会生效。在平台销售额不断增长的同时，黄峥发现自营水果电子商务平台这个模式资产投入重且供应链管理复杂的缺陷，决定转型，进而创立了以服务为主的全品类电子商务平台拼多多。

（2）老友投资，一飞冲天

在拼多多创立的早期，黄峥就拿到了段永平等相识多年的好友的投资。2015 年，高榕资本创始合伙人张震和黄峥用一顿午饭的时间敲定了 A 轮融资。黄峥和拼多多团队的远见和执行力、已有的成功创业经历、创新能力、"本分"的价值观是高榕资本创始合伙人张震决定投资拼多多的核心原因。

在此之前，高榕资本创始合伙人张震认识黄峥已将近十年，对黄峥以往的成长和创业经历都比较了解。多年的相识和了解为投资建立了良好的信任，是促进投资快速完成的因素之一。拼多多成立以后发展很快，仅用一年时间月交易额就达到约10 亿元。

（3）一路相伴，功成名就

2015 年 6 月，拼多多完成 A 轮融资，投资方包括高榕资本、IDG 等，融资金额超过 800 万美元；2016 年 7 月，拼多多完成 B 轮融资，投资方包括高榕资本、光速中国、IDG、凯辉基金等，融资金额超过 7300 万美元；2017 年 6 月，拼多多完成 C 轮融资，投资方包括红杉资本、腾讯、高榕资本等，融资金额 2.23 亿美元；2018 年 3 月，拼多多完成 D 轮融资，投资方包括腾讯、高榕资本等，融资金额 9.28 亿美元。

在拼多多的发展过程中，高榕资本参与了 A 轮、B 轮、C 轮、D 轮的投资，全程支持拼多多的发展。2017 年 4 月，拼多多上线了广告系统，明确了类似于阿里巴巴的平台型电子商务模式。在这之后，拼多多的收入呈现几何级增长速度。2018 年 7 月 26 日晚间，拼多多在上海、纽约两地同时敲钟，正式登陆美国纳斯达克市场，2019 年 8 月市值约为 260 亿美元。拼多多在 2015 年成立，2018 年就在美国上市，成为近几年电子商务创业公司从创立到上市时间最短的公司之一。在拼多多的发展过程中，高榕资本一路相伴，参与了拼多多的多轮投资，获得了丰厚的投资回报。

（4）量贩娱乐，已成巨头

拼多多是一种新型的量贩（类似 Costco "好市多"，美国著名量贩超市）电子商务模式。2018 年 6 月，拼多多高级副总裁徐丹丹在中国企业竞争力夏季峰会上正面回应拼多多平台上商品便宜的问题，她认为拼多多把爆款功能做到极致，打破了大众对于便宜没好货的认知。取消中间环节后，把供应链端过程缩短，把资本变成量贩，降低价格打造爆款。拼多多对质优价廉的商品不收取流量费，尽可能做到质优价低。拼多多以超低客单价与超高性价比吸引和留存消费者，以海量活跃用户数和提高较高复购率求发展，已经成为中国第三大电子商务平台，满足广大消费者对价低质优商品的需求。

拼多多是一种新型的 "货找人" 的娱乐（类似 Disney "迪士尼"，世界著名娱乐集团）电子商务模式。通过社交分享为货找到合适的人，把物质消费和精神消费很好地结合起来。很多人在拼多多上购物实际上是通过一种娱乐感来购物，亲戚朋友找你拼、有人发起跟着拼、大家都拼我也拼、"砍价免费拿" 也拼，加上红包等促销刺激，加上使用体验极其顺畅（拼多多没有购物车，搜索框也不明显，看到心仪商品从点击到支付步骤很少），这都加强了拼多多的吸引力。为拼出低价，用户有动力把商品信息分享到更多微信群，让朋友帮忙一起砍价，朋友帮忙要先注册，这就大大降低了获客成本。总结来说，社交化、娱乐化是拼多多的天然基因，微信生态提供了基因疯长裂变的土壤。社交化、娱乐化是手段，本质是触发新需求，让消费者形成冲动购买并培养其购买习惯。

高融资本投资拼多多这个案例给出的启示如下。创业公司创始人与投资人建立信任度是成功获得投资的重要因素。拼多多的创始人黄峥与投资人高榕资本创始合伙人张震认识多年。多年的了解为投资建立了良好的信任，这是促进投资快速完成的重要因素之一。此外，拼多多的多位投资人都与黄峥相识多年，例如知名投资人、光速中国创始合伙人宓群是黄峥创业前在谷歌的同事，在谷歌共事时就对黄峥有深入的了解。在得知黄峥创立拼多多时，宓群也迅速投资了他。创业公司创始人在以往工作和创业过程中与投资人、同事等建立良好的关系和信任会对创业后快速获得风险投资有巨大的帮助。

8.2.4 老将新秀：真格基金投资聚美优品

真格基金的徐小平可谓投资界的老将，而聚美优品的陈欧则是业界的新秀，老将新秀的组合堪称此案例的特色所在。

1. 简介

（1）真格基金

真格基金是由徐小平、王强于2011年联合红杉资本中国基金创立的早期投资机构。真格基金自创立伊始，一直积极在互联网、移动互联网、未来科技、人工智能、企业服务、医疗健康、消费升级、教育、内容娱乐及大文化等不同领域寻找投资机会。

真格基金陆续投资了600余家创业公司，并收获了美菜、英雄互娱、VIPKID、一起教育科技、找钢网、罗辑思维、依图科技、小红书、蜜芽等行业瞩目的"独角兽企业"（投资界对于10亿美元以上估值且创办时间相对较短的公司的称谓）。自2011年起，真格基金被投公司世纪佳缘、聚美优品、兰亭集势、51Talk、牛电科技等中国概念股陆续在美国上市，奠定了年轻的真格基金在中国早期投资领域的领先地位；真格基金创始人徐小平从2016年起连续三年入选福布斯"全球最佳创投人"榜单。

（2）聚美优品

聚美优品创立于2010年3月，是以美妆为主，涵盖服装、食品、轻奢、母婴等多个品类的综合型电子商务平台。

2014年5月16日，聚美优品在美国纽约证券交易所挂牌上市，股票代码为"JMEI"。目前，聚美优品已经发展成为拥有2800多名员工，除北京总部外，在天津、郑州、苏州、成都、广州等地设有分公司，拥有总面积超过10万平方米的自建仓储和超过1亿注册用户的国内领先电子商务平台。

如今，聚美优品已经成长为一家多元化的时尚科技集团，业务范围逐步扩展到共享充电、影视剧制作、智能硬件等领域，致力为用户提供更智能、更便捷、更贴心的服务。

（3）真格基金投资聚美优品

有创业经验的投资人有时也会担任被投资企业的创业导师或者董事会成员。真格基金创始人徐小平是新东方的创始人之一，有多年的创业和企业运营管理经验，也是国内知名的创业导师之一，担任多家所投资公司的创业导师和董事会成员。徐小平是聚美优品的天使投资人，给聚美优品提供了18万美元的天使投资。2014年5月，聚美优品在美国纽约证券交易所上市时，徐小平所投资金的账面投资回报超过600倍。

2. 案例分析

（1）海归创业，结识伯乐

2006年，陈欧与师弟刘辉在新加坡创办了在线游戏对战平台GG Game。GG Game

通过出售增值服务的方式盈利。早在 2007 年，陈欧为 GG Game 在国内寻找投资人的时候，就认识了真格基金创始人徐小平。后来，陈欧前往美国斯坦福大学攻读 MBA 并认识了戴雨森。

在美国期间，陈欧确定了新的创业方向，通过游戏内置广告的商业模式来盈利，最后拿到了真格基金创始人徐小平 18 万美元的天使投资。陈欧认为获得天使投资人的投资会使项目显得更加光鲜，获得像徐小平这样的著名天使投资人的投资是一个放大器，会使后面的融资更加容易。

戴雨森、刘辉追随陈欧回国创业。陈欧擅长融资、战略、市场管理，刘辉是技术负责人，戴雨森是视觉设计师。从产品、视觉设计、技术实现到推广，一个优势互补的青年精英创业团队就此形成。

（2）多次转型，成功突围

最初，陈欧创立了 Reemake 游戏广告公司，但在中国迅速遭遇了"水土不服"。仅几个月的时间，公司账面上只剩下 30 万元资金。此时，3 位创始人探索性地尝试了化妆品团购业务，搭建起团美网，在线上做了一些简单的推广后，获得了不错的效果。创始团队进而决定放弃原先的游戏项目，转型做化妆品团购。此时，市场上已经有了 36 团、VC 团等团购公司，已是一片红海。经过多次转型，团美网最终发展成为化妆品 B2C 电子商务平台——聚美优品。

在陈欧创业项目的转型过程中，徐小平给予了他们坚定的支持，真格基金还曾以低于市场的价格为聚美优品提供办公室。

（3）导师引领，成功上市

受到雷军为凡客代言的启发，徐小平建议陈欧为聚美优品亲自代言。此举不仅为聚美优品省下巨额艺人代言费用，还创造了国内电子商务界自"凡客体"（凡客诚品广告文案宣传的文体）之后最为成功的"陈欧体"（聚美优品广告文案宣传的文体），迅速打响了聚美优品的知名度。陈欧此后又以老板团成员的身份参与了天津卫视招聘栏目《非你莫属》的录制，聚美优品的知名度随之迅速上升，日均销量也从 50 万元增长到 150 万元。

2014 年 5 月 16 日，聚美优品在美国纽约证券交易所上市，陈欧成为纽交所 200 多年历史上最年轻的上市公司 CEO。

（4）业绩下滑、市值缩水

陈欧通过"我为自己代言"等营销策划，迅速为自己积累了大量粉丝，为企业打响了知名度，为品牌扩大了影响力，其个人微博粉丝曾暴涨至 4000 多万。然而陈欧毕竟不是娱乐明星，聚美优品终究要靠业绩发展。随着小红书、网易考拉等竞争对手的加入，化妆品市场被分流；聚美优品被爆造假，导致公司诚信受到用户质疑；部分高管与陈欧意见不合，导致公司人事变动频繁，团队不够稳定；2016 年 4 月 8 日开始实施的《跨境税改新政》使得跨境电商进货成本大大提高，此类业务增长遭受重创；

公司多元化转型战略导致资金分散、业务不聚焦，化妆品业务难增长，其他领域也相继受挫。

聚美优品在上述关于市场变化、竞争对手、客户价值、团队发展、业务战略等方面的错误应对使其自 2014 年上市之后，公司业绩开始连年下滑，具体数据如表 8-1 所示。

表 8-1　聚美优品 2015—2017 年营收与用户数据变化

年份	全年营收（亿元）	活跃用户（万人）
2015	74.3	1610
2016	62.7	1540
2017	58.2	1510

上述数据表明，聚美优品的市值从最高峰时的 56.5 亿美元跌落至 3.4 亿美元。2019年 11 月，其市值仅剩约 2.36 亿美元，缩水超过九成。聚美优品的市值起落说明融资甚至上市都不是企业经营的终极目标，持续地为客户创造价值、持续地保持良好业绩才能得到资本市场的认可，才能让股东获得回报。

相关链接

风险投资类型

风险投资分为风险投资公司、产业资本公司、天使投资人、风险投资家四种类型。

1. 风险投资公司：通过设立投资基金等方式募集资金，进行专业化投资的公司。国内知名风险投资公司有红杉资本、深创投、IDG 资本、君联资本、经纬中国、软银中国资本等。

2. 产业资本公司：大型产业公司下属的风险投资板块，代表母公司进行投资，主要将资金投向一些特定的行业。国内知名产业资本公司有阿里资本、腾讯投资、百度风投、格局投资、龙珠资本等。

3. 天使投资人：在创业项目早期就对项目进行投资的投资者。国内知名天使投资人有创新工场董事长李开复、真格基金创始人徐小平、英诺天使创始合伙人李竹、德迅投资董事长曾李青、洪泰基金创始人盛希泰等。

4. 风险投资家：向已发展到成熟阶段甚至已经上市的企业进行投资的投资家。国内知名风险投资家有盛大集团创始人陈天桥、复星集团创始人郭广昌、红杉资本全球执行合伙人沈南鹏、IDG 资本全球董事长熊晓鸽、华兴资本创始人包凡、高瓴资本创始人张磊等。

本章小结

本章侧重讲述电子商务金融服务与风险投资案例分析，具体包括微信支付、网商银行、众安保险、挖财四个电子商务金融服务案例和软银投资阿里巴巴、今日资本投资京东、高榕资本投资拼多多、真格基金投资聚美优品四个风险投资案例。

电子商务金融服务的本意是使电子商务业务运行得更便捷流畅，却也衍生出一个可能比电子商务更大体量的万亿元级互联网金融市场，社交、小微、保险、理财都可能是突破口。风险投资某些时候是快速做大电子商务企业的必备条件，企业发展空间与创始人综合素质是投资机构的重要考量，投资者的信任和可提供的资源是被投企业的重要考量。

思考

1. 结合案例阐述，分析微信支付成功的原因。

2. 结合案例阐述，思考什么样的企业容易获得风险投资？

3. 收集网商银行网商贷产品和华夏银行电子商务贷产品的资料，填写表8-2，比较二者的竞争力。

表 8-2 电子商务金融服务认知练习

产品名称	服务方式	贷款利率	发放时间
网商银行网商贷			
华夏银行电子商务贷			

参考文献

[1] 陈晓鸣. 电商创业：基础、案例与方法（O2O 创新版）[M]. 北京：人民邮电出版社，2016.

[2] 王晓晶. 电子商务与网络经济学（第 2 版）[M]. 北京：清华大学出版社，2014.

[3] 孙细明，叶琼伟，朱湘晖等. 电子商务创业[M]. 北京：化学工业出版社，2015.

[4] 熊萍. 职业生涯规划[M]. 长沙：中南大学出版社，2006.

[5] 彼得·蒂尔（美），布莱克·马斯特斯（美）. 从 0 到 1[M]. 高玉芳，译. 北京：中信出版社，2015.

[6] 费琦丽，吕继仁. 决胜网络创业[M]. 北京：中国劳动社会保障出版社，2015.